JN316673

# 和田教完の 別れのことば

## 追悼の達人が彼岸へと導く

月向山松寿院
光明寺 住職
和田教完

浪速社

御供
中尾
御供
長生
無比

# 西山浄土宗信条

一、われらは　苦悩を救いたもう阿弥陀佛に帰命したてまつる

一、われらは　佛の大悲を悦びつねに名号を唱えたてまつる

一、われらは　佛のみ心をうけて人の世の光とならん

# はじめに

松寿院月向山光明寺は、四百年の寺歴を持っています。

私で第二十六世です。

私の土地、和歌山県日高郡みなべ町の晩稲は梅干しの主産地です。

江戸時代、田辺の安藤藩から、江戸へ送っていた『梅』の産地であります。

昭和二十五年、町にある梅の品種統一を図るため、町内で栽培していた十四種類の梅の中から、五年の歳月を費やして、最有料品種の選抜を実施して、「高田梅」を優良母樹に選定しました。

　そして四十年、母樹選定調査研究に深く関わった和歌山県立南部高校の努力に敬意を表して、この梅を【南高梅】と命名しました。今では全国一の梅です。

　さて私の父は、明治四十三年四月二十六日に生まれ、平成十五年六月六日に九十四才で亡くなりました。その父が、おじいさんのことを昭和五十七年に書いています。

## 父の思い出

父は五人兄弟の末弟。長兄は教育界に入ったが父は、蒲柳の質であったため、七才で和田教嵓師に入弟。師に従って新福寺（みなべ町山内）より称名寺（海南市）に転住。梶取学林、粟生専門寮に修学。土橋安楽寺、脇の谷円福寺、磯間超願寺を経て明治三十八年九月に晩稲光明寺へ入山。住歴三十六年。

　この間、本堂再建、庫裡改築の事業を完成、中興開山となる。天性朴訥巧言なけれど大計運用の器量あり。

晩年は信仰一途に深まり、彌弥陀読誦十万巻、写経五百余巻を完成した。八十の天寿を頂いて安らかに還化した。勤行の作法は老境に入るに従い慇懃篤実になり、弱まり行く声量にもかかわらず称名の声は法悦の極まりを思わせ、胸をうつものがあった。とだえてはまたうち続く伏せ鉦の音と共にいただく者の心に、弥陀佛の呼ぶ声かと思わせるものがあった。

勤行に前三後一の礼拝は、教嵒師の指導であったのか、祥月の回向にも欠かさず連称念佛もながながと続け、うやうやしく回願のあと十念を二度三度、弥陀佛に願い、精霊を念ずる敬虔な姿が忘れられない。

出家は一掃除二勤行を信じて、勤行のあとは、乾いた布で丸柱、結界、須弥壇を拭き清めた。晨朝は暗いうちに昼は休むとも、毎朝の行を怠らなかった。僧は布施なき経を読むことが大切で、朝晩の勤行で檀中の先祖の回向をして、平安を念ずることが住職の使命であると口癖であった。

お前「一枚起請文」をもっとありがたく唱えられぬか、念佛講のお同心のとなえるのを聞いてミヨ。これは真実信仰があればできる問題で、元祖さまのご臨終のみ教えと思えば、もっと心をこめるべきであると言われた。

葬式の引導は、住職としての最高のつとめで称名寺の小僧時代に、隣寺のグミザワの和尚はいつも同じ誦文、大野の方丈は佛ごとに替えて、ともに聞くたびに、肝に銘ずるものがあったと言った。

お盆、施餓鬼、棚経、両彼岸、西山忌、御忌は、寺として大切な行事でまごころこめて勤めること。人は知らずとも、目に見えぬものをおそれつゝしむこと大事。佛縁あって寺門に住して幾十年。親の心配の種であった弱いこの身がこの齢まで長命をいただき、有為転変の世に学徳不備の者が法衣のお陰で、一山の住持として大過なく勤められた事、思えば倖な一代であったとしみじみ晩年の述懐であった。

布教伝導は、できればやれるに超したことはないが、地味着実に朝夕の勤行の鉦の音を持続して、篤信の妙好人の帰依（きえ）を得た方丈もいたと洩（も）らしたことがあった。

お釈迦さま、八十年の衆生済度（しゅじょうさいど）の行、善導大師（ぜんどうだいし）の念佛のみ教え、元祖（法然上人）さまのご苦労のかずかずを偲（しの）ぶ話を折りにふれ聞いた少年の日の思い出は、法臘（ほうろう）やがて七十年になんなんとする今日（こんにち）になって、ある時はありのすさびに思わざる肉身の父へのなつかしさはもとよりながら、師として心改（あらた）まる思いがするのである。

その父が、京都の総本山光明寺の西山専門學校へ進み、寮歌のコンクールで応募して、当選して、以来、西山専門學校寮歌として、継続してきたものです。

総本山光明寺

西山専門學校寮歌

あゝ西洛の山ふもと
緑地清風さわやかに
われらが若き想い出の
こもれる寮や黄昏（たそが）る、

月蒼茫（そうぼう）と峯に出で
友がすさびの草笛（くさぶえ）の
音　喨々（りょうりょう）と胸を打つ
あゝ青春は今なるぞ

やぶ椿踏（ふ）む道の辺（べ）に
たがいにかたり手をとれる
熱き友情（おもい）ぞなつかしき
君よ誓いは永遠（とこしえ）に

こゝ両寮（りょうりょう）に起き伏（ふ）せる
われら雅龍（がりょう）の名をおいて
いつか飛躍（ひやく）のおとづれを
友よ放たん意気を持て

西山専門學校、今の京都西山短期大学に、なっております。
当時の父は、二十二才で、和田英一と申していました。

今から二十年ほど前、額にする際に、父は、
廣谷四年間の追懐は、慣例の晨朝に、五悔の文、十四行の偈を高誦したあの若々しい声と共に、教授がたとの温かい師弟愛、至純を極めた学友との友情の有り難かったこと、七十年の歳月を経ても、なお、心の火照を覚えるものがある、と、書いていました。

〈昭和五十七年霜月　教眞記〉

さて、引導は広辞苑によれば、
迷っている衆生を導いて、佛道に入らせること。また、死者を済度するため葬儀のとき、導師が棺前に立ち転迷悔悟の法語を説くこととあり、また、そこに、引導を渡す（引導の意から転じて）最後の決意を宣告して、あきらめさせるとあります。

この「お別れのことば」は、通夜の際、棺に向かって、最期のコトバです。そして、あくる日の告別式で引導であります。それを百八つ収めてあります。

これらは、全て「故人に対する」贈る言葉であり、語りかける言葉で、その語り掛けを文字にしたものです。したがって通常記述の文・句読点はともに異なります。話しかけ、語りという事実を前提に、ご理解いただければと思います。

平成十九年二月十一日

月向山松寿院　光明寺住職　和田教完

# 目次――和田教完の別れのことば

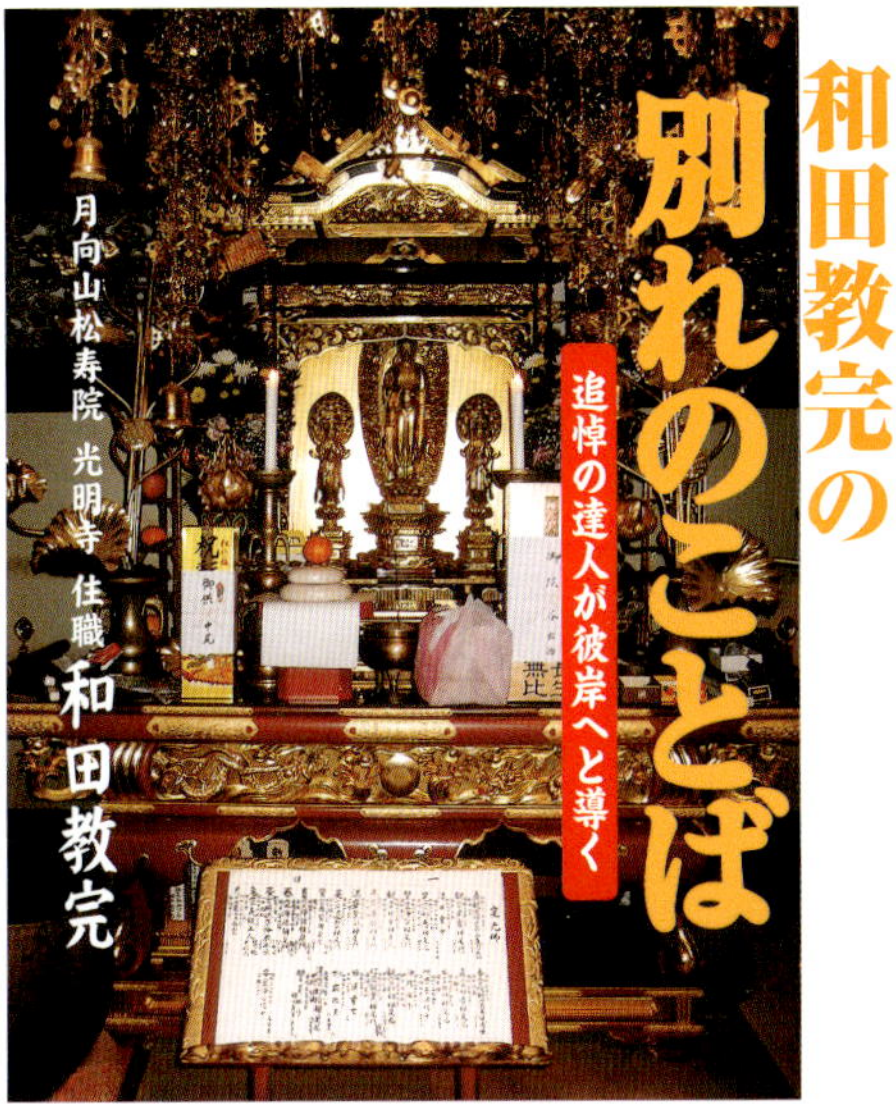
和田教完の
別れのことば
追悼の達人が彼岸へと導く
月向山松寿院 光明寺 住職
和田教完

平成十八年一月十日

# 諦俊院英空円道居士

岩崎　俊蔵　　八十才

## お別れのことば

つゝしんで、岩崎俊蔵様のご霊前に、お別れのことばを、さゝげます。

さくじつ、十日あけ方に、あなたが、お亡くなりになったこと、あまりの出来事に、ことばもなく、でした。

こゝに、つゝしんで、深く、哀悼の意を、表します。

矢張り、ことしの異常な寒波が、原因になったのでしょうか。

昨年くれ、の、お母さんのご法事の日は、お元気だった岩崎俊蔵さん、です。

亡くなる前夜、九日にも、テレビを見ておられたそうですのに、無常流転の、あす知れぬ世、とは、まさに、このことです。

岩崎俊蔵さん。

あなたにご奉仕いたゞいた月向山光明寺との、多年にわたる、ふかいエニシ。

あなたは、つねに、礼儀正しく、つゝましく、住職を補佐して下さいました。

佛法に深く帰依して、心から合掌されたあなたは、持って生まれた美声で、ご詠歌、ご和讃の指導を通じて、婦人方を、教化して下さいました。

ご先祖をあがめ、護国英霊に感謝して、父母に孝、まことに、見上げたお人柄だったこと、お浄土の蓮のうてなへ、お迎えいたゞける方、と、言えば、まず、岩崎俊蔵さん、あなた、です。

菩提寺の年中行事には、必ずご協力くださった方、岩崎俊蔵さん、永別のさみしさ、今夜の沢山のおもいでは、私の心のカガミに、うつし出されて、感無量、です。ことばに、なりかねます。

人のこの世は、永くして、変わらぬ春と思いしに、
はかなき夢となりにける、
熱き涙のまゝ心を、
み魂の前に、さゝげつゝ、面影しのぶ、かなしさよ、です。

西山浄土宗勤行式の発願文に、願わくば、弟子等(でしとう)、命終(みょうじゅう)の時に臨(のど)んで、心、顛倒(てんどう)せず、心錯乱(しゃくらん)せず、心、失念せず。身心に諸(もろもろ)の苦痛なく、身心、快楽(けらく)にして、禅定(ぜんじょう)に入るが如(ごと)く、聖衆(しょうじゅ)、現前(げんぜん)したまえ、と、あります通り、あなたは、このとうりでした。この上は、本願力は、名を聞いて、往生せんと欲せば、皆ことごとく、彼の国に到り、自ら、不退転に、至らしむ、と、あります通り、大慈悲、阿弥陀如来の、本願力に、出会ったのです。
こゝに、無常安心章を呈しまして、
仰いで大空に動く雲の姿を見、ふして逝(ゆ)く河の水の流れを観よ。

雲も水も、しばしもとゞまらず、ありと思えばたちまちなし。消えたりと思えばまたあらわる。
まことに、人の世のすがたもまたかくのごとし。
こゝに、死したる人あれば、かしこに、生まる、者もあり。
たとえ、死をいとい、ながく、この世に生きんことを望むとも
人の命のはかなきこと、霜露のごとく、無常なること、光りよりも、速やかなり。
若きが先だし、老いたる人のおくる、なげき、
まことに、生まれし者は、必ず、死し、会う者は、必ず、はなるるならい、あゝ、
誰か、百年の歳(よわい)を、たもたんや。
あなたのあの世の旅は、佛さまに守られて、きっと、安らかな旅と、お察ししますが、
六道の辻にましまます地蔵尊、みちびき給え、弥陀の浄土へ

〈同称十念〉

南無阿弥陀佛　南無阿弥陀佛　南無阿弥陀佛

平成十八年一月十一日

月向山光明寺住職

# 引導

いんどう

四生無常のかたち、生あるものは、死にきす。哀れなるかな、電光の命、草露の朝を、待つがごとし。悲しいかな風葉の身、槿花の朝にして、夕にいたらざるに、あい似たり。幽魂は独り往き、かわれば、質は山沢に残り、骨は野外にさらす。人中天上の快楽は、夢の中にして、幻のごとし。諸行は、まさしく、無常なり。ここに、新蓮台、俗名「岩崎俊藏」こと、行年八十才。あなたは、昭和二年十一月十日、この世に生を受け、平成十八年一月十日午前六時、往生せり。月向山光明寺において、昭和五十五年「五重相伝」の受者として、諦空俊英円道禅定門を、授与されり。そして、今回、光明寺から、諦俊院を、授与されり。つまり、諦俊院英空円道居士を、授与したるなり。あなたは、昭和五十一年の春、わたしが第二十六世住職になるや、和讃隊の「梅花講」を設け、爾来、平成十七年まで、つねに、礼儀正しく、つ、ましく、住職を補佐して下さいました。その立場も終わり、また奥さまも、梅会社を、やはり昨年で、終わり、また、お母さまの三十三回忌も、くれの十二月二十五日に終わりました。また、西山上人の平成十七年、十一月二十六日には、九州の法然寺の加來俊一さんが、おいでになり、これ又、三十幾年の本山で奉仕団以来の交友を保ち、きょう、九州から、おいでいたゞくこと。そして、ことしの冬の大寒波の中で、きょうは、三月中旬の暖かさ、との由。また、この法伝寺については、ずうっと親しく、法伝寺檀徒であると一般の人たちは思っていたその法伝寺で、葬儀を出すこと。すべて、岩崎俊蔵さん、あなたをとりまく全てのことが、大慈悲、阿弥陀如来の、本願力に、出会ったのです。岩崎俊蔵さん、永別のさみしさは胸一杯ですが、しかし、あなたの、岩崎俊蔵さんの、一代、住職として、範に、させて下さい。みな人よ、十方衆生の願なれば、南無阿弥陀佛の、丸の内なり。六道の辻にまします地蔵尊、みちびき給え、弥陀の浄土へ。汝、今や、大慈悲、阿弥陀如来の、本願に、出会うなり。すなわち、かって、阿弥陀如来は、われらのために、超世の悲願を立てられたり。我ら、十方の衆生が、佛の国に生まれんことを、願って、南無阿弥陀佛、と、佛のおん名を称うれば、必ず、来たりて、救いたもう。仰ぎおもんみれば、大慈悲、阿弥陀如来は、かのほうより、来たれ、と、呼び給い、このほうよりは、本師、釈尊が、とく往け、と、進めたもう。

南無阿弥陀佛

新蓮台、俗名「岩崎俊蔵」八十才

諦俊院英空円道居士

一到弥陀安養國、元来是我法王家。

春誓院法空貞林大姉

平成十六年十二月十五日

中本 コハル 百五才

## お別れのことば

つゝしんで、中本コハル様のご霊前に、お別れのごあいさつをさゝげます。

一昨日、十二月十五日の夕暮れに、あなたは、当年百五才の高齢のご一代を、とじて、あの世の旅に出られました。

自宅で、戸主、功様、和子夫人、ならびに多く皆さまに見守られて、まこと安らかな臨終のご様子だった、と、伺いました。

つゝしんで、お悔やみ申し上げます。

当、光明寺先住、私の父は、昨年、九十四才でなくなりましたが、あなたは父より年長だったせいか、幼少時から、親しんだのか「方丈はん、方丈はん」と、格別に、親しいことばをかけて下さった上に、父が青年期に、教育界へ入り、上中で中本功さん、田中亀一郎さん、渡口卯之吉さんの受け持ちだったから、そのご縁で、父の一代に、あなたは、あたゝかな情けをかけて下さいました。ありがとうございました。

人みながこいねがういのちの宝を、百五才までもいたゞいて、合併の十月一日から、「みなべ町」で最高齢者だった中本コハルさん。

中本コハルさんは、好きなお酒もいたゞいて、ゆきとゞいた和子夫人に守られて、十二人の子女と、そしてそのおむこさんと、二十八人のお孫さん、さらには五十余人の曾孫さん、そしてまだ尚ひい孫さんと、なんとも実に、多勢の中本家ご一族、です。

中本さん、あなたはよほどよいほしのもと、運のついた婦人だったのでしょうか。

あなたの誕生日、明治三十年の二月十八日は、この晩稲の常楽観音講がおまつりしている「千人つぼ」の年一度の例祭日です。

運のついたお方のふしぎなめぐりあわせ、と思います。また、
光明寺の「五重相伝」名簿を見ますと、大正三年二月十一日、これは、多分、まだ日本が、旧暦で運営されていたコロのことですが、
法空貞林禅定尼、をいたゞきました。そして、光明寺から、春誓院、を、授与します。

生まれ故郷のふるさとで百五年、ふるさとのはる、なつ、秋、冬、梅の山々を見て、中本家は梅で今日の繁栄を築かれて、あなたの晩年は、満点でした。

ふり返れば、光明寺ご本堂で五重をうけられたのが大正三年旧正月で、今から九十年も前でした。あなたは多分、十四、五才の少女期だったのでしょう。そして明治、大正、昭和、平成、百五年にもわたり、日本の歴史の変動期の波に揺られ、第二次世界大戦では、功さんも南方からいろいろご苦労され、なにかとご苦労はありましたけれども、しあわせなご婦人でした。

ここに、父母恩重経を、拝読して、あなたのご一代へ、報恩のことばといたします。
あわれはらから心せよ、山より高き父の恩、
海より深き母の恩、知るこそ道の始めなり。
まことに父母の恵みこそ、天のきわまりなきがこと。
父母はわが子のためならば、出ても入りても子を思い、
ねてもさめても、子を思う。
おのれ生あるそのうちは、子の身にかわらんことを思い、
おのれ死に逝くそののちは、子の身を守らんことを願う。
よる年波の重なりて、いつかコウベの霜しろく、
おとろえまさる父母を、あおげばおつる涙かな。
ああ有り難き、父の恩、ああ有り難き、母の恩。
子は、いかにして、むくゆべき。

今夜は、大勢の方々の熱いなさけに見送られて、弥陀の浄土へ、旅立って下さい。
六道の辻にましますす地蔵尊、みちびき給え、弥陀の浄土へ

南無阿弥陀佛　南無阿弥陀佛　南無阿弥陀佛

〈同称十念〉

平成十六年十二月十七日

月向山光明寺住職

# 引導

四生無常のかたち、生あるものは、死にきす。哀れなるかな、電光の命、草露の朝を、待つがごとし。
悲しいかな風葉の身、槿花の朝にして、夕にいたらざるに、あい似たり。幽魂は独り往き、かわれば、
質は山沢に残り、骨は野外にさらす。人中天上の快楽は、夢の中にして、幻のごとし。
諸行は、まさしく、無常なり。

ここに新蓮台、俗名「中本コハル」こと、行年百五才。
あなたは、明治三十三年二月十八日、この世に生を受け、
平成十六年十二月十五日、午後五時五十分、往生せり。
月向山光明寺において、大正三年「五重相伝」の受者として、
**法空貞林禅定尼**を授与されり。そして今回、光明寺から、春誓院を、授与されり。

みな人よ、十方衆生の願なれば、南無阿弥陀佛の、丸の内なり。六道の辻にまします地蔵尊、みちびき給え、弥陀の浄土へ。汝、今や、大慈悲、阿弥陀如来の、本願に、出会うなり。
すなわち、かつて、阿弥陀如来は、われらのために、超世の悲願を立てられたり。我ら、十方の衆生が、佛の国に生まれんことを、願って、南無阿弥陀佛、と、佛のおん名を称うれば、必ず、来たりて、救いたもう。仰ぎおもんみれば、大慈悲、阿弥陀如来は、かのほうより、来たれ、と、呼び給い、このほうよりは、本師、釈尊が、とく往け、と、進めたもう。

新蓮台、俗名「中本コハル」こと行年百五才

**春誓院法空貞林大姉**

南無阿弥陀佛

一到弥陀安養國（いっとうみだあんにょうこく）、元来是我法王家（がんらいぜがほうおうけ）

いんどう

平成十六年十一月九日

# 梅進院輪空照永居士

細川　進　七十九才

## お別れのことば

つゝしんで、南紀梅干株式会社社長、細川進様のご霊前に、お別れのことばをさゝげます。

細川社長様。

昨日、朝はやく、あなたの訃報には、おどろき入りました。

病人さんにさわることを遠慮して、毎晩、様子をうかゞうことにしていたし、先週末までは「いのちに別状なし」ときゝ、安心していたんです。今週になって急に、心不全とは、せめてあと五年、十年、生きていたゞきたかった。

当地にとって、重要な、社長様、でした。

多年にわたり、菩提寺、月向山松寿院、光明寺の代表役員、総代をつとめていたゞき幼少時から細川家のあつい信仰心の中で育ったあなたは、菩提寺護持の一念でした。

なお、学校法人、白梅幼稚園は、光明寺と当、晩稲区の宝だと信じて、理事の任にも、ついてくれました。

昨年、園長永眠の折には、こまごまのお心づくしの中で、

「あんた方、先生は、これからしっかりと白梅を守り育てて下さいょ」と、言って下さった細川理事さんのおことばが、しみこんでいる、と、のことです。言葉にも筆にもつくしきれない、社長さんにいたゞいたこのあた、かな御恩に対して、今夜、この席で、あつく御礼申し上げる次第です。ありがとう、ございました。

社長さん、今や日本一を誇るみなべ梅の繁栄を全国にひろめて下さった第一人者は、南紀梅干しさんでした。それは温厚篤実、一見して地味、素朴なお人柄のお徳でした。

紀州梅干の発展の基礎づくりをして下さったのです。このことは、歴史に残る功績です。

十年もまえだったか、晩稲区長をつとめられた当時に、

「私は今まで、梅商売に夢中できて、はじめてふるさとの区政を知ったことは、大変、意義がありました」と、寺で、しみじみと話されました。

さすが、細川進さんのことば、と、思いました。

人は、永眠されても魂はつねに守護ってくれるときいています。どうぞ、あなたの一念で、南紀梅干株式会社を、お守り下さい。

なお、紀州細川家、細川利雄兄さんと、あなたの仲のよい兄弟愛は、この土地のほめものでした。このたび、あなたに先立たれた兄さんの胸中がいかばかりかとお察しします。

第二次世界大戦に十九才から南方へ渡り、ごくろうされたこと、など、一代記を仕上げたい、と、言っておられたのに、とうとうあの世へ旅立ち、未完になりましたね。心残りです。では名残つきないお別れに、ここに、無常安心章を呈して、ご冥福を祈ります。

仰いで、大空に動く雲の姿を見、ふしてゆく河の流れをみよ。
雲も水も少しもとゞどまらず、ありと思えば、たちまちなし、
消えたりと思えば、またあらわる。
まことに、人の世のすがたも、また、かくの如し。
こゝに死したる人あれば、かしこに生まるゝ者もあり、
生をよろこび、死をいとい、ながくこの世に生きんことを、望むとも、
人の命のはかなきこと、霜露の如く、
無常なること、光よりも速やかなり。
まことに生まれし者は、必ず死し、
会う者は、必ず、はなるゝならい、
あゝ誰か百年の齢（よわい）を保たんや。
今夜は大勢の皆様のおまいりを、いたゞき、ありがとうございます。
わけても、ま心こもる通夜のお念佛におくられて、
六道の辻にましますす地蔵尊
　みちびき給え、弥陀の浄土へ

〈同称十念〉

平成十六年十一月十一日

月向山光明寺住職

# 引導

四生無常のかたち、生あるものは、死にきす。哀れなるかな、電光の命、草露の朝を、待つがごとし。悲しいかな風葉の身、槿花の朝にして、夕にいたらざるに、あい似たり。幽魂は独り往き、かわれば、質は山沢に残り、骨は野外にさらす。人中天上の快楽は、夢の中にして、幻のごとし。諸行は、まさしく、無常なり。

ここに新蓮台、俗名「細川進」こと、行年七十九才。あなたは、大正十五年七月二十三日、この世に生を受け、平成十六年十一月九日、午後十一時五十五分、往生せり。

月向山光明寺において、昭和二十二年「五重相伝」の受者として、

**輪空照永禅定門**を授与されり。そして今回、光明寺から、

梅進院を、授与されり。

みな人よ、十方衆生の願なれば、南無阿弥陀佛の、丸の内なり。六道の辻にまします地蔵尊、みちびき給え、弥陀の浄土へ。汝、今や、大慈悲、阿弥陀如来の、本願に、出会うなり。すなわち、かつて、阿弥陀如来は、われらのために、超世の悲願を立てられたり。我ら、十方の衆生が、佛の国に生まれんことを、願って、南無阿弥陀佛、と、佛のおん名を称うれば、必ず、来たりて、救いたもう。仰ぎおもんみれば、大慈悲、阿弥陀如来は、かのほうより、来たれ、と、呼び給い、このほうよりは、本師、釈尊が、とく往け、と、進めたもう。

南無阿弥陀佛

新蓮台、俗名「細川進」。

**梅進院輪空照永居士**

一到弥陀安養國（いっとうみだあんにょうこく）、元来是我法王家（がんらいぜがほうおうけ）

いんどう

平成十六年十二月十七日

# 誓空妙圭禅定尼

谷岡　圭子　　六十八才

## お別れのことば

つゝしんで、谷岡圭子様の霊前に、お別れのことばを、贈ります。

一昨日、十二月十七日のこと、あなたが田辺の病院で、なくなられたとのおしらせには、おどろき入りました。

肺炎がもどったそうで、六十八才は、はやすぎました。若いあなたが、お母さんよりもさきに、なくなられるとは、晩稲の誰もが思い及ばぬことでした。

こゝに、つゝしんで、深く、おくやみを、申し上げます。

圭ちゃん。白梅の園長だった私の父も、昨年、肺炎がもとで、亡くなったのです。よく寺と親しくしてくれた圭ちゃん、あんたが園長の生前、にっこりと笑顔で、話してくれた日を、思い出します。

圭ちゃんは、病院の夜ごとの夢に、「お母さんにあいたい」「おしねの自分の家へかえりたい」と、心の奥で、うつらうつらと恋しかったことでしょうと、想像して、私も胸いっぱいのおもいです。
それから以前に、少女時代から、高校時代のあんたが特に黒髪がつやつやして、ふさふさとしていたこと、当時それは、お母さんの手入れもよかったのでしょうが、私どもの印象に残っているんです。誰にでも、自慢したい黒髪だったのです。

聞くところでは、あなたの生家は、日本の歴史に名高い奈良いかるがの里の良家と聞いています。もっと詳しく聞いておくべきでした、が、堺の小川さんや奈良の奥田さんは知ってくれているのでしょう。それが、不思議な出会いとご縁で、谷岡シュンさんと母子となってくれまして、以後、おシュンさんは、世の中のどなたも及ばないほどのゆきとゞいた母性愛で、あなたを、いつくしみ育てました。よいお母さんでした。

健康な頃のふたりは、まじめにつゝましく正しく人の道を守って、尚、よく働いて、実に実に見上げた母娘でした。

これは、数年前のある日のこと。あんたのお母さんに私たち光明寺の家族がたのまれた約束ごとを、今夜、この席で説明します。お母さんのコトバです。

「私はもうこの年令だから、いつ死んでもよいと覚悟はしているんですけど、圭子のためを思うと、一日でも長生きしてやりたいんです。それで、もし私が死んだら、あの子がうろたえるだろう、と、思うだけで、私はつらいんです。それで、お寺さんへのオタノミは、その時は、どうぞ、お寺の本堂の片スミでゞも、私のお別れ式をつとめて下さい。私の家の中は、何もさわらずにそのまゝにして、圭子がおちつくようにしてやりたいからですし、下尾の皆さんにもめんどうかけとうないので、このことは、かたくオタノミします」と、それが約束だったのです。

ここに、父母恩重経を拝読して、あなたのご一代へ、報恩のことばといたします。

あわれはらから心せよ、山より高き父の恩、
海より深き母の恩、知るこそ道の始めなり。
まことに父母の恵みこそ、天のきわまりなきがこと。
父母はわが子のためならば、出ても入りても子を思い、
ねてもさめても、子を思う。
おのれ生あるそのうちは、子の身にかわらんことを思い、
おのれ死に逝くそののちは、子の身を守らんことを願う。
よる年波の重なりて、いつかコウベの霜しろく、
おとろえまさる父母を、あおげばおつる涙かな。
ああ有り難き、父の恩、ああ有り難き、母の恩。
子は、いかにして、むくゆべき。
今夜は大勢の方々の熱いなさけに見送られて、弥陀の浄土へ、旅立って下さい。
六道の辻にましますす地蔵尊、みちびき給え、弥陀の浄土へ。

〈同称十念〉

南無阿弥陀佛　南無阿弥陀佛　南無阿弥陀佛

平成十六年十二月十七日

月向山光明寺住職

# 引導

四生無常のかたち、生あるものは、死にきす。哀れなるかな、電光の命、草露の朝を、待つがごとし。悲しいかな風葉の身、槿花の朝にして、夕にいたらざるに、あい似たり。幽魂は独り往き、かわれば、質は山沢に残り、骨は野外にさらす。人中天上の快楽は、夢の中にして、幻のごとし。

諸行は、まさしく、無常なり。

ここに新蓮台、俗名「谷岡圭子」こと、行年六十八才。

あなたは、昭和十二年四月十四日、この世に生を受け、
平成十六年十二月十七日、午後三時十一分、往生せり。

月向山光明寺において、「五重相伝」の受者として、
**誓空妙圭禅定尼**を授与されり。

みな人よ、十方衆生の願なれば、南無阿弥陀佛の、丸の内なり。

六道の辻にまします地蔵尊、みちびき給え、弥陀の浄土へ。汝、今や、大慈悲、阿弥陀如来の、本願に、出会うなり。すなわち、かつて、阿弥陀如来は、われらのために、超世の悲願を立てられたり。我ら、十方の衆生が、佛の国に生まれんことを、願って、南無阿弥陀佛、と、佛のおん名を称うれば、必ず、来たりて、救いたもう。仰ぎおもんみれば、大慈悲、阿弥陀如来は、かのほうより、来たれ、と、呼び給い、このほうよりは、本師、釈尊が、とく往け、と、進めたもう。

南無阿弥陀佛

新蓮台、俗名「谷岡圭子」

**誓空妙圭禅定尼**

一到弥陀安養國（いっとうみだあんにょうこく）、元来是我法王家（がんらいぜがほうおうけ）

いんどう

平成十九年十月十一日

# 晃空浄心禅定門

月向　皎夫（あきお）　七十八才

## お別れのことば

つゝしんで、月向皎夫（あきお）様、七十八才のご霊前に、深くおくやみを申し上げます。

きのう、平成十九年十月十一日の早朝に、あなたの訃報に接して、おどろき入りました。

あなたは、月向山光明寺と格別にゑにし深い月向本家の当主です。遠い昔から平成の今も、たがいに御縁を深めつゝ、おつきあいしていたゞきましたことを、あつく、御礼申しあげます。あなたの永眠を知った老母（はは）は「皎夫（あきお）さん」と言ったきり、あふれる涙で、「ユキちゃん、かわいそうに」と、タメ息をつきました。

そして、つい先日も訪ねてくれた時に、「このあつさで私のような老人は、体をもてあまして自信ナイ。その時は、月向ハン、よろしくオタノミシトキマスよ」と言ったこと。月向さんは、元気だったのに、と、ナミダでした。常楽の田中文ちゃんも、守って下さいよ、と、オタノミシタコトだったのに。

人のこの世は、ながくして、変わらぬ春と思いしに、無常の風は、時をきらわず、で、全く、突然のお別れです。お宅は、令息夫妻ともに教養も趣味もゆたかで、特産梅の販路もひろめて充実されているし、月向皎夫(あきお)さん、あなたこそ、梅の撰果機と言う便利なものを、まっさきに作られたこと、当時の皆さんのよろこびと人気は、すばらしかった。あなたこそ、日本一を誇る梅のふる里へ、多大の貢献を、されたんです。

　ありがとう、ございました。若い時に、旅の空で、旅費もなくてしんぼうしたこともあったけれど、その時にも、「月向家の御先祖を思ったから、人の道にはずれるようなワルイことは出来なんだ」矢張り、ご先祖に手をあわすことこそ、大切ですと、寺で、しんみりと、話してくれたことも、ありましたね。西山浄土宗勤行式の発願文に、願わくば、弟子等(でしとう)、命終(みょうじゅ)の時に臨(のど)んで、心、顛倒(てんどう)せず、心錯乱(しゃくらん)せず、心、失念せず、身心に、諸(もろもろ)の苦痛なく、身心、快楽(けらく)にして、禅定(でんじょう)に入るが如(ごと)く、聖衆(しょうじゅ)、現前(げんぜん)したまえ、と、あり、自ら、不退転に、至らしむ、と、あります通り、大慈悲、阿弥陀如来の、本願力に、おすがり下さい。こゝに、無常安心章を呈し、ご冥福を、念じます。仰いで、大空に動く雲の姿を見、ふして逝く河の水の流れを観よ。雲も水も、しばしもとゞどまらず。ありと思えばたちまちなし。消えたりと思えばまたあらわる。まことに、人の世のすがたもまたかくのごとし。ながく、この世に生きんことを望むとも、人の命のはかなきこと、霜露の如く、無常なること、光りよりも、速やかなり。まことに、生まれし者は、必ず、死し、会う者は、必ず、はなるるならい、あゝ、誰か、百年の齢を、保たんや。今夜は、みなさんの熱いおなさけに送られて、弥陀のお浄土へ、安らかに、旅立って下さい。

　六道の辻にまします地蔵尊、みちびき給え、弥陀の浄土へ　〈同称十念〉

　南無阿弥陀佛　南無阿弥陀佛　南無阿弥陀佛

平成十九年十月十二日

月向山光明寺住職

# 引導

四生無常のかたち、生あるものは、死にきす。哀れなるかな、電光の命、草露（そうろ）の朝（あした）を、待つがごとし。悲しいかな風葉の身、槿花（きんか）の朝にして、夕（ゆうべ）にいたらざるに、あい似たり。

幽魂（ゆうこん）は独り往き、かわれば、質（かたち）は山沢（さんたく）に残り、骨は野外にさらす。

人中天上（にんちゅうてんじょう）の快楽（けらく）は、夢の中にして、幻のごとし。諸行（しょぎょう）は、まさしく、無常（むじょう）なり。

ここに、新蓮台、俗名「月向皎夫（あきお）」こと、行年七十八才。

昭和五年二月二十二日、月向石太郎の子として、この世に、生を受け、

平成十九年十月十一日、午前五時、往生せり。

光明寺の五重相伝にはいり、

**晃空浄心禅定門**と、授与されり。

みな人よ、十方衆生（じゅっぽうしゅじょう）の願なれば、南無阿弥陀佛の、丸の内なり。

六道の辻にまします地蔵尊、みちびき給え、弥陀の浄土へ。汝、今や、大慈悲、阿弥陀如来の、本願に、出会うなり。すなわち、かつて、阿弥陀如来は、われらのために、超世の悲願を立てられたり。我ら、十方の衆生が、佛の国に生まれんことを、願って、南無阿弥陀佛、と、佛のおん名を称うれば、必ず、来たりて、救いたもう。仰ぎおもんみれば、大慈悲、阿弥陀如来は、かのほうより、来たれ、と、呼び給い、このほうよりは、本師、釈尊が、とく往け、と、進めたもう。

新蓮台、「月向皎夫（あきお）」

**晃空浄心禅定門**

一到弥陀安養國（いっとうみだあんにょうこく）、　元来是我法王家（がんらいぜがほうおうけ）

南無阿弥陀佛

いんどう

平成十六年十一月二十八日

# 清空妙亮禅定尼

﨑山　ハツヱ　　九十九才

## お別れのことば

つ、しんで、﨑山ハツヱ様、九十九才のご霊前に、お別れのあいさつをささげます。

あなたが一昨日十一月二十八日に、夜八時すぎに自宅で大変安らかに、あの世へ旅立たれたことをお伺いして、そのご一代に対してふかく合掌いたしました。

つ、しんでおくやみ申し上げます。

くしくも、不思議にちょうどこの日、十一月二十八日は、あなたのお母さん山本フジさんが昭和四十一年十一月二十八日、八十七才で亡くなったのです。この日、朝から山本スミ枝さんと君子さんが祥月詣りでおいでになったのです。四十年前の今日のこの日、あなたのご命日にもなるワケです。世の人々の誰もがこいねがう生命の宝を、九十九才まで生きながらえたこと、あと一ヵ月で新年にあければ百才です。

明治、大正、昭和、平成とその百年間には第二次世界大戦もありましたし、日本歴史の一大変動期でした。

崎山ハツヱさん、よろこびもかなしみもさぞ多かったでしょう。人生の山坂をよくまあ生き延びて下さったと、今夜あらためてあなたの九十九才の人生行路をたたえます。

あなたは体格のよい、しっとりとおちついたお方で、山本馬吉お父さん似だと、私の父はその生前に言いました。山本馬吉翁こそは、度胸のすわったなさけに熱い、かしこいお方でした。

令息、義正様を英霊にささげられたため、崎山賢治さんが山本家を相続されて、そのご繁栄など、崎山ハツヱさんが山本家ご先祖代々に対して孝行をつくされたあかしです。

菩提寺よりも、あつく御礼申し上げます。尚、崎山家におきましては、戸主文男氏の人格の光と東京都進学就職のお二人と、ピアノと音楽で地域文化に貢献されつゝある先生と、ハツヱ様への孝養に専念されたお母さんの仲良き平安な家庭で、あなたの晩年の安らぎは最高でした。

ことばには出さぬ温（ぬく）みをただよわせ　卒寿の母のどっかりとあり、

九十九才の母、七十才の息子にこの子はと言う。

母は大地のような存在だと、以前、紀伊民報にありました。まことに世に、母ほど尊い存在はありません。

今夜は多勢のお詣りをいただきまして、故人に代わり、あつく、御礼、申し上げます。

ありがとうございました。

引き続き晩稲常楽の方々から、ま心こもる通夜のお念仏をいただいて、どうぞ安らかなご冥福を祈ります。

つゝしんで、六道の辻にましまます地蔵尊、みちびき給え、弥陀の浄土へ

〈同称十念〉

平成十六年十一月三十日

月向山光明寺住職

# 引導

四生無常のかたち、生あるものは、死にきす。哀れなるかな、電光の命、草露(そうろ)の朝(あした)を、待つがごとし。悲しいかな風葉の身、槿花(きんか)の朝にして、夕にいたらざるに、あい似たり。幽魂(ゆうこん)は独り往き、かわれば、質(かたち)は山沢(さんたく)に残り、骨は野外にさらす。人中天上の快楽は、夢の中にして、幻のごとし。諸行は、まさしく、無常なり。

ここに、新蓮台、俗名「﨑山ハツヱ」こと、行年九十九才。あなたは、明治三十九年三月十九日、山本馬吉フジの子として、この世に生を受け、平成十六年十一月二十八日、午後八時二十五分、往生せり。その十一月二十八日は、母の命日なり。月向山光明寺において、ずぅっと以前、山本ハツヱの頃、「五重相伝」の受者として、

**清空妙亮禅定尼**を、授与されたり。

みな人よ、十万衆生の願なれば、南無阿弥陀佛の、丸の内なり。六道の辻にまします地蔵尊、みちびき給え、弥陀の浄土へ。汝、今や、大慈悲、阿弥陀如来の、本願に、出会うなり。すなわち、かつて、阿弥陀如来は、われらのために、超世の悲願を立てられたり。我ら、十方の衆生が、佛の国に生まれんことを、願って、南無阿弥陀佛、と、佛の御名を称うれば、必ず、来たりて、救いたもう。仰ぎおもんみれば、大慈悲、阿弥陀如来は、かのほうより、来たれ、と、呼び給い、このほうよりは、本師、釈尊が、とく往け、と、進めたもう。

新蓮台　俗名「﨑山ハツヱ」こと、行年九十九才

**清空妙亮禅定尼**　　南無阿弥陀佛

一到弥陀安養國、元来是我法王家

いんどう

観空浄聡禅定門

平成十七年四月一日

山田　聡士（さとし）　　四十五才

## お別れのことば

つゝしんで、山田聡士様、当年四十五才のご霊前に、お別れのごあいさつを、さゝげます。

今年の異常気象は、四月と言うのに、三月のような肌寒さの昨日、山田小一郎さんから、突然に、あなたの訃報に接して、あまりのおどろきに、言葉も出ませんでした。

こゝに、つゝしんで、深く、おくやみ申し上げます。

残されたご両親のなげき、さらには、小学校三年生と、この春、小学入学の二人の息子さんと、若いお母さんのかなしみをお察しして、感無量です。

あなたは、栄えある合併みなべ町、初代町長、山田五良様の令息で、あります。

大学卒業後は県庁へ勤務されて、この三月三十一日で、二十年を経過しました。現在は、県立医科大学学生課にお勤めでした。数年前に少々体調をくずされたが近頃はお元気だと伺っていたんです。

白梅幼稚園時代の面影を今夜この席でおもいうかべつゝですが、性温厚、前途有為のあなたの突然の訃報に、故郷の皆さんが、おどろきの涙、です。

山田家とご親族、皆さまのご心情はいかばかりか、筆紙つくしきれないおなげきでしょう。

無常流転の浮き世とはこのこと、

明日ありと思う心の仇ざくら、夜半に嵐の吹かぬものかは、です。

私の少年期の思い出の中にジーンと身にしみてワスレガタイことがあります。

それは、第二次世界大戦で出征した兵士がとうとう病身となって敗戦の故国へかえりつき、家で三十六才の若さで永眠の夜に、老いた父親が、冷たくなった息子の枕辺に正座して、そのヒタイへ手をあて、、「今日の日まで、父とよび、子とよばしてもらった深いゐにし、ありがとう、お礼を言います」と、言って、熱いなみだを、ホロホロと、そゝいでいた光景です。

その英霊も二人の小学生と若い母を残されました。

山田ご両親様のご心境も、同じことゝお察しします。

聡上さまこそは、山田家の柱、山田家の宝、でした。

白銀も、黄金も、珠玉も何かせん、まされる宝、子にしかめやも、の、かけがえのないお方だったのです。

ふかくふかくおくやみ申し上げ、無常安心章を呈して、ご冥福を祈ります。

　仰いで、大空に動く雲の姿を見、ふしてゆく河の流れをみよ。

　雲も水も少しもとゞまらず、ありと思えば、たちまちなし、消えたりと思えば、またあらわる。まことに、人の世のすがたも、また、かくの如し。

　こゝに死したる人あれば、かしこに生まるゝ者もあり、

生をよろこび、死をいとい、
ながくこの世に生きんことを望むとも、
人の命のはかなきこと、霜露の如く、
無常なること、光よりも速やかなり。
まことに生まれし者は、必ず死し、
会う者は、必ず、はなるゝならい、
あゝ誰か百年の齢（よわい）を保たんや。
今夜は、大勢の皆様のおまいりを、いたゞき、ありがとうございます。
わけても、ま心こもる通夜のお念佛におくられて、
六道の辻にましまず地蔵尊
　みちびき給え、弥陀の浄土へ

南無阿弥陀佛　南無阿弥陀佛　南無阿弥陀佛

〈同称十念〉

平成十七年四月二日

月向山光明寺住職

# 引導

四生無常のかたち、生あるものは、死にきす。哀れなるかな、電光の命、草露の朝を、待つがごとし。悲しいかな風葉の身、槿花の朝にして、夕にいたらざるに、あい似たり。幽魂は独り往き、かわれば、質は山沢に残り、骨は野外にさらす。人中天上の快楽は、夢の中にして、幻のごとし。諸行は、まさしく、無常なり。

ここに新蓮台、俗名「山田聡士」こと、行年四十五才。
あなたは、昭和三十六年六月十三日、この世に生を受け、
平成十七年四月一日、午前二時、往生せり。
月向山光明寺において、「五重相伝」の受者として、
**観空浄聡禅定門**を、授与されり。

みな人よ、十方衆生の願なれば、南無阿弥陀佛の、丸の内なり。六道の辻にまします地蔵尊、みちびき給え、弥陀の浄土へ。汝、今や、大慈悲、阿弥陀如来の、本願に、出会うなり。すなわち、かつて、阿弥陀如来は、われらのために、超世の悲願を立てられたり。
我ら、十方の衆生が、佛の国に生まれんことを、願って、南無阿弥陀佛、と、佛のおん名を称うれば、必ず、来たりて、救いたもう。仰ぎおもんみれば、大慈悲、阿弥陀如来は、かのほうより、来たれ、と、呼び給い、このほうよりは、本師、釈尊が、とく往け、と、進めたもう。

新蓮台、俗名「山田聡士」こと、行年四十五才
**観空浄聡禅定門**

南無阿弥陀佛

一到弥陀安養國（いっとうみだあんにょうこく）、元来是我法王家（がんらいぜがほうおうけ）

いんどう

平成十七年三月二十一日

# 観空静円禅定尼

尾田　シズノ　　九十一才

## お別れのことば

つゝしんで、尾田シズノ様の霊前に、お別れのごあいさつを贈ります。

三月二十一日、おひがん中日の翌日、夜ふけのこと〈十一時十七分〉松寿し店主、勇様から光明寺へお電話をいたゞきました。九十一才の天寿を全うし、永眠いたしました。ここに深く、おくやみ申し上げます。

近頃の気候の異変は、まことに珍しくて日本列島、北に南に、大雪、大地震におそわれる有様です。したがって天候に支配される病床のおとしよりの方にとっては、しのぎにくいことでした。

電話のあと、「あなたもなくなられた」と、感慨無量とは、このことでした。ご承知の通り。松寿司さんと、菩提寺光明寺のながい年月のゐにしは深く、したがって、あなたに対してのなつかしい思い出は、沢山です。あなたは、はるばる島根県から、尾田仲蔵様に迎えられました。

その持って生まれあわせたお人柄が大変よくて、上手ことばでなく黙っていても不思議なぬくもりを持つお方でしたから、晩年まで一家の中心となって家族仲良く敬愛されました。生前、お店の休日には、お墓まいりを忘れず、ありし日の思い出は沢山ですけれども、限られた今夜の席です。まわりの人々にはなさけぶかく接しながら、その道ひとすじにエンの下の力持ち、内助の功をつまれたあなたの人生行路、立派なご一代だったことを、た丶えて、あつく御礼、申し上げます。

どうぞ、安らかに、六道の辻にましますす地蔵尊、みちびき給え、弥陀の浄土へ。ご冥福を、祈ります。

さいごに、あなたの婦徳をた丶えて、父母恩重経の一節を、ささげます。

あわれはらから心せよ、山より高き父の恩、海より深き母の恩、
知るこそ道の始めなり。まことに父母の恵みこそ、天のきわまりなきがこと。
父母はわが子のためならば、出ても入りても子を思い、ねてもさめても、子を思う。
おのれ生あるそのうちは、子の身にかわらんことを思い、
おのれ死に逝くそののちは、子の身を守らんことを願う。
よる年波の重なりて、いつかコウベの霜しろく、おとろえまさる父母を、
あおげばおつる涙かな。ああ有り難き、父の恩、ああ有り難き、母の恩。
子は、いかにして、むくゆべき。
六道の辻にましますす地蔵尊、みちびき給え、弥陀の浄土へ。

〈同称十念〉

南無阿弥陀佛　南無阿弥陀佛　南無阿弥陀佛

平成十七年三月二十三日

月向山光明寺住職

# 引導

四生無常のかたち、生あるものは、死にきす。哀れなるかな、電光の命、草露の朝を、待つがごとし。悲しいかな風葉の身、槿花の朝にして、夕にいたらざるに、あい似たり。幽魂は独り往き、かわれば、質は山沢に残り、骨は野外にさらす。人中天上の快楽は、夢の中にして、幻のごとし。諸行は、まさしく、無常なり。

ここに新蓮台、俗名「尾田シズノ」こと、行年九十一才。

あなたは、大正四年三月二十一日、この世に生を受け、

平成十七年三月二十一日、午後十一時十七分、往生せり。

その一代を、松寿司の発展に尽くしたり。

**観空静円禅定尼**を、授与されり。

みな人よ、十方衆生の願なれば、南無阿弥陀佛の、丸の内なり。六道の辻にましょます地蔵尊、みちびき給え、弥陀の浄土へ。汝、今や、大慈悲、阿弥陀如来の、本願に、出会うなり。すなわち、かつて、阿弥陀如来は、われらのために、超世の悲願を立てられたり。我ら、十方の衆生が、佛の国に生まれんことを、願って、南無阿弥陀佛、と、佛のおん名を称うれば、必ず、来たりて、救いたもう。仰ぎおもんみれば、大慈悲、阿弥陀如来は、かのほうより、来たれ、と、呼び給い、このほうよりは、本師、釈尊が、とく往け、と、進めたもう。

新蓮台、俗名「尾田シズノ」こと、行年九十一才

**観空静円禅定尼**

一到弥陀安養國（いっとうみだあんにょうこく）、元来是我法王家（がんらいぜがほうおうけ）

南無阿弥陀佛

いんどう

平成十六年七月二十九日

# 晃空浄性禅定門

小川　幾久夫　七十才

## お別れのことば

つゝしんで、小川幾久夫様の霊前に、お別れのことばを、贈ります。

昨日夕方、急逝を知った時のおどろきは、私も家族も、言葉なし、でした。七十才のあなたの旅立ちは、余りにも、早すぎました。こゝに、深く哀悼の意を表します。

きくところでは、今朝も早く涼しいうちに梅ほし作業をして、午後は、テレビの前で、今日は特に南部高校出場だから地元の選手も応援したいので、たのしんで見ていた途中、体の不調となったそうで、私どもも、救急車らしいひゞきに気づいたことでしたが、それがまさか小川さんだったとは、命はもろき草の露、と、お経のおしえにもありますが、何という出来事かと、憎しみても余りある出来事ですから、晩稲中が、シュンとなっています。

あなたは、生まれつきまことに、善良な性格で、気軽く、誰の仕事も手伝ってあげる方でした。

以前、光明寺の役員もしていたゞきましたが、ふかく南無阿弥陀佛に帰依して、信仰心が、身についていました。よく働く、そのつみ重ねで、新宅ながら、着々と財を築き、妹さんは、印南町方面へ嫁し、姉さんは、よき伴侶を迎えて、お孫さんは、おじいさんを慕い、まことに、理想的な家庭だったのです。

ご家族、ご親族のおなげきのほど、察して余りあり、です。

ここに、無常安心章を呈して、ご冥福を祈ります。

仰いで、大空に動く雲の姿を見、ふしてゆく河の流れをみよ。

雲も水も少しもとゞどまらず、ありと思えば、たちまちなし、消えたりと思えば、またあらわる。まことに、人の世のすがたもまた、かくの如し。

こゝに死したる人あれば、かしこに生まるゝ者もあり、生をよろこび、死をいとい、ながくこの世に生きんことを、望むとも、

人の命のはかなきこと、霜露の如く、無常なること、光よりも速やかなり。

まことに生まれし者は、必ず死し、会う者は、必ず、はなるゝならい、

あゝ誰か百年の齢(よわい)を保たんや。

今夜は、大勢の皆様のおまいりを、いたゞき、ありがとうございます。

わけても、ま心こもる通夜のお念佛におくられて、

六道の辻にましさます地蔵尊みちびき給え、弥陀の浄土へ

〈同称十念〉

平成十六年七月三十日

月向山光明寺住職

# 引導

四生無常のかたち、生あるものは、死にきす。哀れなるかな、電光の命、草露の朝を、待つがごとし悲しいかな風葉の身、槿花の朝にして、夕にいたらざるに、あい似たり。幽魂は独り往き、かわれば、質は山沢に残り、骨は野外にさらす。人中天上の快楽は、夢の中にして、幻のごとし。

諸行は、まさしく、無常なり。

ここに新蓮台、俗名「小川幾久夫」こと、行年七十才。

あなたは、昭和十年五月三十日、この世に生を受け、
平成十六年七月二十九日、午後二時六分、往生せり。

月向山光明寺において、昭和三十二年「五重相伝」の受者として、
**晃空浄性禅定門**を、授与されり。

みな人よ、十方衆生の願なれば、南無阿弥陀佛の、丸の内なり。六道の辻にまします地蔵尊、みちびき給え、弥陀の浄土へ。汝、今や、大慈悲、阿弥陀如来の、本願に、出会うなり。

すなわち、かつて、阿弥陀如来は、われらのために、超世の悲願を立てられたり。我ら、十方の衆生が、佛の国に生まれんことを、願って、南無阿弥陀佛、と、佛のおん名を称うれば、必ず、来たりて、救いたもう。仰ぎおもんみれば、大慈悲、阿弥陀如来は、かのほうより、来たれ、と、呼び給い、このほうよりは、本師、釈尊が、とく往け、と、進めたもう。

南無阿弥陀佛

新蓮台、俗名「小川幾久夫」こと、行年七十才

**晃空浄性禅定門**

一到弥陀安養國（いっとうみだあんにょうこく）、元来是我法王家（がんらいぜがほうおうけ）

いんどう

隆空浄勇禅定門

平成十九年九月二十三日

尾田　勇　　六十才

## お別れのことば

つゝしんで、尾田勇様の霊前に、深く、おくやみを、申し上げます。

秋のおひがんもお中日の夕方六時十三分に、あの世に旅立たれた尾田勇様、年齢(よわい)六十才は、いかにもはやくにすぎましたが、奥さんにおうかがいしますと、今月六日に入院して、もう今月中には退院できそうだ、と、言われていたのに、コトシの夏のきびしさには、あなたの体力には、コタエていたのでしょうか。当、晩稲(おしね)には、ご親戚も多いことです。ご家族ならびにご親戚ご一同様へ、おくやみを、申し上げます。

おもいでは多くて、戦争後すぐにひらいた白梅幼稚園児だったあんたは、体格のよいのびのびとゆかいな少年だったことと、松寿司店主、尾田仲蔵様が、当時まだ得難い「電話器」を率先して白梅へ寄附して下さったこと、しんせつな松寿司さんなればこその美徳仁義(びとくじんぎ)でした。さらに、檀中の松寿司さんと光明寺のおつきあいもまた格別の仲だったこと、72の2225の受話器を持ったら、まず、イサムサン、と、言う間柄だったこと、少年期に、白梅の参観日に、おバアちゃんがきてくれたら、勇君は、うれしくてうれしくて、机の上を歩き回ったことなど、数限りなくあります。十年前、大きな盆石を、あなたが持ってきたこと、など、過去の想い出が多すぎて、このようなお別れは、かなしすぎます。まさに、人生の無常とは、このことです。人のこの世は、ながくして、変わらぬ春をおもいしに、突然、無常の風に誘われるのが、人生行路です。西山浄土宗勤行式の発願文に、願わくば、弟子等、命終の時に臨んで、心、顛倒せず、心錯乱せず、心、失念せず、身心に、諸の苦痛なく、身心、快楽にして、禅定に入るが如く、聖衆、現前したまえ、と、あり、本願力は、名を聞いて、往生せんと欲せば、皆ことごとく、彼の国に到り、自ら、不退転に、至らしむ、と、あります通り、大慈悲、阿弥陀如来の、本願力に、おすがり下さい。こゝに、無常安心章を呈し、ご冥福を、念じます。仰いで、大空に動く雲の姿を見、ふして逝く河の水の流れを観よ。雲も水も、しばしもとゞまらず。ありと思えばたちまちなし。消えたりと思えばまたあらわる。まことに、人の世のすがたもまたかくのごとし。こゝに、死したる人あれば、かしこに、生まるゝ者もあり。たとえ、死をいとい、ながく、この世に生きんことを望むとも、人の命のはかなきこと、霜露の如く、無常なること、光りよりも、速やかなり。若き先だし、老いたる人のおくるゝなげき、まことに、生まれし者は、必ず、死し、会う者は、必ず、はなるるならい、あゝ、誰か、百年の齢を、保たんや。今夜は、みなさんの熱いおなさけに送られて、弥陀のお浄土へ、安らかに、旅立って下さい。

六道の辻にまします地蔵尊、みちびき給え、弥陀の浄土へ　〈同称十念〉

南無阿弥陀佛　南無阿弥陀佛　南無阿弥陀佛

平成十九年九月二十四日

月向山光明寺住職

四生無常のかたち、生あるものは、死にます。哀れなるかな、電光の命、草露の朝を、待つがごとし。悲しいかな風葉の身、槿花の朝にして、夕にいたらざるに、あい似たり。

幽魂は独り往き、かわれば、質は山沢に残り、骨は野外にさらす。

人中天上の快楽は、夢の中にして、幻のごとし。諸行は、まさしく、無常なり。

ここに、新蓮台、俗名「尾田勇」こと、行年六十才。

昭和二十三年四月十六日、この世に生を受け、

平成十九年九月二十三日、秋、彼岸の中日に、

午後六時十三分、往生せり。松寿司さんと光明寺のツナガリであった。

## 隆空浄勇禅定門

みな人よ、十方衆生の願なれば、南無阿弥陀佛の、丸の内なり。

六道の辻にまします地蔵尊、みちびき給え、弥陀の浄土へ。汝、今や、大慈悲、阿弥陀如来の、本願に、出会うなり。すなわち、かつて、阿弥陀如来は、われらのために、超世の悲願を立てられたり。我ら、十方の衆生が、佛の國に生まれんことを、願って、南無阿弥陀佛、と、佛のおん名を称うれば、必ず、来たりて、救いたもう。仰ぎおもんみれば、大慈悲、阿弥陀如来は、かのほうより、来たれ、と、呼び給い、このほうよりは、本師、釈尊が、とく往け、と、進めたもう。

新蓮台、「尾田勇」

## 隆空浄勇禅定門

南無阿弥陀佛

一到弥陀安養國、元来是我法王家

平成十七年二月十一日

# 利生院観空浄潔居士

清水　利數

八十二才

## お別れのことば

つゝしんで、清水利數様、当年八十二才の霊前に、お別れのことばを、さゝげます。

このたび、あなたの訃報に接して、しばし、言葉なく、でした。

この世のゐにし深かりし清水さん。

あなたとの永遠のお別れは、住職にとって感無量で、この気持ちは、ことばにも筆にも、あらわしきれません。

つゝしんで、深く、おくやみを、申し上げます。

病床のあなたに対して、ご家族はもとよりながら、奥さんの至れりつくせりの看護の姿は、実に涙ぐましいことでした。

言うはやすくて行うはがたし、のことで、世の婦人方のお手本でした。

あなたも、よき奥さんにめぐまれて、さぞかし、感謝一杯だったことでしょう。

このところ、二月の不安な気候が病気の方に敏感に障ったんですね。

ふり返りますと、終戦後六十余年にわたる歳月に、たかぎ、きよかわ、と、旧、上南部村、三村が合併して五十年。谷本村政の発足当初から、清水組、清水利數社長の残した社会的活躍と業績はめざましいものがありました。

こんせきに、あらためて、あつく、御礼申し上げます。

菩提寺、月向山光明寺におきましても、多年、寺総代の要職につかれて、五十五年には、盛大な五重大法要三百名の受者の責任も果たされ、境内外の拡幅石垣工事、山門建立、英霊塔建立、六地蔵さま、本堂再建、学校法人白梅幼稚園の設備など、清水利數社長の、めんみつ優秀な技術の足跡でありまして、檀信徒一同、深く、感謝しております。

敬神崇祖の念にあつくて、地許おしね区民の信頼は、格別でありました。

まことに、立派なご一代でした。

もっともっと長命していただきたい人材だったのです。

その思いでも感謝も山々ながら、このさきは、清水家ご家族に、区民はよく協力することで、ご恩返しの一端と心得ます。

今夜は、かくも大勢の皆様におまいりいたゞき、有り難うございました。なお、下尾の皆さん方による熱いなさけのお念仏におくられて清水利數社長さん、弥陀の浄土、はちすの上で安らいで下さい。

お別れにさいして、無常安心章を奉唱して、ご冥福を祈ります。

仰いで、大空に動く雲の姿を見、ふしてゆく河の流れをみよ。

雲も水も少しもとゞまらず、ありと思えば、たちまちなし、
消えたりと思えば、またあらわる。
まことに、人の世のすがたもまた、かくの如し。
こゝに死したる人あれば、かしこに生まるゝ者もあり、
生をよろこび、死をいとい、
ながくこの世に生きんことを、望むとも、
人の命のはかなきこと、霜露の如く、
無常なること、光よりも速やかなり。
まことに生まれし者は、必ず死し、
会う者は、必ず、はなるゝならい、
あゝ誰か百年の齢(よわい)を保たんや。

六道の辻にましますす地蔵尊
みちびき給え、弥陀の浄土へ

南無阿弥陀佛　南無阿弥陀佛　南無阿弥陀佛

〈同称十念〉

平成十七年二月十三日

月向山光明寺住職

# 引導

四生無常のかたち、生あるものは、死にきす。哀れなるかな、電光の命、草露の朝を、待つがごとし。悲しいかな風葉の身、槿花の朝にして、夕にいたらざるに、あい似たり。幽魂は独り往き、かわれば、質は山沢に残り、骨は野外にさらす。人中天上の快楽は、夢の中にして、幻のごとし。諸行は、まさしく、無常なり。

ここに、新蓮台、俗名「清水利數」こと、行年八十二才。あなたは、大正十三年十一月二十三日、この世に生を受け、平成十七年二月十一日、午後八時十分、往生せり。

**観空浄潔禅定門**の戒名に、今回、光明寺から、**利生院**を、授与されり。

あなたは、大正十三年十一月二十三日、つまり、勤労感謝の日に、生まれ出り、平成十七年二月十一日、つまり、建国記念の日に、往生されり。

みな人よ、十方衆生の願なれば、南無阿弥陀佛の、丸の内なり。六道の辻にまします地蔵尊、みちびき給え、弥陀の浄土へ。汝、今や、大慈悲、阿弥陀如来の、本願に、出会うなり。

すなわち、かつて、阿弥陀如来は、われらのために、超世の悲願を立てられたり。我ら、十方の衆生が、佛の国に生まれんことを、願って、南無阿弥陀佛、と、佛のおん名を称うれば、必ず、来たりて、救いたもう。仰ぎおもんみれば、大慈悲、阿弥陀如来は、かのほうより、来たれ、と、呼び給い、このほうよりは、本師、釈尊が、とく往け、と、進めたもう。

**利生院観空浄潔居士**　　南無阿弥陀佛

新蓮台、俗名「清水利數」

一到弥陀安養國（いっとうみだあんにょうこく）、元来是我法王家（がんらいぜがほうおうけ）

いんどう

平成十八年三月七日

# 長空妙道禅定尼

嵜山　リエ　　九十三才

## お別れのことば

つゝしんで、嵜山リヱ様、九十三才の霊前に、お別れのことばを、さゝげます。

あなたが、昨、三月七日午後二時三十九分、安らかに、おなくなりになったとうかがいまして、こゝにつゝしんで、合掌して、おくやみを申し上げます。

いつもの年にくらべて今年は、大変きびしい寒さがながくつゞきましたが、あなたは、病人さんを感じさせないきげんのよい明るさで、尚、入院することもなくて、食事もとって、静かに、自宅で静養されたそうで、ご近所の皆さんも、あの世の旅立ちまで、私も見習いたい、あやかりたい、と、言っています。

高齢、九十三才と言えば、人、皆が、何のくるしみもイタミも訴えずに自宅(おうち)で、この冬をすごされたあなたに、梅の花から、さくらの花さく春を味わってほしかった、と、これは、家族の気持ちです。

先日、寺へ見えてくれた嵜山勝さんは、ションボリして、

「わしが先になったらよかった。きれい好きで、よう働いてくれた。戦争中は、嵜山の父親にも死なれてしんぼうさせた。矢張り別れの時はくるもんや」と、夫婦ならではの情愛こもることばでした。

その通りです。きれいずきで、利口に仕事をして、今、九十代の人妻は、ちょうど、子育ての最中でした。食糧難のきびしい銃後の守りはエラカッタコト。特に嵜山勝さんは、二回も召集令状をうけたこと。嵜山勝様は、すぐれてゆきとゞいたお方だったから、上官のオボエもよかったでしょうが、銃後の子育て最中の若妻をおもい、故郷をおもい、しんぼうだったでしょうが、更に、留守宅のあなたのごくろうは、察してあまりある、六十年も前の苦労でした。

戦争を知らない現代の人には、想像も出来ないことですね。そうした苦労を経験した婦人だからこそ、その一代は、オバアちゃんオバアちゃんと、家族の皆さんにも、隣り近所の方々にも、したわれました。とくに、戸主の濱さんと順子さんの孝行は、見上げたもので、充分、なぐさめられたことでしょうし、また、昔から嵜山家が、黒津大師様を、よく、おまつりして下さったことも有名で、この信仰の姿は、まことに立派で、お家も繁盛されたんだと思います。この年月に、そろって健康で、一家仲良くおさまって、人もうらやむ嵜山家をきずいたあなたに、今夜、あらためて、御礼、申し上げます。

ありがとう、ございました。

人情ゆたかな晩稲に生まれて、生まれ故郷で、九十三ヵ年の人生行路でした。

人は誰しも、よろこびもかなしみもの幾山河ではありますけれども、度胸もあり、かしこさも備え持ったあなたは、あっぱれ幸運な人生だったと思います。

それに、病苦もなくて、安らかな大往生でした。

よい、お母さんでした。すばらしいお母さんでした。

こゝに、母をたゝえて、父母恩重経の一節を、ささげます。
あわれはらから心せよ、山より高き父の恩、海より深き母の恩、
知るこそ道の始めなり。まことに父母の恵みこそ、天のきわまりなきがこと。
父母はわが子のためならば、出ても入りても子を思い、
ねてもさめても、子を思う。
おのれ生あるそのうちは、子の身にかわらんことを思い、
おのれ死に逝(ゆ)くそののちは、子の身を守らんことを願う。
よる年波の重なりて、いつかコウべの霜しろく、おとろえませる父母を、
あおげばおつる涙かな。ああ有り難き、父の恩、ああ有り難き、母の恩。
子は、いかにして、むくゆべき。
では、ご冥福を祈りつゝ、皆さんからの、心こもる通夜のお念仏におくられて、
六道の辻にましまます地蔵尊、みちびき給え、弥陀の浄土へ

〈同称十念〉

南無阿弥陀佛　南無阿弥陀佛　南無阿弥陀佛

平成十八年三月八日

月向山光明寺住職

# 引導

四生無常のかたち、生あるものは、死にきす。哀れなるかな、電光の命、草露（そうろ）の朝（あした）を、待つがごとし。悲しいかな風葉の身、槿花（きんか）の朝（あした）にして、夕にいたらざるに、あい似たり。幽魂（ゆうこん）は独り往き、かわれば、質（かたち）は山沢（さんたく）に残り、骨は野外にさらす。人中天上の快楽（けらく）は、夢の中にして、幻のごとし。

諸行は、まさしく、無常なり。

ここに、新蓮台、俗名「嵜山リヱ」こと、行年九十三才。あなたは、大正三年二月八日、この世に、生を受け、平成十八年三月七日、午後二時三十九分、往生せり。

「五重相伝」の記録によれば、昭和十年のところにあり、

**長空妙道禅定尼** をいただけり。

人情ゆたかかな晩稲（おしね）で九十三年、あなたは、度胸もあり、かしこさも備え持った、そして、最期は、安らかな、大往生、でした。みな人よ、十方衆生の願なれば、南無阿弥陀佛の、丸の内なり。六道の辻にまします地蔵尊、みちびき給え、弥陀の浄土へ。汝、今や、大慈悲、阿弥陀如来の、本願に、出会うなり。すなわち、かつて、阿弥陀如来は、われらのために、超世の悲願を立てられたり。我ら、十方の衆生が、佛の国に生まれんことを、願って、南無阿弥陀佛、と、佛のおん名を称うれば、必ず、来たりて、救いたもう。仰ぎおもんみれば、大慈悲、阿弥陀如来は、かのほうより、来たれ、と、呼び給い、このほうよりは、本師、釈尊が、とく往け、と、進めたもう。

新蓮台、俗名「嵜山リヱ」こと、行年九十三才

**長空妙道禅定尼**　　南無阿弥陀佛

一到弥陀安養國（いっとうみだあんにょうこく）、元来是我法王家（がんらいぜがほうおうけ）。

いんどう

平成十八年二月二十六日

# 観空浄稔禅定門

川畑　稔　　六十八才

## お別れのことば

つゝしんで、川畑稔様、六十八才の霊前に、お別れのご挨拶を、おくります。

昨日のこと、あなたの訃報をうけた瞬間のおどろきと同時に、涙があふれ出ました。

六十八才は、あまりにも、早くに、すぎました。

今頃に、何故、と、あなたの永眠は、晩稲中の人々の、ナミダナミダだと、思います。

生まれつき心きよらかに、よい方だった川畑さん。

会う人ごとに、ぬくもりを与えるすぐれた人柄をもちあわせていて、この土地の人々に、親しんで下さったあなたの評判は、大変なものでしたのに、今頃、あの世へ旅立たれようとは、名残つきず、ご家族のおなげきは、さぞかしと、お察しします。

クルマ関係の仕事柄、この地域で最も必要で、大衆に愛されるあなたの人気の好評だったこと、何とも、たとえようなく、淋しくなりました。

ここに、つゝしんで、深く、おくやみを、申し上げます。

あなたが、郷土のために、ま心こめてつくして下さったこと、ありし日のいろいろな思い出をたぐりながら、土地の皆さんにかわって、今夜、この席で、厚く御礼を申し上げます。

川畑稔さん。

ご親切な、お世話になりました。

有り難うございました。有り難うございました。

特にことしは、きびしかった一月、二月の寒さから、ようやく春めいてしのぎやすくなりましたのに、そんなに重い病気だったのですか。どこが悪かったのですか。すみませんでした。

寺の家族は「ちょっと、検査入院」くらいに思い、そのうち退院してくれることと思って、待っていました。

あすしれぬ無常の世とは、まさに、このたびの、このことです。

あなたの永別はまことに、おしねの一同にとって、惜しみても、惜しみても、限りない悲しさであります。

人のこの世は、永くして、変わらぬ春と思いしに、
　はかなき夢となりにける、
　　熱き涙のま心を、
　　　み魂の前に、さゝげつゝ、面影しのぶ、かなしさよ。

こゝに、無常安心章を呈しまして、
仰いで、大空に動く雲の姿を見、ふして逝く河の流れを観よ。

雲も水も、しばしもとゞまらず。
ありと思えばたちまちなし。消えたりと思えばまたあらわる。
まことに、人の世のすがたもまたかくのごとし。
こゝに、死したる人あれば、かしこに生まるゝ者もあり。
たとえ、死をいとい、ながく、この世に生きんことを望むとも、
人の命のはかなきこと、霜露の如く、無常なること、光よりも、速やかなり。
若き先だし、老いたる人のおくるゝなげき、
まことに、生まれし者は、必ず、死し、会う者は、必ず、はなるゝならい、あゝ、
誰か、百年の齢（よわい）を、保たんや。
きっと、あなたこそは、安らかな旅と、お察ししますが、
六道の辻にましますす地蔵尊、みちびき給え、弥陀の浄土へ

〈同称十念〉

南無阿弥陀佛　南無阿弥陀佛　南無阿弥陀佛

平成十八年二月二十七日

月向山光明寺住職

# 引導

四生無常のかたち、生あるものは、死にきす。哀れなるかな、電光の命、草露の朝を、待つがごとし。悲しいかな風葉の身、槿花の朝にして、夕にいたらざるに、あい似たり。幽魂は独り往き、かわれば、質は山沢に残り、骨は野外にさらす。人中天上の快楽は、夢の中にして、幻のごとし。諸行は、まさしく、無常なり。


ここに、新蓮台、俗名「川畑稔」こと、行年六十八才。

平成十八年二月二十六日、午前十時五十一分、往生せり。

**観空浄稔禅定門**を、さしあげるなり。

みな人よ、十方衆生の願なれば、南無阿弥陀佛の、丸の内なり。

六道の辻にましします地蔵尊、みちびき給え、弥陀の浄土へ。

汝、今や、大慈悲、阿弥陀如来の、本願に、出会うなり。

すなわち、かつて、阿弥陀如来は、われらのために、超世の悲願を立てられたり。

我ら、十方の衆生が、佛の国に生まれんことを、願って、
南無阿弥陀佛、と、佛のおん名を称うれば、必ず、来たりて、救いたもう。

仰ぎおもんみれば、大慈悲、阿弥陀如来は、かのほうより、来たれ、来たれ、と、呼び給い、
このほうよりは、本師、釈尊が、とく往け、と、進めたもう。


新蓮台、俗名「川畑稔」こと、行年六十八才

**観空浄稔禅定門**

一到弥陀安養國(いっとうみだあんにょうこく)、元来是我法王家(がんらいぜがほうおうけ)

南無阿弥陀佛

いんどう

平成十六年一月一日

# 達空妙相禅定尼

中村　好枝　　八十七才

## お別れのことば

つゝんで、中村好枝様の霊前に、お別れのことばをおくります。

一昨日朝七時、あなたは、八十七才のその生涯をとじて、安らかに、永眠されました。

ここに深く、おくやみを申し上げ、あなたの入院中、よく看護して下さった和子さん、芙美子さんにも、あつく御礼を申し上げます。

あなたは、大正七年二月十一日、晩稲大谷、吉本彦七家に生まれ、平成十六年一月一日午前七時五十二分、八十七才をもって、永眠されました。

吉本家の現戸主、和夫様は、姉に当たるあなたに対して、つねに深いきょうだい愛をもち、容体を心配しておられました。

吉本のお父さんは、日露の役では、金鵄勲章を、いただいたかしこいお方でしたし、下尾のお父さん、中村善作さんは、梅つくりの篤農家でした。梅栽培に日夜その一代をかけたお方でした。東京方面との梅干販売の道をひらいたのも中村さんが率先されたのです。

温厚で、度胸となさけ深い中村善作さんは、梅干しの集金もあまり急がずにながつづきしたことも有名な語り草です。そうした両家のご縁に結ばれて中村家の人となったあなたでしたが、その結婚後に日本は、第二次世界大戦には入り、中村安次郎さんも出征されたのです。

現代、八十代、九十代のおとしよりの方は、たいてい幼ない子どもを抱えて、老父母に仕え、尚、おくにの供出米におわれて、なみなみならぬ銃後のご苦労をされたことで、あなたもそうでした。

やがて戦地から復員した安次郎様が、病弱の体となって先立たれたため、更に、あなたの苦労は重なったのでした。そして、ようやくに安定した中村家だったはずが、先年は、戸主、英文様が、突然に亡き人となり、あなたは悲しい母の座につかれて、黙々と耐えられたのでした。

かなしい運命にさいなまれても、黙々と、静かに耐えることは、明治末期から大正時代に育った即ち、日本のふるきよき時代の婦人方の美徳でした。

中村さん、よく心の悲しみに、耐えられ、母の座を守られました。

今夜は、生まれ故郷、大谷と晩稲の方々の熱いなさけに見送られて、弥陀の浄土へ、旅立って下さい。

六道の辻にまします地蔵尊、みちびき給え、弥陀の浄土へ

〈同称十念〉

平成十六年一月三日

月向山光明寺住職

# 引導

四生無常のかたち、生あるものは、死にきす。哀れなるかな、
電光の命、草露の朝を、待つがごとし。
悲しいかな風葉の身、槿花の朝にして、夕にいたらざるに、あい似たり。幽魂は独り往き、かわれ
ば、質は山沢に残り、骨は野外にさらす。人中天上の快楽は、夢の中にして、幻のごとし。
諸行は、まさしく、無常なり。
ここに、新蓮台、俗名「中村好枝」こと、行年八十七才。
あなたは、大正七年二月十一日、吉本家の長女として、
この世に生を受け、こんにちに到る。そして、平成十六年一月一日午前七時五十二分、、往生せり。
「五重相伝」で、
**達空妙相禅定尼**を、授与されり。
みな人よ、十方衆生の願なれば、南無阿弥陀佛の、丸の内なり。六道の辻にましますす地蔵尊、みち
びき給え、弥陀の浄土へ。汝、今や、大慈悲、阿弥陀如来の、本願に、出会うなり。すなわち、か
つて、阿弥陀如来は、われらのために、超世の悲願を立てられたり。我ら、十方の衆生が、佛の国
に生まれんことを、願って、南無阿弥陀佛、と、佛のおん名を称うれば、必ず、来たりて、救いた
もう。仰ぎおもんみれば、大慈悲、阿弥陀如来は、かのほうより、来たれ、と、呼び給い、このほ
うよりは、本師、釈尊が、とく往け、と、進めたもう。新蓮台、俗名「中村好枝」行年八十七才

**達空妙相禅定尼**

南無阿弥陀佛

一到弥陀安養國、元来是我法王家。

いんどう

平成十六年五月八日

# 明空浄見禅定門

木下　政一　　八十六才

## お別れのことば

つゝしんで、木下政一様の霊前に、お別れのことばを、贈ります。

あなたは、昨日、五月八日の明け方、四時過ぎに、八十六年にわたるそのご一代をとじて、安らかに、永眠されました。

ここに、つゝしんで、深く、お悔やみを申し上げます。

生前のあなたは、持って生まれあわした善良な性格で、親に孝行、子どもたちには、よき父親として、まことに紳士の風格でした。

先年なくなられた近所会の田中鷹太郎さんは「あんたが大変親切だから、仕事の面でも、何でも、木下のマーヤンに相談している」と満足して話されたその言葉を、今しみじみと思い出しています。

なお、あなたにとってその半身である美代子夫人は、健康で甲斐甲斐しくて、その上に愛情がふかく、つまり、内助の功は、満点でしたから、木下家は財をなし、産を築き、当地晩稲の代表的農家として栄えました。菩提寺住職としても、今夜あらためて、た丶えたいと思います。

現代、八十代の高齢の方々は、第二次世界大戦で大変なご苦労を重ねられながらも、その中で長命されたことは、ご先祖のおかげさまの一語につきます。

木下さん、ふるさとの梅の山々、ゆたかに実り、緑風さわやかに、あなたの旅立ちを見送っています。

今夜は、近隣から、かくも多勢のおまいりをいた丶きました。わけても常楽の皆さん方の熱い通夜のおつとめに見送られて、安らかなご冥福を祈ります。

みな人よ、十方衆生の願なれば、南無阿弥陀佛の、丸の内なり。
六道の辻にましょます地蔵尊、みちびき給え、弥陀の浄土へ。

ここに、無常安心章を呈します。

仰いで、大空に動く雲の姿を見、
　ふして逝く河の流れを観よ。
雲も水も、しばしも止まらず、ありと思えば、また、消える。
　消えたりと思えばまたあらわる。まことに、
　　人の世のすがたもまたかくのごとし。

こゝに、死したる人あれば、
かしこに生まるゝ者もあり。
たとえ、死をいとい、
ながく、この世に生きんことを望むとも、
人の命のはかなきこと、霜露の如く、
無常なること、光よりも、速やかなり。
若き先だし、老いたる人のおくるゝなげき、
まことに、生まれし者は、必ず、死し、
会う者は、必ず、はなるゝならい、
あゝ、誰か、百年の齢(よわい)を、保たんや。

南無阿弥陀佛　南無阿弥陀佛　南無阿弥陀佛

〈同称十念〉

平成十六年五月九日

月向山光明寺住職

# 引導

四生無常のかたち、生あるものは、死にきす。哀れなるかな、電光の命、草露の朝を、待つがごとし。悲しいかな風葉の身、槿花の朝にして、夕にいたらざるに、あい似たり。幽魂は独り往き、かわれば、質は山沢に残り、骨は野外にさらす。人中天上の快楽は、夢の中にして、幻のごとし。
諸行は、まさしく、無常なり。

ここに新蓮台、俗名「木下政一」こと、行年八十六才。
あなたは、大正八年三月二十二日、この世に生を受け、
平成十六年五月八日、午前四時十五分、往生せり。
月向山光明寺において、昭和十年「五重相伝」の受者として
**明空浄見禅定門**を、授与される。

みな人よ、十方衆生の願なれば、南無阿弥陀佛の、丸の内なり。
六道の辻にまします地蔵尊、みちびき給え、弥陀の浄土へ。汝、今や、大慈悲、阿弥陀如来の、本願に、出会うなり。すなわち、かつて、阿弥陀如来は、われらのために、超世の悲願を立てられたり。我ら、十方の衆生が、佛の国に生まれんことを、願って、南無阿弥陀佛、と、佛のおん名を称うれば、必ず、来たりて、救いたもう。仰ぎおもんみれば、大慈悲、阿弥陀如来は、かのほうより、来たれ、と、呼び給い、このほうよりは、本師、釈尊が、とく往け、と、進めたもう。

新蓮台、俗名「木下政一」こと、行年八十六才

**明空浄見禅定門**

**南無阿弥陀佛**

一到弥陀安養國（いっとうみだあんにょうこく）、元来是我法王家（がんらいぜがほうおうけ）

いんどう

平成十九年十月二十五日

# 瑞空妙心禅定尼

西　暉子　　　七十七才

## お別れのことば

つゝしんで、西暉子（てるこ）様の霊前に、おくやみのごあいさつをいたします。

きのう、十月二十五日、午後三時すぎに、あなたの訃報をうけました。

病院からすぐにまず菩提寺へおしらせ下さった、母を思う切ない息子さんのお気持ちが通じて、胸一杯になりました。こゝに、深く、おくやみを、申し上げます。

あなたは、おしね、上尾の月向本家に生まれ、しあわせに成長して、御縁あって、西家へ、迎えられました。生まれつき、しずかなおとなしい女性だったから、西本庄の大野すみ子さんと、宝塚の千代子さんたちは、「よいお姉さんです」と感謝しておりました。

ご主人の西芳美さんは、特に利口なカタで、上尾のヨロコビごとや、カナシミごとの行事は、西芳美さんにオマカセしたら、完璧（かんぺき）です、と、評判でしたのに、五年前に先だったこと、以後のあなたは、病弱で入院、今日に至りました。人なみスグレて、ゆきとゞいた西芳美さんに別れて、一進一退のながい病院のあけくれは、さぞ、さみしく、切なかったことでしょう、と、お察し、いたします。しかし、世間のウワサによりますと、政浩、息子さん夫妻が孝心あつくて、わけても、奥さんは、特に、ま心こめてゆきとゞいてみてくれていると、の、評判でしたから、私たちも、安心していました。

あなたは、昭和六年六月五日に生まれ、平成十九年十月二十五日、午後二時三十分、往生せり。行年、七十七才、です。西山浄土宗勤行式の発願文に、願わくば、弟子等、臨終の時に臨んで、心、顛倒せず、心錯乱せず、心、失念せず、身心に、諸の苦痛なく、身心、快楽にして、禅定に入るが如く、聖衆、現前したまえ、と、あり、本願力は、名を聞いて、往生せんと欲せば、皆ことごとく、彼の国に到り、自ら、不退転に、至らしむ、と、あります通り、大慈悲、阿弥陀如来の、本願力に、おすがり下さい。ここに、父母恩重経を、さゝげます。

あわれはらから心せよ、山より高き父の恩、海より深き母の恩、知るこそ道の始めなり。まことに父母の恵みこそ、天のきわまりなきがこと。父母はわが子のためならば、出ても入りても子を思い、ねてもさめても、子を思う。おのれ生あるそのうちは、子の身にかわらんことを思い、おのれ死に逝くそののちは、子の身を守らんことを願う。よる年波の重なりて、いつかコウベの霜しろく、おとろえまさる父母を、あおげばおつる涙かな。ああ有り難き、父の恩、ああ有り難き、母の恩。子は、いかにして、むくゆべき。六道の辻にまします地蔵尊、みちびき給え、弥陀の浄土へ

〈同称十念〉

南無阿弥陀佛　南無阿弥陀佛　南無阿弥陀佛

平成十九年十月二十六日

月向山光明寺住職

# 引導

四生無常のかたち、生あるものは、死にきす。哀れなるかな、電光の命、草露の朝を、待つがごとし。悲しいかな風葉の身、槿花の朝にして、夕にいたらざるに、あい似たり。

幽魂は独り往き、かわれば、質は山沢に残り、骨は野外にさらす。

人中天上の快楽は、夢の中にして、幻のごとし。諸行は、まさしく、無常なり。

ここに、新蓮台、俗名「西暉子」こと、行年七十七才。

昭和六年六月五日、月向石太郎の子として、この世に、生を受け、
平成十九年十月二十五日、午後二時三十分、往生せり。

光明寺の五重相伝にはいり、
瑞空妙心禅定尼と、授与されり。

みな人よ、十方衆生の願なれば、南無阿弥陀佛の、丸の内なり。

六道の辻にまします地蔵尊、みちびき給え、弥陀の浄土へ。汝、今や、大慈悲、阿弥陀如来の、本願に、出会うなり。すなわち、かつて、阿弥陀如来は、われらのために、超世の悲願を立てられたり。我ら、十方の衆生が、佛の国に生まれんことを、願って、南無阿弥陀佛、と、佛のおん名を称うれば、必ず、来たりて、救いたもう。仰ぎおもんみれば、大慈悲、阿弥陀如来は、かのほうより、来たれ、と、呼び給い、このほうよりは、本師、釈尊が、とく往け、と、進めたもう。

南無阿弥陀佛

新蓮台、「西暉子」
瑞空妙心禅定尼
一到弥陀安養國、元来是我法王家

いんどう

# 観空浄孝禅定門

平成十八年三月十五日

堀口　靖孝　　六十二才

## お別れのことば

つゝしんで、堀口靖孝様、当年六十二才のご霊前に、お別れのごあいさつをささげます。

一昨、三月十五日おひる二時二分、何と言うかなしい、つらい、災難が突発したんでしょう。

たしか山内の国道だろうか、オシネ方面へもサイレンが聞こえたそうです。

呆然としてことばなく、ただナミダ、ナミダ、ナミダです。

つゝしんで、おくやみを申し上げます。

兄さんの尾崎巌さんは、丁度、御坊方面からのかえりだったらしく、事故らしいことに気づいた瞬間、妙に胸騒ぎしたけれども、早く自宅へ帰ることも高齢のオバアサンが待っていることだしとかえり、ふだん着に服装をきかえているところへ、近所の人から、「靖孝さんとちがいますか」とデンワを受けたそうで、その瞬間のおどろきは、察して余りあります。

交通事故とキクダケで、胸がイタミました。

なくなったお父さん、堀口茂次さんは、「靖孝さんは、マジメ一方で、オトナシク生まれたモンヤ。本人は教育界を志望しているらしいんで弟分だし、その方面でべんきょうしたらエーと思っている」と言われた通り、あなたはその方面へすすまれたんですね。

そして、順調に結婚後も教育者の道を歩んでしあわせだった。

ところが近年は、体調かんばしからず。教職を休んで、和歌山、笹一寿司経営の徹社長のもとでお手伝いをされているとききました。

竹中英子さん、尾崎巌さん、堀口諦さん、そして堀口徹さんとあなたの五人きょうだいは、つねにぬくもりのある「きょうだい愛」で、あなたの体調を案じ、早く全快してほしい一念だったのです。

このように、まわりのきょうだいの情にもめぐまれておられたのに、このたび突発の災難に、永眠されたことは何とも惜別の情にたえずことばなしです。

六十二才とは早すぎました。あすありと思う心のあだ櫻、夜半にあらしの吹かぬものかは、の古歌を思い浮かべて、ナミダ、ナミダ、ナミダであります。

人のこの世は、永くして変わらぬ春と思いしに、
はかなき夢となりにける　熱き涙のま心を、
み魂の前に、ささげつゝ、面影しのぶ、かなしさよ、です。

西山浄土宗勤行式発願文に、

願わくば、弟子等(でしとう)、命終(みょうじゅう)の時に臨(のど)んで、心、顛倒(でんどう)せず、心錯乱(しゃくらん)せず、心、失念せず、身心に諸(もろもろ)の苦痛なく、心身、快楽(けらく)にして、

禅定（ぜんじょう）に入るが如（ごと）く、聖衆（しょうじゅ）、現前（げんぜん）したまえ、と、あります通り、あなたはこのとおりでした。

この上は、本願力は、名を聞いて往生せんと欲せば、皆ことごとく彼の国に到り、自ら不退転に至らしむとあります通り、大慈悲、阿弥陀如来の本願力に出会ったのです。

ここに無常安心章を呈しまして、

仰いで大空に動く雲の姿を見、ふして逝く河の水の流れを観よ。
雲も水も、しばしもとどまらず、ありと思えばたちまちなし。消えたりと思えばまたあらわる。まことに、人の世のすがたもまたかくのごとし。ここに、死したる人あれば、かしこに、生まるる者もあり。たとえ、死をいとい、ながく、この世に生きんことを望むとも、人の命のはかなきこと、霜露のごとく、無常なること、光よりも、速やかなり。
若きが先だち、老いたる人のおくるなげき。まことに、生まれし者は、必ず、死し、会う者は必ず、はなるるならい、ああ、誰か、百年の才を、たもたんや。

奥さんの堀口美里さん。そして三人の息子さん。

堀口真平、圭補、龍佑の三人こそは、堀口靖孝さんの、この世の宝です。

あなたのあの世の旅は佛さまに守られて、きっと安らかな旅とお察ししますが、

六道の辻にまします地蔵尊、みちびき給え、弥陀の浄土へ

〈同称十念〉

平成十八年三月十七日

月向山光明寺住職

# 引導

四生無常のかたち、生あるものは、死にきす。哀れなるかな、電光の命、草露(そうろ)の朝(あした)を、待つがごとし。

悲しいかな風葉の身、槿花(きんか)の朝にして、夕にいたらざるに、あい似たり。幽魂(ゆうこん)は独り往き、かわれば、質(かたち)は山沢(さんたく)に残り、骨は野外にさらす。人中天上の快楽は、夢の中にして、幻のごとし。

諸行は、まさしく、無常なり。

ここに、新蓮台、俗名「堀口靖孝」こと、行年六十二才。あなたは、昭和二十年十一月三十日、この世に生を受け、平成十八年三月十五日、午後二時二分、往生せり。

**観空浄孝禅定門** を、授与するなり。堀口真平、圭補、龍佑の子どもらが、なんじの宝なり。

みな人よ、十方衆生の願なれば、南無阿弥陀佛の、丸の内なり。六道の辻にまします地蔵尊、みちびき給え、弥陀の浄土へ。

汝、今や、大慈悲、阿弥陀如来の、本願に、出会うなり。すなわち、かつて、阿弥陀如来は、われらのために、超世の悲願を立てられたり。我ら、十方の衆生が、佛の国に生まれんことを、願って、南無阿弥陀佛、と、佛の御名を称うれば、必ず、来たりて、救いたもう。仰ぎおもんみれば、大慈悲、阿弥陀如来は、かのほうより、来たれ、と、呼び給い、このほうよりは、本師、釈尊が、とく往け、と、進めたもう。

新蓮台　俗名「堀口靖孝」こと、行年六十二才

**観空浄孝禅定門**　　南無阿弥陀佛

一到弥陀安養國、元来是我法王家

いんどう

平成二十年七月四日

# 大空妙願禅定尼

田中　美代子　八十才

## お別れのことば

つゝしんで、田中美代子様の霊前に、深く、おくやみを、申し上げます。

こゝ数日のむし暑さ、人々は、まず天地の気象に左右されるそうで、わたしの父も、ハイエンでしたが、あなたの場合、七月四日の夕食まで、お元気だったのに、その一時間のちには、往生、です。

あなたは、中芳養の松下家の六人兄弟の一番上、でした。そして、田中大吉さんに嫁がれ、こんにちにいたったワケです。

昭和四年八月二十七日に生まれ、七月四日、午後七時二十分、往生です。

当年、八十才、です。

こゝに、謹んで、おくやみを、申し上げます。

平成十六年九月二十六日、夫の田中大吉さんが亡くなり、いま、あなたです。

十億の人に、十億の母あれど、
わが母に、まさる、
母、あらめやも。

西山浄土宗 勤行式の発願文に、願わくば、弟子等、命終の時に臨んで、心、顛倒せず、心錯乱せず、心、失念せず、身心に諸の苦痛なく、身心、快楽にして、禅定に入るが如く、聖衆、現前したまえ、と、あり、本願力は、名を聞いて、往生せんと欲せば、皆ことごとく彼の国に到り、自ら、不退転に、至らしむ、と、あります通り、大慈悲、阿弥陀如来の、本願力に、おすがり下さい。

父母恩重経を、追善の誠を、さゝげます。

あわれはらから心せよ、山より高き父の恩、海より深き母の恩、知るこそ道の始めなり。まことに父母の恵みこそ、天のきわまりなきがこと。父母はわが子のためならば、出ても入りても子を思い、ねてもさめても、子を思う。おのれ生あるそのうちは、子の身にかわらんことを思い、おのれ死に逝くそののちは、子の身を守らんことを願う。よる年波の重なりて、いつかコウベの霜しろく、おとろえまさる父母を、あおげばおつる涙かな。ああ有り難き、ああ有り難き、父の恩、母の恩。子は、いかにして、むくゆべき。

六道の辻にまします地蔵尊、みちびき給え、弥陀の浄土へ　〈同称十念〉

南無阿弥陀佛　南無阿弥陀佛　南無阿弥陀佛

平成二十年七月五日

月向山光明寺住職

# 引導

四生無常のかたち、生あるものは、死にきす。哀れなるかな、電光の命、草露の朝を、待つがごとし。悲しいかな風葉の身、槿花の朝にして、夕にいたらざるに、あい似たり。幽魂は独り往き、かわれば、質は山沢に残り、骨は野外にさらす。人中天上の快楽は、夢の中にして、幻のごとし。

諸行は、まさしく、無常なり。

ここに、新蓮台、俗名「田中美代子」こと、行年八十才。昭和四年八月二十七日、この世に生を受け、平成二十年七月四日、午後七時二十分、往生せり。

田中大吉と、長い人生を、ひとすじに、送りたり。発願文に、心顛倒せず、心、失念せず、佛の本願に出会う、と、あります。

## 大空妙願禅定尼

みな人よ、十方衆生の願なれば、南無阿弥陀佛の、丸の内なり。六道の辻にまします地蔵尊、みちびき給え、弥陀の浄土へ。汝、今や、大慈悲、阿弥陀如来の、本願に、出会うなり。すなわち、かつて、阿弥陀如来は、われらのために、超世の悲願を立てられたり。我ら、十方の衆生が、佛の国に生まれんことを、願って、南無阿弥陀佛、と、佛のおん名を称うれば、必ず、来たりて、救いたもう。仰ぎおもんみれば、大慈悲、阿弥陀如来は、かのほうより、来たれ、と、呼び給い、このほうよりは、本師、釈尊が、とく往け、と、進めたもう。

新蓮台、「田中美代子」

## 大空妙願禅定尼

一到弥陀安養國、元来是我法王家

南無阿弥陀佛

いんどう

平成十八年一月十七日

# 観空浄茂禅定門

藤田　茂　六十三才

## お別れのことば

つゝしんで、藤田茂様のご霊前に、お別れのことばを、さゝげます。

十七日、あけ方に、あなたが、お亡くなりになったこと、あまりの出来事に、ことばもなく、でした。ここに、つゝしんで、深く、哀悼の意を、表します。矢張り、ことしの異常な寒波が、原因になったのでしょうか。奥さんの第一印象は、二人のご子息に、なんともいえぬ父の愛情があふれて、その印象が藤田家の大方の印象につながったと、言われていました。しかし、現在の八十、九十の時代に、六十三才で、今生の永別が、残念です。人のこの世は、永くして、変わらぬ春と思いしに、はかなき夢となりにける、熱き涙のま心を、み魂の前に、さゝげつゝ、面影しのぶ、かなしさよ、です。西山浄土宗勤行式の発願文に、願わくば、弟子等、命終の時に臨んで、心、顛倒せず、心錯乱せず、心、失念せず、身心に諸の苦痛なく、身心、快楽にして、禅定に入るが如く、聖衆、現前したまえ、と、あります通り、この上は、本願力は、名を聞いて、

往生せんと欲せば、皆ことごとく、彼の国に到り、自ら、不退転に、至らしむ、と、ありますが、大慈悲、
阿弥陀如来の、本願力に、出会ったのです。こゝに、無常安心章を呈しまして、

仰いで大空に動く雲の姿を見、ふして逝(ゆ)く河の水の流れを観よ。
雲も水も、しばしもとゞまらず、
ありと思えばたちまちなし。消えたりと思えばまたあらわる。
まことに、人の世のすがたもまたかくのごとし。
こゝに、死したる人あれば、かしこに、生まるゝ者もあり。
たとえ、死をいとい、ながく、この世に生きんことを望むとも、
人の命のはかなきこと、霜露のごとく、無常なること、光りよりも、速やかなり。
若きが先だし、老いたる人のおくるゝなげき、
まことに、生まれし者は、必ず、死し、会う者は、必ず、はなるるならい、あゝ、
誰か、百年の齢(よわい)を、たもたんや。
あなたのあの世の旅は、佛さまに守られて、きっと、安らかな旅と、お察ししますが、
六道の辻にまします地蔵尊、みちびき給え、弥陀の浄土へ

〈同称十念〉

南無阿弥陀佛　南無阿弥陀佛　南無阿弥陀佛

平成十八年一月十八日

月向山光明寺住職

# 引導

四生無常のかたち、生あるものは、死にきす。哀れなるかな、電光の命、草露の朝を、待つがごとし。悲しいかな風葉の身、槿花の朝にして、夕にいたらざるに、あい似たり。幽魂は独り往き、かわれば、質は山沢に残り、骨は野外にさらす。人中天上の快楽は、夢の中にして、幻のごとし。諸行は、まさしく、無常なり。

ここに、新蓮台、俗名「藤田茂」こと、行年六十三才。あなたは、昭和十八年四月十二日、この世に生を受け、平成十八年一月十七日午前四時、往生せり。家内は、奥さんの藤田愛子さん、そして、二人の息子さん。西山浄土宗勤行式の発願文に、願わくば、弟子等、命終の時に臨んで、心、顛倒せず、心、借乱せず、心、失念せず、心身に諸の苦痛なく、身心、快楽にして、禅定に入るが如く、聖衆、現前したまえ、と、あります通り、この上は、本願力は、名を聞いて、往生せんと欲せば、皆ことごとく、彼の国に到り、自ら、不退転に、到らしむ、と、あります。みな人よ、十方衆生の願なれば、南無阿弥陀佛の、丸の内なり。六道の辻にまします地蔵尊、みちびき給え、弥陀の浄土へ。汝、今や、大慈悲、阿弥陀如来の、本願に、出会うなり。すなわち、かつて、阿弥陀如来は、われらのために、超世の悲願を立てられたり。我ら、十方の衆生が、佛の国に生まれんことを、願って、南無阿弥陀佛、と、佛のおん名を称うれば、必ず、来たりて、救いたもう。

仰ぎおもんみれば、大慈悲、阿弥陀如来は、かのほうより、来たれ、と、呼び給い、このほうよりは、本師、釈尊が、とく往け、と、進めたもう。

新蓮台、俗名「藤田茂」法号を授与して、

**観空浄茂禅定門** と、号す。

南無阿弥陀佛

一到弥陀安養國、元来是我法王家

平成十七年十一月十六日

# 讃空妙照禅定尼

細川　笑子　　七十六才

## お別れのことば

つゝしんで、細川様の霊前にお別れのことばを、おくります。

昨日、十六日の朝はやくに、あなたがあけ方、五時五十分に、亡くなったと知った時のおどろきは、たとえようもありませんでした。

ことばなし、でした。

あなたの入院を知った日から、光明寺の鎮守、お地蔵様におすがりして、祈願をしていたんです。日頃から、特に親しいあなただったけれど、こんな時には安静が第一ゆえ、遠慮して、「きょうは、もう元気らしい」など、の、情報をきいて安心していたんです。

七十六才で、あの世の旅路は、早すぎました。まことに、

心残りは山々ながら、こゝに、つゝしんで、ふかく、おくやみを申し上げます。

晩稲の上尾の婦人方は、「つろうて、さみしうて、気持ちがしずんでしまう」と、悲しんでおります。

多分、昨日から、晩稲の皆さんが、あなたをおしんでくれているでしょう。

光明寺の私の母は、

「このハナレへ、たびたび訪ねてくれた、笑子さん。

ついこの間も、
しんみりと、いろいろのおはなしをしたのに、あの、うしろ姿がいとしい。

十九才で、伯母に当たる細川家に来て、
アメリカ帰りのパパさんママさんに孝行してくれた。

パパは百才をこえ、ママさんもともに、長命だった。

なまけることも知らず、よう仕事をした。

笑子さん。

せめて、あと五年でも生きて、
私を、見送ってほしかった。」と、ナミダです。

あんたは、東京の正夫さんも、ハネタの啓子さんもしあわせで、と、とき折りに写真も見せてくれました。

家庭では、義男さん夫婦が、やさしいこと、家業に精出すことを、よろこんでいましたのに、無常の風に誘われて、とうどう、ながのお別れになりました。

しかし、よろこびも悲しみもが、限りない、人生行路です。

それにくらべて、笑子さんは、七十六年間生まれ故郷のしんせきや友人にかこまれて、あた、かいなさけにつ、まれた一代でした。

今夜は、皆さんのおなさけこもるお念仏につゝまれて、安らかな、ご冥福を、念じます。
ここに、父母恩重経の一節を、ささげます。

あわれはらから心せよ、山より高き父の恩、
海より深き母の恩、知るこそ道の始めなり。
まことに父母の恵みこそ、天のきわまりなきがこと。
父母はわが子のためならば、出ても入りても子を思い、
ねてもさめても、子を思う。
おのれ生あるそのうちは、子の身にかわらんことを思い、
おのれ死に逝くそののちは、子の身を守らんことを願う。
よる年波の重なりて、いつかコウベの霜しろく、おとろえませる父母を、
あおげばおつる涙かな。ああ有り難き、父の恩、ああ有り難き、母の恩。
子は、いかにして、むくゆべき。

六道の辻にましします地蔵尊、みちびき給え、弥陀の浄土へ。

〈同称十念〉

南無阿弥陀佛　南無阿弥陀佛　南無阿弥陀佛

平成十七年十一月十七日

月向山光明寺住職

# 引導

四生無常のかたち、生あるものは、死にきす。哀れなるかな、電光の命、草露の朝を、待つがごとし。悲しいかな風葉の身、槿花の朝にして、夕にいたらざるに、あい似たり。幽魂は独り往き、かわれば、質は山沢に残り、骨は野外にさらす。人中天上の快楽は、夢の中にして、幻のごとし。諸行は、まさしく、無常なり。

ここに、新蓮台、俗名「細川笑子」こと、行年七十六才。

あなたは、昭和五年二月五日、この世に生を受け、

平成十七年十一月十六日、午前五時五十分、往生せり。

月向山光明寺において、「五重相伝」の受者として、

**讃空妙照禅定尼**を、授与されり。

みな人よ、十方衆生の願なれば、南無阿弥陀佛の、丸の内なり。

六道の辻にまします地蔵尊、みちびき給え、弥陀の浄土へ。汝、今や、大慈悲、阿弥陀如来の、本願に、出会うなり。すなわち、かつて、阿弥陀如来は、われらのために、超世の悲願を立てられたり。我ら、十方の衆生が、佛の国に生まれんことを、願って、南無阿弥陀佛、と、佛のおん名を称うれば、必ず、来たりて、救いたもう。仰ぎおもんみれば、大慈悲、阿弥陀如来は、かのほうより、来たれ、と、呼び給い、このほうよりは、本師、釈尊が、とく往け、と、進めたもう。

南無阿弥陀佛

新蓮台、俗名「細川笑子」

**讃空妙照禅定尼**

一到弥陀安養國（いっとうみだあんにょうこく）、元来是我法王家（がんらいぜがほうおうけ）

いんどう

平成十七年五月九日

# 晃空浄秀禅定門

桐本　秀男　七十三才

## お別れのことば

つゝしんで、桐本秀男様の霊前に、お別れのことばをおくります。

近頃の桐本さんは、晴れた日は、家族の皆さんの車で、名所旧跡の景色をめぐって、それほど元気になりました、と、うかゞって、安心していたんです。そうしているところへ、十日早朝の、ご不幸のおしらせで、おどろきました。

人のこの世は、永くして、変わらぬ春と思いしに、はかなき夢となりにけり、熱き涙のま心を、み魂の前にさゝげつゝ、面影しのぶかなしさよ、です。

ここに、つゝしんで、深く、お悔やみを申し上げます。あなたは、沈着で、頭脳明晰でした。

みなべ町山内、沖見家出身の澤子さんを迎えて、三人の息子さんの父母となり、家業に精励して、着々と、桐本家の繁栄を築きました。長男、督司さんは、青年期に大阪で就職されて、その後に、近い田辺の電電公社へ転勤して、充実した勤務ぶりだったけれども、先年のこと、矢張り後継者の責任を感じて梅産業に打ち込まれたことは、今にして大変に賢明だったと思います。

病床についていても、父親としてあなたがこの点で安心だったことは息子さんの大きな孝行でした。おしむらくは、せめてあと、五ヵ年でも、生きてほしかったこと、お孫さんである大学生と高校生の成長をたのしんでおられたのに、心残り千万です。

しかし、これが人生の旅路であって、会うは別れのはじめ、思い通りにゆかぬことが、人生の運命です。人々は、それぞれのなやみを抱きつゝ、です。しかし桐本さん、あなたは、甲斐甲斐しくなさけ熱い、よき半身に、ゆきとゞいた介護をうけ乍ら、養生されたことは、あなた自身が、さぞ満足だったことでしょう。

現代医学の進歩と高貴薬と看護は、よくゆきとゞいていますけれども、平和な晩稲の実家で、ふる里の山懐にいだかれて、家族のなさけにつゝまれて、静養できたことは、近頃、珍しい美徳でありますし、当の病人さんにとって心の安らぎの点では、家族のなさけにまさるものは、ありません。これは、この世の中で、金銭で得られないなさけです。実に、みあげたこと、でした。また、十日の朝、枕経のあと、奥さんの澤子さんに、

「さる四月に少し黄疸が出て、国立へ入院しましたが、それはほんの数日でした。うちに帰ってから、きのうの最期まで、ありがとう、ありがとう、と、言ってくれました。」まことに、ご家族に対して、住職からも、御礼を、申し上げます。

西山浄土宗勤行式の発願文に、願わくば、弟子等、命終の時に臨んで、心、顛倒せず、心錯乱せず、心、失念せず、身心に、諸の苦痛なく、身心、快楽にして、禅定に入るが如く、聖衆、現前したまえ、と、あります通り、あなたも、このとおりでした。この上は、本願力は、名を聞いて、往生せんと欲せば、

皆ことごとく、彼の国に到り、自ら、不退転に、至らしむ、とあります通り、大慈悲、阿弥陀如来の、本願力に、出会ったのです。

こゝに、無常安心章を呈しまして、

仰いで、大空に動く雲の姿を見、ふしてゆく河の流れを観よ。
雲も水も、しばしもとゞどまらず。
ありと思えばたちまちなし。消えたりと思えばまたあらわる。
まことに、人の世のすがたもまたかくのごとし。
こゝに、死したる人あれば、かしこに生まるゝ者もあり。
たとえ、死をいとい、ながく、この世に生きんことを望むとも、
人の命のはかなきこと、霜露の如く、無常なること、光よりも、速やかなり。
若き先だし、老いたる人のおくるゝなげき、
まことに、生まれし者は、必ず、死し、会う者は、必ず、はなるゝならい、あゝ、
誰か、百年の齢を、保たんや。

今夜は、大勢の、熱いおなさけに送られて、弥陀のお浄土へ、安らかに、旅立って下さい。
六道の辻にましますまします地蔵尊、みちびき給え、弥陀の浄土へ

〈同称十念〉

南無阿弥陀佛　南無阿弥陀佛　南無阿弥陀佛

月向山光明寺住職

# 引導

いんどう

四生無常のかたち、生あるものは、死にきす。哀れなるかな、電光の命、草露の朝を、待つがごとし。悲しいかな風葉の身、槿花の朝にして、夕にいたらざるに、あい似たり。幽魂は独り往き、かわれば、質は山沢に残り、骨は野外にさらす。人中天上の快楽は、夢の中にして、幻のごとし。

諸行は、まさしく、無常なり。

ここに新蓮台、俗名「桐本秀男」こと、行年七十三才。

あなたは、昭和八年二月一日、この世に生を受け、

平成十七年五月九日、午後十一時二十五分、往生せり。

月向山光明寺において、「五重相伝」の受者として、

**晃空浄秀禅定門**を、授与されり。

みな人よ、十方衆生の願なれば、南無阿弥陀佛の、丸の内なり。六道の辻にまします地蔵尊、みちびき給え、弥陀の浄土へ。汝、今や、大慈悲、阿弥陀如来の、本願に、出会うなり。すなわち、かつて、阿弥陀如来は、われらのために、超世の悲願を立てられたり。我ら、十方の衆生が、佛の国に生まれんことを、願って、南無阿弥陀佛、と、佛のおん名を称うれば、必ず、来たりて、救いたもう。仰ぎおもんみれば、大慈悲、阿弥陀如来は、かのほうより、来たれ、と、呼び給い、このほうよりは、本師、釈尊が、とく往け、と、進めたもう。

新蓮台、俗名「桐本秀男」

**晃空浄秀禅定門**

**南無阿弥陀佛**

一到弥陀安養國（いっとうみだあんにょうこく）、元来是我法王家（がんらいぜがほうおうけ）

平成十六年二月四日

# 善空妙根禅定尼

谷尾　ナツ　　九十八才

## お別れのことば

つゝしんで、谷尾ナツ様の霊前に、お別れのことばをおくります。

昨日、二月四日、立春の日、午前十時五十七分、あなたは、いとも安らかに、家族はもとより、親族の方々に、見守られながら、あの世へ旅立たれたことを、うかがいました。

ここに、深く、おくやみを申し上げます。百才にとどきそうな九十八才の高齢まで、人みなが望むいのちの宝をいただいた、谷尾さんは、孝心あつい ご家族にまもられて、しあわせなお方でした。

山内、湯川家から晩稲、大谷の谷尾家へ迎えられて、そのごきょうだいは、もう山内の方、お一人になったとのこと。高齢になりますと、しぜんそうですね。

今の時代は、少子化で、子どもはお国の宝と言いますが、長命されたおとしよりのおられる家庭は、老人こそ一家の宝であるわけで、谷尾家は、以前からご先祖まつりをよくいたされ、毎年、光明寺の初地蔵様が近づくと、第一番に、お供えの餅米を持っておいでるのは、きまって、谷尾さんでした。ことしもそうでした。

大戦争にもあって、今の老人は誰しも苦労をされましたけれども、老後を、ご家族に守られて、空気の良い大谷の里で、静かに、余生をくらされたことは、おしあわせでした。

ここに、父母恩重経の一節を、

あわれはらから心せよ、山より高き父の恩、海より深き母の恩、知るこそ道の始めなり。

まことに父母の恵みこそ、天のきわまりなきがこと。

父母はわが子のためならば、出ても入りても子を思い、ねてもさめても、子を思う。

おのれ生あるそのうちは、子の身にかわらんことを思い、
おのれ死に逝くそののちは、子の身を守らんことを願う。

よる年波の重なりて、いつかコウベの霜しろく、
おとろえまさる父母を、あおげばおつる涙かな。

ああ有り難き、父の恩、ああ有り難き、母の恩。

子は、いかにして、むくゆべき。


今夜は、大谷と晩稲の方々の熱いなさけに見送られて、弥陀の浄土へ、旅立って下さい。

六道の辻にましまます地蔵尊、みちびき給え、弥陀の浄土へ

〈同称十念〉

平成十六年二月五日

月向山光明寺住職

引導

四生無常のかたち、生あるものは、死にきす。哀れなるかな、電光の命、草露の朝を、待つがごとし。悲しいかな風葉の身、槿花の朝にして、夕にいたらざるに、あい似たり。幽魂は独り往き、かわれば、質は山沢に残り、骨は野外にさらす。人中天上の快楽は、夢の中にして、幻のごとし。諸行は、まさしく、無常なり。

ここに、新蓮台、俗名「谷尾ナツ」こと、行年九十八才。あなたは、明治四十年五月二十六日、南部町山内、湯川家に生を受け、谷尾茂男の妻として、こんにちに到る。そして、平成十六年二月四日、立春の日、午前十時五十七分、往生せり。湯川ナツで「五重相伝」を受け、**善空妙根禅定尼**を、授与されり。

五人の子どもを育て、家族親族に孝心をはぐくみ、天晴れな人生なりき。みな人よ、十方衆生の願なれば、南無阿弥陀佛の、丸の内なり。

六道の辻にまします地蔵尊、みちびき給え、弥陀の浄土へ。

汝、今や、大慈悲、阿弥陀如来の、本願に、出会うなり。すなわち、かつて、阿弥陀如来は、われらのために、超世の悲願を立てられたり。我ら、十方の衆生が、佛の國に生まれんことを、願って、南無阿弥陀佛、と、佛のおん名を称うれば、必ず、来たりて、救いたもう。

仰ぎおもんみれば、大慈悲、阿弥陀如来は、かのほうより、来たれ、と、呼び給い、このほうよりは、本師、釈尊が、とく往け、と、進めたもう。新蓮台、俗名「谷尾ナツ」行年九十八才

**善空妙根禅定尼**

一到弥陀安養國、元来是我法王家

南無阿弥陀佛

いんどう

平成十七年二月十日

# 晃空妙円禅定尼

崎山　アサヱ　　七十八才

## お別れのことば

つゝしんで、崎山アサヱ様の霊前に、お別れのことばをおくります。

昨日、二月十日あさのこと、あなたが高熱となり、すぐに病院で手当をうけられたけども、肝不全のためになくなったことをうかがい、しばし、ことばなく、でした。

ここに、深く、おくやみを申し上げます。

きさらぎ〈二月、如月〉の空、春浅み、さむ風いとゞ身にはしむ、と、古歌にもうたはれているこの季節のため、まずおとしよりの体調に異変がくるんでしょうか。

私の母は、「マアー、アサヱはん」と、きいたとたんになみだぐみ、

「あの人は気っ風のよい人だった。情があってぬくもりのある人だった。会うたびに気持ちよかった。私も、以前に、お孫さんの花ちゃんの白梅幼稚園で、かわいらしい様子をおばあちゃんに説明しとうてデンワ

したけど通じなんだ。そのうちに、園長の病気や別れで、私のまわりもこと多くて、ごぶさたしてしもて。心残りとはこのこと、アサヱさんに、手紙でもすればよかった。スミマセンでした、よ。」と、しみじみと言いました。七十八才の生涯でした。会うのは別れのはじめ、人のいのちのはかなさ、です。

以前から当地では、崎山二郎さんは大変孝行な息子さんだと評判でしたから、お母さんにとって、このことは、最高に満足だったことでしょうし、もっとも、あなたもオバアちゃんにも主人一雄さんにも、よく仕えて、家業にはげみ、なお、お家の新築も立派に仕上げて、内助の功をつまれました。この世に生まれて、その人生の旅路は誰の上にも、よろこびもかなしみも、山あり、谷あり、で、しかし、あなたの晩年は、めぐまれていたはずです。

今夜は、皆さんのおなさけこもるお念仏につゝまれて、安らかな、ご冥福を、念じます。

ここに、父母恩重経の一節を、ささげます。

あわれはらから心せよ、山より高き父の恩、海より深き母の恩、知るこそ道の始めなり。まことに父母の恵みこそ、天のきわまりなきがこと。父母はわが子のためならば、出ても入りても子を思い、ねてもさめても、子を思う。おのれ生あるそのうちは、子の身にかわらんことを思い、おのれ死に逝くそののちは、子の身を守らんことを願う。よる年波の重なりて、いつかコウべの霜しろく、おとろえまさる父母を、あおげばおつる涙かな。ああ有り難き、父の恩、ああ有り難き、母の恩。子は、いかにして、むくゆべき。

六道の辻にましまず地蔵尊、みちびき給え、弥陀の浄土へ。

〈同称十念〉

平成十七年二月十一日

月向山光明寺住職

# 引導

四生無常のかたち、生あるものは、死にきす。哀れなるかな、電光の命、草露の朝を、待つがごとし。悲しいかな風葉の身、槿花の朝にして、夕にいたらざるに、あい似たり。幽魂は独り往き、かわれば、質は山沢に残り、骨は野外にさらす。人中天上の快楽は、夢の中にして、幻のごとし。

諸行は、まさしく、無常なり。

ここに新蓮台、俗名「崎山アサヱ」こと、行年七十八才。

あなたは、昭和二年四月二十八日、この世に生を受け、
平成十七年二月十日、午前九時五十九分、往生せり。

月向山光明寺において、昭和三十二年「五重相伝」の受者として、
**晃空妙円禅定尼**を、授与されり。

みな人よ、十方衆生の願なれば、南無阿弥陀佛の、丸の内なり。六道の辻にまします地蔵尊、みちびき給え、弥陀の浄土へ。汝、今や、大慈悲、阿弥陀如来の、本願に、出会うなり。

すなわち、かつて、阿弥陀如来は、われらのために、超世の悲願を立てられたり。我ら、十方の衆生が、佛の国に生まれんことを、願って、南無阿弥陀佛、と、佛のおん名を称うれば、必ず、来たりて、救いたもう。仰ぎおもんみれば、大慈悲、阿弥陀如来は、かのほうより、来たれ、と、呼び給い、このほうよりは、本師、釈尊が、とく往け、と、進めたもう。

南無阿弥陀佛

新蓮台、俗名「崎山アサヱ」

**晃空妙円禅定尼**

一到弥陀安養國（いっとうみだあんにょうこく）、元来是我法王家（がんらいぜがほうおうけ）

いんどう

平成十七年九月七日

# 観空浄心禅定門

辻　弘一　　　七十八才

## お別れのことば

つ、しんで、辻弘一様のご霊前にお別れのごあいさつをおくります。

一昨日。辻弘明さん、あなたの息子さんからの、訃報に接して、おどろき入りました。

七月十三日、兵七さん、あなたのお父さんの命日に、弘明さんの奥さんから、糖尿の具合がワルクテ、入院していらっしゃいます、と、伺いしましたが盆月でしたから失礼して、
ここに、つ、しんで、深く、お悔やみと、お詫びを、申し上げます。

あなたは、上城と言う、町内でも特に地の利を得たお住居で、はる、なつ、あき、ふゆ、に、ゆたかにめぐまれた天地自然の中で、家業にまじめに打ちこみ、幸運なお方でした。

加えて、ご家族もごきょうだいもご親戚も揃って情けにあついご一族でした。

辻家は、代々ご先祖様の佛日には必ず本堂とお墓へおまいりになりました。

光明寺の檀中の中で、男子では、辻さん、あなたは一番よくお詣りになりました。それで、住職はもとより、寺の家族も、あなたに親しみました。

あなたのおばあさんは、南無阿弥陀佛のお念佛に帰依して、朝夕、晩稲の光明寺の鐘の音を上城からいたゞいて下さったまことに、佛縁ふかい方でしたから、おばあさんの信仰心による慈愛の感化が、あなたの身に付いていたんでしょうし、辻家の繁栄は、この家風のしからしめるところとお察しします。

ありがとうございました。

辻弘一様。今夜、この席で、生前のあなたの美徳を、称え、御礼を、申し上げます。

しかし、辻弘一さん。あなたの七十八才は、はやすぎました。もう少し、余生をたのしんでいたゞきたいことでした。辻家のおじいさん、辻豊七さん。そして、昭和五十二年のあなたのお父さん、辻兵七さんがいずれも、七十八才で、不思議でもあります。これだけだと、なんだ、それだけのことだ、と、思われるかもしれませんが、南無阿弥陀佛に帰依して、朝夕、晩稲の光明寺の鐘の音を上城からおがんで下さったまことに佛縁ぶかい方であるだけに、三代の首長が、七十八才の長命で終わること、それ自体、まことにもって、やはり、なにかを、感じさせられます。辻弘一様ご家族に対して、住職からも、御礼を、申し上げます。

西山浄土宗勤行式の発願文に、願わくば、弟子等、命終の時に臨んで、心、顛倒せず、心錯乱せず、心、失念せず、身心に、諸の苦痛なく、身心、快楽にして、禅定に入るが如く、聖衆、現前したまえ、と、あります通り、あなたも、このとおりでした。この上は、本願力は、名を聞いて、往生せんと欲せば、皆ことごとく、彼の国に到り、自ら、不退転に、至らしむ、と、あります通り、大慈悲、阿弥陀如来の、本願力に、出会ったのです。

こゝに、無常安心章を呈しまして、

仰いで、大空に動く雲の姿を見、ふしてゆく河の流れを観よ。
雲も水も、しばしもとゞどまらず。
ありと思えばたちまちなし。消えたりと思えばまたあらわる。
まことに、人の世のすがたもまたかくのごとし。
こゝに、死したる人あれば、かしこに生まるゝ者もあり。
たとえ、死をいとい、ながく、この世に生きんことを望むとも、
人の命のはかなきこと、霜露の如く、無常なること、光よりも、速やかなり。
若き先だし、老いたる人のおくるゝなげき、
まことに、生まれし者は、必ず、死し、会う者は、必ず、はなるゝならい、あゝ、
誰か、百年の齢(よわい)を、保たんや。
あなたのあの世の旅は、佛さまに守られて、きっと、安らかな旅を、お察ししますが、
六道の辻にまします地蔵尊、みちびき給え、弥陀の浄土へ

南無阿弥陀佛　南無阿弥陀佛　南無阿弥陀佛

〈同称十念〉

平成十七年九月九日

月向山光明寺住職

# 引導

四生無常のかたち、生あるものは、死にきす。哀れなるかな、電光の命、草露の朝を、待つがごとし。悲しいかな風葉の身、槿花の朝にして、夕にいたらざるに、あい似たり。幽魂は独り往き、かわれば、質は山沢に残り、骨は野外にさらす。人中天上の快楽は、夢の中にして、幻のごとし。

諸行は、まさしく、無常なり。

ここに、新蓮台、俗名「辻弘一（こういち）」こと、行年七十八才。

あなたは、昭和三年十月十三日、この世に生を受け、

平成十七年九月七日、午前十一時六分、往生せり。

## 観空浄心禅定門

みな人よ、十方衆生の願なれば、南無阿弥陀佛の、丸の内なり。

六道の辻にまします地蔵尊、みちびき給え、弥陀の浄土へ。

汝、今や、大慈悲、阿弥陀如来の、本願に、出会うなり。

すなわち、かつて、阿弥陀如来は、われらのために、超世の悲願を立てられたり。

我ら、十方の衆生が、佛の國に生まれんことを、願って、南無阿弥陀佛、と、佛のおん名を称うれば、必ず、来たりて、救いたもう。仰ぎおもんみれば、大慈悲、阿弥陀如来は、かのほうより、来たれ、と、呼び給い、このほうよりは、本師、釈尊が、とく往け、と、進めたもう。

南無阿弥陀佛

新蓮台、「辻弘一」

## 観空浄心禅定門

一到弥陀安養國（いっとうみだあんにょうこく）、元来是我法王家（がんらいぜがほうおうけ）

平成十八年六月十五日

# 観空浄大禅定門

大久保　吉三郎　　七十八才

## お別れのことば

つ、しんで、大久保吉三郎様のご霊前に、お別れのことばを、さ、げます。

さくじつ、六月十五日、午後一時二十三分、あなたは、七十八才をもって、永眠されました。息子さんのお話によりますと、昨日、国立病院を退院してきてから、散髪もしてきました。つゞいて、きょうはまた、お昼のアト、ミナベ町へ、メガネの修理にも行き、帰宅早々、心不全で、なくなられた、そうですね。「自宅へ帰ったと言う安心感」と、家族とのくらしが、あなたを大変、満足させて、いたんでしょう。ナミダグマシイコトです。昭和四年二月二十一日の、七十八才、です。康子奥さんに、子どもさんは、一男二女、です。ともにやさしく、よい家庭だったんですね。ここに、つ、しんで、深く、哀悼の意を、表します。

十四日に、退院されて、今日からマタ、と、思っておられたそうですのに、無常流転の、あす知れぬ世、とは、まさに、このことです。人のこの世は、永くして、変わらぬ春と思いしに、はかなき夢となりにける、熱き涙のま心を、み魂の前に、さゝげつゝ、面影しのぶ、かなしさよ、です。西山浄土宗勤行式の発願文に、願わくば、弟子等、命終の時に臨んで、心、顛倒せず、心錯乱せず、心、失念せず、身心に諸の苦痛なく、身心、快楽にして、禅定に入るが如く、聖衆、現前したまえ、と、あります通り、この上は、本願力は、名を聞いて、往生せんと欲せば、皆ことごとく、彼の国に到り、自ら、不退転に、至らしむ、と、あります通り、大慈悲、阿弥陀如来の、本願力に、出会ったのです。

こゝに、無常安心章を呈しまして、

仰いで大空に動く雲の姿を見、ふして逝く河の水の流れを観よ。
雲も水も、しばしもとゞまらず、ありと思えばたちまちなし。消えたりと思えばまたあらわる。
まことに、人の世のすがたもまたかくのごとし。
こゝに、死したる人あれば、かしこに、生まるゝ者もあり。
たとえ、死をいとい、ながく、この世に生きんことを望むとも、
人の命のはかなきこと、霜露のごとく、無常なること、光りよりも、速やかなり。
若きが先だち、老いたる人のおくるゝなげき、
まことに、生まれし者は、必ず、死し、会う者は、必ず、はなるるならい、あゝ、
誰か、百年の齢を、たもたんや。

〈同称十念〉

あなたのあの世の旅は、佛さまに守られて、きっと、安らかな旅と、お祭ししますが、
六道の辻にまします地蔵尊、みちびき給え、弥陀の浄土へ

平成十八年六月十六日

月向山光明寺住職

# 引導

いんどう

四生無常のかたち、生あるものは、死にきす。哀れなるかな、電光の命、草露の朝を、待つがごとし。悲しいかな風葉の身、槿花の朝にして、夕にいたらざるに、あい似たり。幽魂は独り往き、かわれば、質は山沢に残り、骨は野外にさらす。人中天上の快楽は、夢の中にして、幻のごとし。諸行は、まさしく、無常なり。

ここに、新蓮台、俗名「大久保吉三郎」こと、行年七十八才。

昭和四年二月二十一日、この世に生を受け、平成十八年六月十五日、午後一時二十三分、往生せり。

**観空浄大禅定門**を、さしあげるものなり。

みな人よ、十方衆生の願なれば、南無阿弥陀佛の、丸の内なり。

六道の辻にまします地蔵尊、みちびき給え、弥陀の浄土へ。

汝、今や、大慈悲、阿弥陀如来の、本願に、出会うなり。すなわち、かつて、阿弥陀如来は、われらのために、超世の悲願を立てられたり。我ら、十方の衆生が、佛の國に生まれんことを、願って、南無阿弥陀佛、と、佛のおん名を称うれば、必ず、来たりて、救いたもう。仰ぎおもんみれば、大慈悲、阿弥陀如来は、かのほうより、来たれ、と、呼び給い、このほうよりは、本師、釈尊が、とく往け、と、進めたもう。

新蓮台、俗名「大久保吉三郎」

**観空浄大禅定門**　　南無阿弥陀佛

一到弥陀安養國、元来是我法王家

観空浄弘禅定門

平成十八年八月八日

杉本　佳弘　　五十六才

## お別れのことば

つゝしんで、杉本佳弘様のご霊前に、お別れのごあいさつを、おくります。

このたび、突然に、あなたの訃報に接して、余りの出来事に、ことばなくて、暗然といたしました。

つゝしんで、おくやみ申し上げます。事故の事情についてはまだ、何もうかゞっていませんから、かなしみの中で、心しずかに、思いを馳せている次第であります。よはい五十六才は、あまりにも、早すぎました。

人生最高に、みのりのある年齢です。あなたは多年、車の名門、ホンダへ勤務されて現在は、株式会社ホンダ四輪、南田辺明洋支店の支店長として、その要職についておられた杉本さんでした。当地では、以前から、あなたが大変、親孝行な息子さんだと言う評判でした。オシネ区やどの会合においても、「紳士的で、常識あり、全体の意向にそった人だった。惜しい人材をなくした」と、ため息です。無常流転、あす知れぬ世の中、とは、まさに、このことです。人のこの世は、永くして、変わらぬ春と思いしに、はかなき夢となりにけり、熱き涙のま心を、み魂の前に、さゝげつゝ、面影しのぶ、かなしさよ、です。

思いもよらぬ、突然に、最愛の息子さんに先立たれたお母さんのかなしみと、ご家族のおなげきは、察して余りあります。

こゝに、つゝしんで、深く、おくやみ申し上げます。

申し上げたいことは山々ながら、今夜は、無常安心章の一節を呈します。

仰いで大空に動く雲の姿を見、ふして逝(ゆ)く河の水の流れを観よ。

雲も水も、しばしもとゞまらず、

ありと思えばたちまちなし。消えたりと思えばまたあらわる。

まことに、人の世のすがたもまたかくのごとし。

こゝに、死したる人あれば、かしこに、生まるゝ者もあり。

たとえ、死をいとい、ながく、この世に生きんことを望むとも、

人の命のはかなきこと、霜露のごとく、無常なること、光りよりも、速やかなり。

若きが先だち、老いたる人のおくるゝなげき、

まことに、生まれし者は、必ず、死し、会う者は、必ず、はなるるならい、あゝ、

誰か、百年の齢を、たもたんや。

六道の辻にましますあ地蔵尊、みちびき給え、弥陀の浄土へ

〈同称十念〉

平成十八年八月十一日

月向山光明寺住職

# 引導

四生無常のかたち、生あるものは、死にきす。哀れなるかな、電光の命、
草露の朝を、待つがごとし。
悲しいかな風葉の身、槿花の朝にして、夕にいたらざるに、あい似たり。幽魂は独り往き、かわれ
ば、質は山沢に残り、骨は野外にさらす。人中天上の快楽は、夢の中にして、幻のごとし。
諸行は、まさしく、無常なり。
ここに、新蓮台、俗名「杉本佳弘」こと、行年五十六才。昭和二十六年七月四日、この世に生を受
け、平成十八年八月八日、午後十時、往生せり。
**観空浄弘禅定門**を、さしあげるものなり。
みな人よ、十方衆生の願なれば、南無阿弥陀佛の、丸の内なり。六道の辻にましますす地蔵尊、みち
びき給え、弥陀の浄土へ。汝、今や、大慈悲、阿弥陀如来の、本願に、出会うなり。すなわち、か
つて、阿弥陀如来は、われらのために、超世の悲願を立てられたり。我ら、十方の衆生が、佛の國
に生まれんことを、願って、南無阿弥陀佛、と、佛のおん名を称うれば、必ず、来たりて、救いた
もう。仰ぎおもんみれば、大慈悲、阿弥陀如来は、かのほうより、来たれ、と、呼び給い、
このほうよりは、本師、釈尊が、とく往け、と、進めたもう。

南無阿弥陀佛

新蓮台、俗名「杉本佳弘」
**観空浄弘禅定門**
一到弥陀安養國、元来是我法王家

平成十八年八月十四日

# 信空妙安禅定尼

松嵜　幸子　　　八十三才

## お別れのことば

つゝしんで、松嵜幸子様のご霊前に、お別れのことばを、贈ります。

一昨日、八月十四日、午後五時五分、八十三才の一代をとじて、あの世の旅立ちをなされた松嵜幸子(ゆきこ)様、こゝに、深く、おくやみを申し上げます。

八月三日は、お誕生日のお祝いを、皆さんにしていたゞいて、おげんきだったそうですが、ことしの長かった梅雨のあとへ、照りつけるきびしい暑さは、異常気象ですから、近頃は、病気の方も多いそうですね。以前、光明寺へデンワいたゞいた時の、あなたのさわやかな声と、おはなしぶりがなつかしい思い出になっています。

特に、印象ぶかいことは、「梅の里、老人ホームのおかげで、私は、しあわせです。ありがたいことと感謝しているんです」そのひと言(こと)をうかゞって、こちらも、「ソンナニ、ユキトヾイテイルンですか」アメリカでは、早くから老人福祉がゆきとゞいていたゝめ、「高齢のひとりぐらしになっても、施設があるから安心です」ときいていましたが、日本ももう老人福祉施設が、ソンナニユキトゞイテイルンデスカ、と、私らがトイカケて、いろいろとお話ししたことで、安心しました。

あなたは、女きょうだいが、万呂に二人、岩代に一人、いてくれるし、オシネの本家の姉さんもゆきとゞいてくれるし、梅の里は、すみ心地よいし、感謝一杯でくらしているんです、と、言われたあのコトバのおかげで、この夕ビの訃報をうけましても、あなたのあけくれを察して安心でした。

ふるさとのオシネは、近いし、梅の里の春、夏、秋、冬に、オシネのふる里をなつかしみつゝ、だったのでしょう。

あなたのお父さんは、「薬師の隆ハン」とよんで、名に通った円満なお方でしたし、あなたは、よいおやしきに生まれあわした、しあわせ、です。

南無薬師、ねがえ人々、身のやまい、心のやまい、いえざるはなし、の、歌のように、お守りをいただいた人だと、おもいます。

一昨日、八月十四日にも、三時になったんで、本家の姉さんら、梅の里へ行きつゝ、あるその時間帯に、あなたは、もう浄土へ行きつゝ、あったのです。あす知れぬ世、とは、まさに、このことです。

人のこの世は、永くして、変わらぬ春と思いしに、はかなき夢となりにける、熱き涙のま心を、み魂の前に、さゝげつゝ、面影しのぶ、かなしさよ、です。西山浄土宗勤行式の発願文に、願わくば、弟子等、命終の時に臨んで、心、顛倒せず、心錯乱せず、心、失念せず、身心に諸の苦痛なく、身心、快楽にして、禅定に入るが如く、聖衆、現前したまえ、と、あります通り、この上は、本願力は、名を聞いて、往生せんと欲せば、皆ことごとく、彼の国に到り、自ら、不退転に、至らしむ、と、あります通り、大慈悲、阿弥陀如来の、本願力に、出会ったのです。

こゝに、無常安心章を呈しまして、

仰いで大空に動く雲の姿を見、ふして逝(ゆ)く河の水の流れを観よ。

雲も水も、しばしもとゞまらず、

ありと思えばたちまちなし。消えたりと思えばまたあらわる。

人の世のすがたも、また、かくのごとし。

こゝに、死したる人あれば、かしこに、生まる、者もあり。

たとえ、死をいとい、ながく、この世に生きんことを望むとも、

人の命のはかなきこと、霜露のごとく、無常なること、光りよりも、速やかなり。

若きが先だち、老いたる人のおくるゝなげき、

まことに、生まれし者は、必ず、死し、会う者は、必ず、はなるるならい、あゝ、

誰か、百年の齢を、たもたんや。

あなたのあの世の旅は、佛さまに守られて、きっと、安らかな旅と、お祭しします。

六道の辻にましします地蔵尊、みちびき給え、弥陀の浄土へ

〈同称十念〉

南無阿弥陀佛　南無阿弥陀佛　南無阿弥陀佛

平成十八年八月十六日

月向山光明寺住職

# 引導

四生無常のかたち、生あるものは、死にきす。哀れなるかな、電光の命、草露(そうろ)の朝(あした)を、待つがごとし。

悲しいかな風葉の身、槿花(きんか)の朝(あした)にして、夕にいたらざるに、あい似たり。幽魂(ゆうこん)は独り往き、かわれば、
質(かたち)は山沢(さんたく)に残り、骨は野外にさらす。人中天上の快楽(けらく)は、夢の中にして、幻のごとし。

諸行は、まさしく、無常なり。ここに新蓮台、俗名「松嵜幸子」こと、行年八十三才。

大正十三年八月三日、この世に生を受け、
平成十八年八月十四日、午後五時五分、往生せり。

梅の里老人ホームに十年間、入所し、大変しあわせな日々を送り、感謝の日暮らしでした。

**信空妙安禅定尼**を、さしあげるものなり。

みな人よ、十方衆生の願なれば、南無阿弥陀佛の、丸の内なり。

六道の辻にまします地蔵尊、みちびき給え、弥陀の浄土へ。

汝、今や、大慈悲、阿弥陀如来の、本願に、出会うなり。

すなわち、かつて、阿弥陀如来は、われらのために、超世の悲願を立てられたり。

我ら、十方の衆生が、佛の國に生まれんことを、願って、南無阿弥陀佛、と、佛のおん名を称うれば、
必ず、来たりて、救いたもう。仰ぎおもんみれば、大慈悲、阿弥陀如来は、かのほうより、来たれ、
と、呼び給い、このほうよりは、本師、釈尊が、とく往け、と、進めたもう。

新蓮台、「松嵜幸子」　　南無阿弥陀佛

**信空妙安禅定尼**　一到弥陀安養國(いっとうみだあんにょうこく)、元来是我法王家(がんらいぜがほうおうけ)

いんどう

# 観空浄明禅定門

平成十八年九月二十六日

田中　一夫　　七十七才

## お別れのことば

つゝしんで、故、田中一夫様、七十七才の霊前に、お別れのことばを、おくります。

あなたは、白浜はまゆう病院へ入院して、「はまゆう病院さんが、なさけある、ゆきとゞいたよい病院だ」と言って、大変、満足されていたそうですが、ことしの夏のあつさは、きびしくて、病気のおかたには、コタエたんですね。現在の七十代は、まだ、早すぎます。ようやく、ひがん花も咲いて、秋風も吹きそめましたのに。深く、哀悼の意を、表します。なお、息子さんが、孝行で、平成十三年に先立ったお母さんに代わって、孤独のお父さんに、やさしかったことも、うかがいました。若い壮年期には、鮎の養殖業で成功され、あなたは、特技のあるお方でした。こゝに、あらためて、ご冥福を祈ります。無常流転の、あす知れぬ世、とは、まさに、このことです。人のこの世は、永くして、変わらぬ春と思いしに、はかなき夢となりにけり、熱き涙のま心を、み魂の前に、さゝげつゝ、面影しのぶ、かなしさよ、です。西山浄土宗勤行式の発願文に、願わくば、弟子等、命終の時に臨んで、心、顛倒せず、心錯乱せず、心、失念せず、身心に諸の苦痛なく、身心、快楽にして、禅定に入るが如く、聖衆、現前したまえ、と、あり、本願力は、名を聞いて、往生せんと欲せば、皆ことごとく、彼の国に到り、自ら、不退転に、至らしむ、と、あります通り、大慈悲、阿弥陀如来の、本願力に、おすがり下さい。こゝに、無常安心章を呈しまして、

　仰いで大空に動く雲の姿を見、ふして逝く河の水の流れを観よ。

　雲も水も、しばしもとゞまらず、

ありと思えばたちまちなし。消えたりと思えばまたあらわる。

まことに、人の世のすがたもまたかくのごとし。

こゝに、死したる人あれば、かしこに、生まるゝ者もあり。

たとえ、死をいとい、ながく、この世に生きんことを望むとも、

人の命のはかなきこと、霜露のごとく、無常なること、光りよりも、速やかなり。

若きが先だち、老いたる人のおくるゝなげき、

まことに、生まれし者は、必ず、死し、会う者は、必ず、はなるるならい、あゝ、

誰か、百年の齢を、たもたんや。

六道の辻にまします地蔵尊、みちびき給え、弥陀の浄土へ

〈同称十念〉

南無阿弥陀佛　南無阿弥陀佛　南無阿弥陀佛

平成十八年九月二十七日

月向山光明寺住職

# 引導

四生無常のかたち、生あるものは、死にきす。哀れなるかな、電光の命、草露の朝を、待つがごとし。悲しいかな風葉の身、槿花の朝にして、夕にいたらざるに、あい似たり。幽魂は独り往き、かわれば、質は山沢に残り、骨は野外にさらす。人中天上の快楽は、夢の中にして、幻のごとし。諸行は、まさしく、無常なり。

ここに、新蓮台、俗名「田中一夫」こと、行年七十七才。昭和五年七月三日、この世に生を受け、平成十八年九月二十六日、午前七時五十五分、往生せり。

壮年のおり、鮎の養殖業で、一世を風靡するなり。

子どもは、田中正一〈まさかず〉と、都、の、二人なり。

**観空浄明禅定門** を、さしあげるものなり。みな人よ、十方衆生の願なれば、南無阿弥陀佛の、丸の内なり。六道の辻にまします地蔵尊、みちびき給え、弥陀の浄土へ。汝、今や、大慈悲、阿弥陀如来の、本願に、出会うなり。すなわち、かつて、阿弥陀如来は、われらのために、超世の悲願を立てられたり。我ら、十方の衆生が、佛の國に生まれんことを、願って、南無阿弥陀佛、と、佛のおん名を称うれば、必ず、来たりて、救いたもう。仰ぎおもんみれば、大慈悲、阿弥陀如来は、かのほうより、来たれ、と、呼び給い、このほうよりは、本師、釈尊が、とく往け、と、進めたもう。

南無阿弥陀佛

新蓮台、「田中一夫」

**観空浄明禅定門**

一到弥陀安養國、元来是我法王家

いんどう

平成十八年九月十九日

# 満空妙願禅定尼

田中　美智恵　八十二才

## お別れのことば

つゝしんで、田中美智恵様、当年八十二才のご霊前に、お別れのごあいさつです。ことしは、大変きびしい夏でしたから、病人さんも多いことで、きくところでは、あなたも一時期タナベへ入院されて、その後に辻村先生の許でお世話になって、文子さんが朝夕にゆきとゞいて看護されていると伺い、安心していたんですがしかし、昨日の、午前十時すぎに、亡くなられたことを、伺いました。ここに、つゝしんで、ふかく、おくやみを、申し上げます。ようやく野辺にひがん花が、紅くむれさいて、秋らしくなって、ほっと、安らぐ季節になりました、尚きょうのこの天気、なんと、美智恵さんの運のよさでありま す。田中美智恵様、あなたが、戸主の鷹太郎様に先立たれてもう十二ヵ年ですね。その間の年月、さぞさみしかったことでしょう。お察ししますけれども、人は、この世に生まれさしていたゞいても、それぞれに宿命と言うが、運命の山坂で苦労は多いものですが、あなたこそは、こども時代は、ご両親に格別に可愛がられ、長じては、晩稲の名門の月向家から、軍人さんで立派な鷹太郎氏を女婿に迎えて、まわりから、大変、守られる運を持った婦人だと土地の皆さんの評判だったんです。

このたびの永眠も、敬老の日の翌日から、秋のお彼岸へかけて、お通夜、告別式をいとなまれて、佛のくにへ旅立たれること、なども、そのめぐりあわせが、あなたのよき運命ですね。

今夜は、大恩あるご両親とご主人をしのび、父母恩重経を、さゝげます。

あわれはらから心せよ、山より高き父の恩、
海より深き母の恩、知るこそ道の始めなり。
まことに父母の恵みこそ、天のきわまりなきがこと。
父母はわが子のためならば、出ても入りても子を思い、
ねてもさめても、子を思う。
おのれ生あるそのうちは、子の身にかわらんことを思い、
おのれ死に逝くそののちは、子の身を守らんことを願う。
よる年波の重なりて、いつかコウベの霜しろく、
おとろえまさる父母（ちちはは）を、あおげばおつる涙かな。
ああ有り難き、父の恩、ああ有り難き、母の恩。
子は、いかにして、むくゆべき。
六道の辻にまします地蔵尊、みちびき給え、弥陀の浄土へ

平成十八年九月二十日

月向山光明寺住職

〈同称十念〉

# 引導

四生無常のかたち、生あるものは、死にきす。

哀れなるかな、電光の命、草露(そうろ)の朝(あした)を、待つがごとし。悲しいかな風葉の身、槿花(きんか)の朝(あした)にして、夕(ゆうべ)にいたらざるに、あい似たり。幽魂(ゆうこん)は独り往き、かわれば、質(かたち)は山沢(さんたく)に残り、骨は野外にさらす。

人中天上(にんちゅうてんじょう)の快楽(けらく)は、夢の中にして、幻のごとし。

諸行(しょぎょう)は、まさしく、無常(むじょう)なり。

ここに、新蓮台、俗名「田中美智恵」こと、行年八十二才。

大正十四年四月八日、この世に生を受け、平成十八年九月十九日、午前十時二十五分、往生せり。

四月八日は、釈尊のお誕生日なり。両親の慈愛を受け、夫、鷹太郎と二人の子どもを育てり。

**満空妙願禅定尼**を、さしあげるものなり。みな人よ、十方衆生の願なれば、南無阿弥陀佛の、丸の内なり。六道の辻にまします地蔵尊、みちびき給え、弥陀の浄土へ。汝、今や、大慈悲、阿弥陀如来の、本願に、出会うなり。すなわち、かつて、阿弥陀如来は、われらのために、超世の悲願を立てられたり。我ら、十方の生が、佛の國に生まれんことを、願って、南無阿弥陀佛、と、佛のおん名を称うれば、必ず、来たりて、救いたもう。

仰ぎおもんみれば、大慈悲、阿弥陀如来は、かのほうより、来たれ、と、呼び給い、このほうよりは、本師、釈尊が、とく往け、と、進めたもう。

新蓮台、「田中美智恵」

**満空妙願禅定尼**
一到弥陀安養國(いっとうみだあんにょうこく)、元来是我法王家(がんらいぜがほうおうけ)

南無阿弥陀佛

いんどう

平成十三年一月二十日

# 玉昌院周空浄雲居士

坂東 周一　百八才

## お別れのことば

つゝしんで、坂東周一様のご霊前に、お別れのことばを、さゝげます。

あなたは、昨日、平成十三年一月二十日早朝に、当年とって、百八歳の御一代を、安らかにとじられました。

ことしのきびしい寒さに、御高齢のお方の体力に、コタエたのですね。

こゝにつゝしんで、深くおくやみを申しあげます。

日高御坊で最高齢、和歌山県下で三番という、百八才、坂東周一様のご長命は、当南部川村大字晩稲の宝として、自慢すべき誇りだったのです。

月向山光明寺の昔からの過去帳にも、百八才までも長命された方は、見当たりません。

坂東さんは、日本の北海道から九州まで活躍されたそうですが、今から六十五年も以前に、みつばちにとって、温暖な気候風土と、人情あたたかな在所は、この晩稲だと、お気に行って、はるばるとようこそ移り住んでくださいました。

以後の年月に坂東家は、隆々繁盛して子孫の方々は良縁を結び、まさに万歳、つまり、子々孫々の愛情と、わけても、戸主、忠男様夫妻の手厚い孝養を受けて、あなたは幸運でしたね。

高齢になっても、ゲートボールを趣味にして、選手で勇ましく出場いたしし、家におれば、老いて耳が遠くなれば、ラジオ、テレビよりも、もっぱら新聞をよむことで、時代の知識を学び、坂東家の年賀状は、全部あなたが書き上げられたそうですね。

その昔、青年時代は、さぞ美男子だったでしょうと想像する坂東さんは、老いても独特の魅力があって、人品いやしからぬ老紳士の風格を備えたお方でした。

明治二十七年十二月十三日、福井県で誕生して、五才の時、北海道へ移り、二十才から養蜂の世界へおはいりになったそうで、以後のあなたの功績は、沢山の表彰状や感謝状と当時を語る写真に、さらには光栄の黄綬褒章を受章されたこと、そして、中央公論社による文豪、佐藤春夫の作品「雁の旅」などを通じて、坂東周一様が、日本養蜂界の重鎮であられたことをうかがい知ることが出来ました。

ふり返る六十五年も前に、当地へうつり住んだ当時は、あらゆる面で馴染みにくいことの多かりき、だったでしょうが、清濁あわせのむ坂東さんのお人柄から、まわりの昔さんとまことに、よく親しんで下さったし、みつばちのお加護をいただいたのでしょうか。

世の人々の誰しもがこいねがうところの、買うて得られぬ生命(いのち)の宝を、明治、大正、昭和、平成の年間、実に百八才までもいたゞいた方は、最高の人徳でしょう。

その間の日本の歴史の変動は、日露戦争あり、世界大戦あり、きびしい人生航路だったことも、察して余りありますが、養蜂という、天地自然のいとなみの中で、花を追い、みつを求めて、普通一般人の体験できえない花道、あっぱれなご一代でしたね。

ずっと以前に、五重相伝に際して、総本山管長様に法号授与されたことも、ご長命のご褒美となりました。もう一言。

私は、坂東さんに、個人的にも、ながらく大変、可愛がっていたゞきまして、おもいでも多くて、今夜のお別れは、まことに名残りがつきません。

ありがとう、ございました。ありがとう、ございました。

「光明寺さんは、私の大恩人だ。先々代、つまり、あなたのおじいさんのおかげで、私はワラジをとき、ここに住みつくことが出来たんです」

「今でこそ、日本一のうめは、みつばちの授粉のオカゲと、言ってくれるけれど、私が一番さきに、光明寺さんの梅畑へはちの巣箱を置いたところ、土地の人たち曰く〝うめの実へキズつく。お寺の畑は、はちやさんのあしあとで、カタクなる〟と言ったものですが、和尚さんは〝マダみつばちの授粉のおかげを、知らんのだよ〟と笑って私等に味方してくれたんです。和尚さんと私の出会いは、ある日の夕方に、私ら一行が、光明寺さんの境内へ立ち寄ったところへ、和尚さんが居って、あいさつよりさきに、

『あんたら、仕事さがしだったら、ここよりも、南部町堺の漁港へ行ったら、仕事もあるよ』

と、言われました。

おもうに、私等よほどみすぼらしい姿だったのでしょう。

そこで私が『いや仕事は、養蜂業の者で、みつばちはまことにかしこいから、最適の土地を探すために、きょう当地へ来たんです』と、説明したところ、何と和尚さんは、急にニコニコして、『それは何とよいこ

とや』『この土地のためになる』『私のハナレが今あいているから貸しましょう』と言うことになり、以来親しくなって、碁も打って、たのしみました。つまり、あなたのおじいさんは、私等の大恩人であり、こゝ梅の特産地で、みつばちの授粉効果を一番に力説された和尚さんこそ、先覚者だった」と、坂東さんは、祖父をたゝえて下さいました。

以来、私も、あなたの誕生日は忘れないし、よくおうかゞいしたことでした。このふかいゐにしの糸に、あつく御礼申し上げます。

晩稲の山々に梅のつぼみもほころび初めて、今日二十一日は、観梅の山びらきでした。

いよいよ、あなたがひろめて下さった「みつばち」のとびかう頃です。

坂東周一さん、弥陀の浄土へ、心おきなく、まっすぐにおいでください。

今夜は、多勢の方々のお詣りをいただき、常楽の皆さんの心こもる通夜の、お念佛に見られて、佛のみくにへ旅立って下さい。

まさに、巨星おつ、の感です。

あなたを知る、大勢の真心を以て、最後の「お別れのことば」です。

〈同称十念〉

南無阿弥陀佛　南無阿弥陀佛　南無阿弥陀佛

平成十三年一月二十一日

月向山光明寺住職

# 引導

四生無常のかたち、生あるものは、死に帰す。哀れなるかな、電光の命、草露の朝を、待つがごとし。悲しいかな風葉の身、槿花の朝にして、夕にいたらざるに、あい似たり。幽魂は独り往き、かわれば、質は山沢に残り、骨は野外にさらす。人中天上の快楽は、夢の中にして、幻のごとし。

諸行は、まさしく、無常なり。

ここに、新蓮台、俗名「坂東周一」行年百八才。汝は、明治二十七年十二月十三日に、福井県に生まれたり。そして、こんにちの日まで、長く、長く生きた、あなたの人生でありました。昭和五十五年受けた「五重相伝」で、

**周空浄雲禅定門**、を、

またそのおり、総本山管長さまより、「玉昌院」を、いただけり。

汝は、平成十三年一月二十日、午前零時七分、往生せり。

汝、今や、大慈悲、阿弥陀如来の、本願に、出会うなり。すなわち、かつて、阿弥陀如来は、われらのために、超世の悲願を立てられたり。我ら、十方の衆生が、佛の國に生まれんことを、願って、南無阿弥陀佛、と、佛のおん名を称うれば、必ず、来たって、救いたもう。仰ぎおもんみれば、大慈悲、阿弥陀如来は、かのほうより、来れ、と呼び賜い、このほうよりは、本師、釈尊が、とく往け、と、勧めたもう。

南無阿弥陀佛

新蓮台、俗名「坂東周一」行年百八才

**玉昌院周空浄雲居士**

一到弥陀安養國(いっとうみだあんにょうこく)、元来是我法王家(がんらいぜがほうおうけ)

いんどう

平成十一年八月二十八日

# 静空智仙禅定尼

東光　光子　　八十九才

## お別れのことば

つ、しんで、東光光子様の霊前に、お別れのごあいさつを、おくります。

昨八月二十八日の午前中のことでした。救急車のサイレンが、常楽を走り、大谷か黒津か、見えなくなりました。「この暑さに、誰か、ケガをしたんだろうか」「病気だろうか」と、檀中のどこのお家（うち）だったんだろう、と、心配していたところ、午後になって、東光光子さん、あなたのことを伺って、合掌いたしました。

安らかに、八十九才の生涯を、とじられたのですね。

矢張り、この残暑が、高齢のあなたに、こたえたのでしょうか。こゝに、ふかくお悔やみ申し上げます。

ことしの夏のむし暑さは、格別でした。毎年、地蔵供養のうら盆頃は、どこからか秋風の吹くけはいがして、空気もさわやかになって、法師ゼミもなくのですが、ことしは、月末のこの数日も、暑い、あつい、まことにきびしい暑さです。

誰しもが、エライナー、エライナー、とこぼすのですから、光子さん、あなたも多分、老いたからだに、おさわりが出たのでしょう。どうか、この先は、東光家先祖代々の精霊、わけても、英霊、仲三様の御許（もと）での、ご冥福を、心こめて念じます。

おもえば、昭和二十年五月二十日、東光家の大黒柱である仲三氏が、海軍の召集令状をうけて、呉海兵團へ入隊されてから、あなたの苦労は、はじまりました。

以後の、五十幾年にあまる、あなたのご苦労は、なみなみならぬものがありました。

それをお察ししますと、お礼の言葉、ねぎらいの言葉は、つくしきれません。かなしい戦争の犠牲、英霊未亡人（みぼうじん）のご一代でした。

本当に、ご苦労さまでした、と、ふかく頭をさげるより他に言葉はおよびません。

今夜お参り下さった皆様のおもいも同じことでしょう。

先ほども、下尾のある方が見えて、二十一日だったと思いますが、あなたが「東（ひがし）リエ」さんのところへ行く途中で出会ったのに、と、おどろいていました。

私の父は、黒津、嵜山勝さんが地蔵供養の翌日、二十五日に久しぶりに、ハナレへ見えたから、『東光のオバアチャンに、寺のとしよりが会いたい、と言っていた、と伝えてほしい』と、頼んだそうです。

東光さん、先日あなたが、離れの書斎へ立ち寄って下さって、ゆっくりと話しこみ、
あなた独特のうつくしい笑顔でした。

「仲三さんが、呉海兵團で、方丈ハンに声をかけたのは、晩稲の人では、あなたが最後の、お人だとおもうと、私は方丈ハンを、特別に思います」と、言い、ご先祖のこと、仲三英霊さんのことを話されたし、もう

一度、光子さんにきてほしい、と思って、嵜山ハンにおたのみしたことだったのに、なくなるとは、何と、無常の風に誘われたもの、と、残りおしいです。

きくところでは、ご主人仲三様が、フィリピン、レイテ島ガンギボット山で三十八才で戦死された、その公報は、常楽の、あなたのお姉さんにあたる堀口家までとどき、そこでまず親族会議を開いたが、だれも東光家へ届けに行くという者はいなかった。それほどに、大きな痛手であった。

老いた両親と幼い四男一女を残して八人家族が、柱と頼むお父さんを失ったのですから、察してあまりある出来事でした。以来、はじまった、あなたの苦難の人生でした。

鈴本勘次郎村長さんは、東光仲三は、すぐれた人物だと、大変、将来を期待していたそうです。あなたも、ご主人を、尊敬していましたね。

仲三さんが、作ってくれていた夏柑のおかげで、戦後、子育てもできました、と、あなたの言葉が、忘れられません。よく、お墓へお参りになった、東光さん。

立派な英霊塔を建ってもらったと、よろこんで下さって、その式の日の、あんたの晴姿も心に残っています。ご主人をおもう胸中を、お察しします。

お守りさんのように肌身はなさず持っておられた戦地からの一枚のハガキは、もうすりきれるように、なったでしょう。

今夜は、大勢の皆さんにおまいりいたゞき、尚、黒津の皆さんの、心をこめた通夜のお念佛をいたゞき、どうぞ、安らかに、弥陀の浄土へ、おまいり下さい。

〈同称十念〉

月向山光明寺住職

# 引導

いんどう

四生無常のかたち、生あるものは、死に帰す。哀れなるかな、電光の命、草露の朝を、待つがごとし。悲しいかな風葉の身、槿花の朝にして、夕にいたらざるに、あい似たり。幽魂は独り往き、かわれば、質は山沢に残り、骨は野外にさらす。人中天上の快楽は、夢の中にして、幻のごとし。諸行は、まさしく、無常なり。

ここに、新蓮台、俗名「東光光子」行年八十九才。汝は、明治四十四年十二月九日に、田辺で、生まれたり。そして、縁あって、東光仲三にかしづき、四男一女を育てたり。しかし、昭和二十年五月二十日、仲三氏、三十八才で、英霊となれり。年おいた両親と子ども五人の東光家は、その後、実に大変なり。

また、「五重相伝」にはいり、

**静空智仙禅定尼、**を、いただけり。

汝は、平成十一年八月二十八日、午前九時三十六分、往生せり。汝、今や、大慈悲、阿弥陀如来の、本願に、出会うなり。すなわち、かつて、阿弥陀如来は、われらのために、超世の悲願を立てられたり。我ら、十方の衆生が、佛の國に生まれんことを、願って、南無阿弥陀佛、と、佛のおん名を称うれば、必ず、来たりて、救いたもう。仰ぎおもんみれば、大慈悲、阿弥陀如来は、かのほうより、来れ、と、呼び賜い、このほうよりは、本師、釈尊が、とく往け、と、勧めたもう。

新蓮台、俗名「東光光子」行年八十九才

**静空智仙禅定尼**

一到弥陀安養國(いっとうみだあんにょうこく)、元来是我法王家(がんらいぜがほうおうけ)

南無阿弥陀佛

誠心院晃空浄英居士

平成十一年十一月二十八日

竹田　英雄　九十才

## お別れのことば

ことしはいつもの年よりも、気候がおくれていましたが、こゝ数日から、急に肌寒くなって、深みゆく晩秋を感じていたところ、昨日早朝に、二十八日夜、あなたが永眠されたこと、九十才のご一代をとじられたことの、訃報を受けて、しばし言葉なしでした。

つゝしんで、こゝに深く哀悼の意を表します。

最近あなたは、少々あしもとが不安定で、毎朝の日課だった上尾の「地蔵の坂」のお地蔵さまへおまいりすることも休んで、もっぱら、お家のまわりで、自由な、おくらしだったそうです。

あなたは、明治四十三年十一月二十五日、田辺市芳養町で生まれました。

そして、平成十一年十一月二十八日午後七時三十分、逝去されました。

若くして兵役に身を置かれ、合計十七年間、日本国軍人として活躍され、昭和二十一年九月、帰られました。

山本博子さんの話によれば、昭和十七、十八年頃は、広島県の呉でおったことなど、その間、まことに、察して余りあるご苦労をされましたが、あなたの誠実なお人柄を通して、きびしい軍律の中でも、尊敬され、敬愛されたそうです。

当、晩稲、竹田萬藏家に迎えられたあなたに対しては、竹田家のご親類のご一統さまも、格別の信頼を持ち、さすが信仰家、竹田萬蔵翁の後継者だとほめられましたし、地域の皆さんの信望の中で、家業に精励されました。

たとえば、竹田英雄さん、

あなたにお目にかゝると、一日中気持ちがよいと、誰しもが言いました。それほどに、竹田さんの表情には、すみきった、さわやかな明るさ、礼儀正しさがあふれていました。

なお、先祖代々の竹田家のよき家風をうけついで、敬神崇祖の念に篤く、まさに大衆の範となるご一代でした。

妻、ヨシヱ、そして当主、竹田秀(しげる)と四女、房代、そして、

山本博子、木村美樹子、竹田修代、津呂明代の子供たち、

これらに、孫さんがたを加えると、おおぜいの「竹田英雄」勢であります。

家にあっては、よきお父さん、よきおじいさんでした。

竹田英雄さん。

明治、大正、昭和、平成の日本の国の歴史の変遷にもまれながらも、みごと正しく生き抜いたあなたに、

今夜はあらためて、あつくあつく、御礼を申し上げます。
ようこそ、人々のお手本になって下さいました。
晩年は、囲碁もたしなまれ、家族旅行もなされ、立派な当主、
竹田秀(しげる)様ご一同にかこまれて、おしあわせなご一代でした。
西山上人さまのお歌に、
　生きて身を、はちすのうえに、宿さずば、
　　念佛申す、甲斐やなからん、　　　　とありますが、
竹田英雄さんこそ、
西山上人さまのお歌そのままのお方でした。
　今夜は、ご親族はもとより、大勢のお詣りをいただき、わけても、上尾、近隣の皆さんの通夜のお念佛に
おくられて、極楽のはちすの上に、旅立って下さることを、念じあげます。

〈同称十念〉

　南無阿弥陀佛　南無阿弥陀佛　南無阿弥陀佛

平成十一年十一月三十日

月向山光明寺住職

# 引導

四生無常のかたち、生あるものは、死に帰す。哀れなるかな、電光の命、草露の朝を、待つがごとし。悲しいかな風葉の身、槿花の朝にして、夕にいたらざるに、あい似たり。幽魂は独り往き、かわれば、質は山沢に残り、骨は野外にさらす。人中天上の快楽は、夢の中にして、幻のごとし。

諸行は、まさしく、無常なり。

ここに、新蓮台、俗名「竹田英雄」行年九十才。

汝は、明治四十三年十一月二十五日に、芳養の植本家に生まれたり。そして、縁ありて、この竹田家に来るものなり。汝の生涯を讃えて、

**誠心院晃空浄英居士**を、贈るものなり。

汝は、平成十一年十一月二十八日、午後七時三十分、往生せり。

汝、今や、大慈悲、阿弥陀如来の、本願に、出会うなり。

すなわち、かつて、阿弥陀如来は、われらのために、超世の悲願を立てられたり。我ら、十方の衆生が、佛の國に生まれんことを、願って、南無阿弥陀佛、と、佛のおん名を称うれば、必ず、来たって、救いたもう。

仰ぎおもんみれば、大慈悲、阿弥陀如来は、かのほうより、来れ、と、呼び賜い、このほうよりは、本師、釈尊が、とく往け、と、勧めたもう。

新蓮台、俗名「竹田英雄」行年九十才

**誠心院晃空浄英居士**　　南無阿弥陀佛

一到弥陀安養國（いっとうみだあんにょうこく）、元来是我法王家（がんらいぜがほうおうけ）

いんどう

平成十年十一月十二日

# 慈芳院晃空妙蓮大姉

岩本　ミサ子　　七十才

## お別れのことば

岩本ミサ子様の霊前に、つ、しんで、お別れの言葉を、贈ります。

とうとうお別れの日が、きてしまいました。

あなたがご病気ときいて、あなたを知る晩稲中の方々は、誰しもが、

「ミサ子夫人ぐらい、よい奥さんは他にない。どうぞ、はよう快うなってほしい」

「おとなしい人だから、お家にお見舞いに行って、病人さんを疲れさせないようにしたい」

と、特別な気配りも、皆さんが、してくれました。そして、かげから念じてくれました。

岩本家が、代々あつい信仰をもってくれた、光明寺鎮守のお地蔵様へも祈願して、ひたすらに、おたのみをいたしました。

それほどに、あなたは温厚貞淑な、お観音様の化身のような、ご婦人でした。

こ、に、つ、しんで、お悔やみ申し上げる次第です。

印南町切目の林家から、当、岩本家に、ご縁あって迎えられてこの方、五十余年間を、明治の教育勅語そのま、に、嫁の座、妻の座、母の道をまっとうして、先代、孫太夫・カツ、ご両親に信頼され、縁の下の力もちとなって、内助の功をつんでくれました。惜しむらくは、あと十年、その余生をたのしんでほしかった。

夫君、義一様は生前、光明寺で、

「ミサ子は、おとなしいよい性分やから、あれの老後、どうぞ、しあわせであってほしい」

と、言い残された、熱い、そのひと言と、

そのお父さんと永別(おわかれ)した当座に、よう子さんと光世さんが、

「こんど生まれ代わっても、あのお父さんの子になりたい」

と、今おもい出しても、その言葉の感動は忘れられないのですが、おふたりとも、今日またいつくしみふかい、お母さん、あなたに対しても、同じ気持でしょうと思います。

あなたのご病気中、桐本倖梅社長さん、細川南紀社長さん、ご一族のおもいやりのある看護と、そして、よう子さん、光世さんの献身的看護に、さぞなぐさめられたことでしょう。

尚、また、公作社長さんの孝行はもとよりながら、恵子奥さんが、過日、

「お母さんは、本当にようできたひとで、私に言ってくれることは、あと十年、恵子ちゃんの手伝いをしたかったのに、こんな体になって、スマンヨ、スマンヨ言ってくれるので、もう胸一杯で、さみしいとも、心細いとも、言いようのない気持ちです。それを聞きながら、たがいに、なみだ、なみだ、でした」

良寛さまの歌に、
　思うまじ、思うまじ、とは、思えども、
　思い出しては、袖しぼるなり　です。

まことに、徳高き婦人のかゞみとは、ミサ子さん、あなたのことでした。

そしてまた、いつくしみ育ててもらった、お孫さん方の心中も、察してあまりありです。

ことしのお正月、ご一族そろって、あなたを中心にして、晴れ着姿のあの写真は、今となっては、感慨無量の記念となりました。

　この世のお別れに際して、皆さんと共に、
あなたのありし日をしのび、あらためて、あつく御礼申し上げます。

菩提寺からも、「慈芳院」の法号を贈ります。

どうぞ、弥陀の浄土の蓮(はちす)のうてなから、岩本食品ぷらむ工房の無事平安な繁栄を、お守り下さい。

今夜は、各方面から、大勢の皆様に、おまいりいただきました。

あつく御礼申し上げ、さらには、名残りつきない通夜のお念佛、です。

地許の方々のなさけをいたゞいて下さい。

では

〈同称十念〉

月向山光明寺住職

# 引導

四生無常のかたち、生あるものは、死に帰す。哀れなるかな、電光の命、草露の朝を、待つがごとし。悲しいかな風葉の身、槿花の朝にして、夕にいたらざるに、あい似たり。幽魂は独り往き、かわれば、質は山沢に残り、骨は野外にさらす。人中天上の快楽は、夢の中にして、幻のごとし。

諸行は、まさしく、無常なり。

ここに、新蓮台、俗名「岩本ミサ子」行年七十才。

汝は、昭和四年二月二十一日に、切目の林家に、生まれたり。そして、縁ありて、この岩本家に来たるものなり。孫太夫・かつのご両親に、夫、義一によくつくし、現在の、「岩本食品」ぷらむ工房の、礎（いしずえ）を、きずきたり。また、「五重相伝」には、二十七才で入り、晃空妙蓮、を、いただけり。そして、汝の生涯を讃えて、菩提寺、光明寺から、慈芳院、を、贈るものなり。汝は、平成十年十一月十二日、午前八時三十五分、往生せり。

汝、今や、大慈悲、阿弥陀如来の、本願に、出会うなり。すなわち、かつて、阿弥陀如来は、われらのために、超世の悲願を立てられたり。我ら、十方の衆生が、佛の國に生まれんことを、願って、南無阿弥陀佛、と、佛のおん名を称うれば、必ず、来たりて、救いたもう。

仰ぎおもんみれば、大慈悲、阿弥陀如来は、かのほうより、来れ、と、呼び賜い、

このほうよりは、本師、釈尊が、とく往け、と、勧めたもう。

新蓮台、俗名「岩本ミサ子」行年七十才

慈芳院晃空妙蓮大姉

南無阿弥陀佛

一到弥陀安養國（いっとうみだあんにょうこく）、元来是我法王家（がんらいぜがほうおうけ）

いんどう

平成八年三月十七日

# 浄誓院智空寅然居士

谷　寅吉　九十三才

## お別れのことば

つゝしんで、谷寅吉様のご霊前に、お別れのことばを、さゝげます。

このたび、あなたは、九十三才の天寿を全(まっと)うされ、永眠いたされました。つゝしんで、お悔やみ申し上げます。うけたまわれば、このところ少し体調をくずされて五日間ばかり病床につき、ご家族の手厚い看護をうけ、ご親威の皆さんにも見守られて、いとも安らかな、しずかなあなたの大往生は、時まさに、おひがんの入りの日でした。きょう彼岸、さとりの種を、まく日かな、の、おひがんに、あなたは、人々が皆こいねがう生命(いのち)の宝を永らえて、なお、おひがん中に、お通夜、告別式をすますとは、ご生前のあなたの人格の光に、ふさわしいご一代でした。ありし日のあなたは品位よく、温厚篤実で、知恵深いお方でしたが、つゝしみよく、決して出しゃばらぬお方でした。谷家ご先祖様のお祥月命日は必ず菩提寺へお詣りになりました。今夜あらためてなつかしく、そのお姿を思いうかべます。そしてよき家風を現当主もうけつぎ、よく孝養をつくされました。あなたは、当、上ン城、辻家に生まれ、豊七様シゲ様にいつくしみ育てられました。そして、豊七様の立派なよきお人柄を受けつがれ、またお母さまのシゲ様は、まれにみる信仰心あつい妙好人と言うべきお方で、九十一才の長寿に恵まれ、お祥月に参られた時のこぼれるようなお念佛をよろこばれたお声が、今に耳に残っていると先住がよく申します。かくてご縁あって、親戚、谷元吉家を相続されて甲斐甲斐しい奥さんと四人のお子さんを育てあげられて、よき家庭を築かれました。上ン城、という好ましい土地に生まれあわして、ご親戚はもとより、地域の皆さんとの情感の中で信望を集めて結構なご一代だったことと信じます。あなたはすぐる第二次世界大戦に於いては出征兵士の門出に対して、よくとおる声量でもって誠心あふるる餞けの言葉を述べられ、送る者、送らる丶者に、強い感銘を与えられ、当時評判であったと聞きました。また、終戦後の昭和三十一年には、この年の産米の政府の売り渡し申し込みと、その売り渡しに優秀な成績を収められ、むつかしい集荷業務の遂行に寄与するところ大であったと、当時の農林大臣から表彰されて、感謝状をおくられたのでした。これ、すべてが、あなたのすぐれたお人柄のたまものであります。

ただ昨年十一月南部川村晩稲、吉本家に嫁がれた登志恵さんに先立たれたことは、お父さんとしてご老体には大きなショックだったことと胸いたむことでしたが、人生の波浪は誰しも越えねばならないことで、あなたはあなたの平生の信仰でもって、悲しみに耐えて、お浄土を念じられたことと思います。

今夜は一般の皆さま方のお詣りをいたゞき、上ン城・吉田、地域の皆さまが真心こめてお通夜のお念佛をおおくりします。そして、蓮のうてなのお浄土での、ご冥福を、お祈りします。　では

〈同称十念〉

平成八年三月十八日

月向山光明寺住職

# 引導

四生無常のかたち、生あるものは、死に帰す。哀れなるかな、電光の命、草露の朝を、待つがごとし。悲しいかな風葉の身、槿花の朝にして、夕にいたらざるに、あい似たり。幽魂は独り往き、かわれば、質は山沢に残り、骨は野外にさらす。人中天上の快楽は、夢の中にして、幻のごとし。

諸行は、まさしく、無常なり。

ここに、新蓮台、俗名「谷寅吉」行年九十三才。

汝は、明治三十七年六月十五日に、この上城の辻家に、生まれたり。そして、縁ありて、この谷家に来るものなり。汝の生涯を讃えて、

浄誓院智空寅然（いんねん）居士、を、贈るものなり。

汝は、平成八年三月十七日、午前五時、往生せり。

汝、今や、大慈悲、阿弥陀如来の、本願に、出会うなり。

すなわち、かつて、阿弥陀如来は、われらのために、超世の悲願を立てられたり。

我ら、十方の衆生が、佛の國に生まれんことを、願って、南無阿弥陀佛、と、佛のおん名を称うれば、必ず、来たりて、救いたもう。

仰ぎおもんみれば、大慈悲、阿弥陀如来は、かのほうより、来れ、と、呼び賜い、このほうよりは、本師、釈尊が、とく往け、と、勧めたもう。

新蓮台、俗名「谷寅吉」行年九十三才

浄誓院智空寅然（いんねん）居士　　南無阿弥陀佛

一到弥陀安養國（いっとうみだあんにょうこく）、元来是我法王家（がんらいぜがほうおうけ）

いんどう

平成七年九月十一日

# 梅生院静空妙勝大姉

岩本　カツ　九十二才

## お別れのことば

つゝしんで、岩本カツ様のご霊前に、お別れのごあいさつを、申しあげます。

昨日九月十一日のあさ五時すぎに、あなたは、安らかに、お浄土の旅に出られたと伺いました。

明治三十七年十一月三日大字徳蔵、森家に生まれてことしで数え年九十二才、人、皆がねがう生命(いのち)の宝をながらえて天寿をまっとうされました。

ことしの夏の暑さは格別のきびしさだったから、病床の高齢のあなたにはさわりがきたのでしょう。

ここ数日来ようやく秋風が立ちそめて、やがて、暑さ寒さも、のお彼岸ですが、ちょうど気候の変わり目ですから、おとなも子どももケダルクしんどい時季ですから、むりからぬことと思います。

あなたは岩本家の人となられてこの方、ご両親やきょうだいに、ほんとうによく仕え、つくされました。

豪放でなかなかの人物であった孫太夫氏のよき半身となって、身を粉にして、働いてくれました。

名高い三日月もあなたの発案でした。

明治、大正、昭和の日本の動乱の中で、特産、梅業界の景気の動向を重ねながら、あなたはしんぼう強く、根気よく縁の下の力持ちとなって、よく「谷国(たにくに)さん」のノレンを守って下さいました。

今では昔がたりですが、六尺の大樽へローソクをともして漬梅をした頃、働きつかれた作業員をいたわっておいしい食べものを接待してくれた。そのなさけあるぬくもりは、忘れられない、と言う人が多いのです。

そうした「ぬくもりの情」が、今も岩本食品の家風となっています。

現代の晩稲の発展史のいわば草分けと言えるあなたに、今夜お詣りしている大勢の方々と一緒に、

「よくがんばって下さいました。ありがとうございました」と、あつく御礼を申し上げます。

昭和の終わり、昭和六十四年一月五日、あなたは最愛の一人息子、義一様に先立たれ、その悲しみは大きかったと思います。生まれつき義侠心にあつかった義一様は、

「母親は料理の味付けも上手だ」とほめて、孝行をされたし、
あなたは、息子さんに対して、なみなみと愛情をそそいで、実に、よいお母さんでした。

そうした別離の悲しみに耐えて、今日まで生きのびられたことは、
あなたは、岩本食品、お孫さんの公作社長をおもい、その繁栄をねがう一念が、あなたの生命力をのばして下さったものと、私は思います。

「おばあさんこそは、岩本家の功労者だから」と、この土地の誰もがみとめるところです。

えらかった、かしこかった、おばあさん。ありがとう、ございました。

晩年はきれいな病床で義一氏のミサ子夫人の献身的なみとりをうけ、朝晩に、ミサ子、ミサ子、と、呼びづめにして、お二人の心情(きもち)のかよう情景は、まさに嫁姑(よめしゅうとめ)のいたわりあう美しい思いに周囲(まわり)の皆さんも感動

をうけて、美談となっています。

なおまた桐本良一、細川進を、女婿にもつあなたのまわりは一族の皆さんの愛情につゝまれて、まことに恵まれた老後でした。

あなたのあっぱれなその一代を通して特産うめにさゝげられた功績のほかに、土地の皆さんから、何ごとでも、谷のおカツつぁんに、と、相談をもちかけられた信望のあつさ、その徳をたゝえて、弥陀の浄土の旅立ちのお通夜のおつとめをして、心をこめて、ご冥福をいのります。

〈同称十念〉

南無阿弥陀佛　南無阿弥陀佛　南無阿弥陀佛

平成七年九月十二日

月向山光明寺住職

# 引導

四生無常のかたち、生あるものは、死に帰す。哀れなるかな、電光の命、草露の朝を、待つがごとし。
悲しいかな風葉の身、槿花の朝にして、夕にいたらざるに、あい似たり。
幽魂は独り往き、かわれば、質は山沢に残り、骨は野外にさらす。人中天上の快楽は、夢の中にして、
幻のごとし。
諸行は、まさしく、無常なり。
ここに、新蓮台、俗名「岩本カツ」行年九十二才。
汝は、明治三十七年十一月三日に、村内、徳蔵で生まれたり。
長じて、この岩本家に来たり、この年になれり。汝は、九十二年よく働けり。
汝の善行をたたえ、
梅生院静空妙勝大姉、を、おくるものなり。
汝は、平成七年九月十一日、午前五時五十分、往生せり。汝、今や、大慈悲、阿弥陀如来の、本願
に、出会うなり。すなわち、かつて、阿弥陀如来は、われらのために、超世の悲願を立てられたり。
我ら、十方の衆生が、佛の國に生まれんことを、願って、南無阿弥陀佛、と、佛のおん名を称うれ
ば、必ず、来たりて、救いたもう。仰ぎおもんみれば、大慈悲、阿弥陀如来は、かのほうより、来
れ、と、呼び賜い、このほうよりは、本師、釈尊が、とく往け、と、勧めたもう。

南無阿弥陀佛

新蓮台、俗名「岩本カツ」行年九十二才
梅生院静空妙勝大姉
一到弥陀安養國(いっとうみだあんにょうこく)、元来是我法王家(がんらいぜがほうおうけ)

いんどう

平成十二年十一月二十三日

# 観誓院諦空了真居士

高田　一郎　　八十二才

## お別れのことば

つゝしんで、高田一郎様のご霊前に、お別れの言葉を、贈ります。

昨日、十一月二十三日、午後一時三十分、あなたは、住み慣れた高田家の立派なはなれざしきで、最愛のご家内、澄子さまにみとられて、まことに安らかに、静かに永眠なされたことをうかゞいました。

当年八十二才、大正八年七月二十一日生まれです。

こゝに、つゝしんで、深くおくやみ申し上げます。

ふる里の秋ようやく深く、小春日和のきのうは、当地方あげての勤労感謝の農協祭で、お天気もよくて、どこのおうちも、皆さんが出かけている時間帯でした。

こゝしばらく入院中だった高田さん、わが家の自分の部屋にくつろいで、気持ちもおちついて、孝心あつい息子さん夫婦と、可愛い幼稚園児の有沙(ありさ)さんと、ご親類の皆さんの、限りない愛情につゝまれて、静養をつゞけていて、あなたのお心の中をたづぬれば、「満足」の一語につきつゝ、弥陀の浄土への旅立ちであったことでしょう。

ふりかえれば、終戦後、早い時期にあなたは、アメリカから日本へ帰国して、下尾の竹田家から澄子さんを迎えられました。高田家伝統の頭脳明晰に加えて、あなた独特の、おだやかで、ぬくもりのあるお人柄は、土地の皆さんに敬愛されました。帰国後のあなたは、晩稲区長はもとより、地域の要職について、多大の功績を残されました。

当光明寺は、お父さんの修次郎翁とあなたと二代にわたり、真実一路に、菩提寺愛護の御恩をうけましたから、あの時のこと、この日のことと、思い出がつきませんし、さらに、お別れの名残りはつきません。

さる十一月四日は、あなたのお父さんの祥月命日でした。

明治生まれのお父さんが若くして米国へ渡った頃に、私の父の伯父、政井力松は、貴金属商で、相当成功していて、日本人会長もつとめていたから、当地方から米国へ渡った方は、まず政井の許でワラジをぬいだそうです。力松伯父が、「高田ボーイは、体は大きくはないが、すぐれてかしこいボーイだ」と、感心していました。修次郎翁は、その晩年、私の親に、「青いダイヤがいくらはやっても、晩稲のうめは、紀州梅干しで勝負するのがかんじんや。それと、うちは、あれら夫婦は、口数は少ないけど、何してもソツなしにするし、親にもエーし」と、満足して言われた言葉は忘れられない、と申しています。その後もあなたと寺と、和田家とのあたゝかなおつきあいに対して、今夜、あらためて、御礼申し上げます。

あなたは、紀南農業学校卒業と同時に、青雲の志あつく、勇躍アメリカへ出発されたが、その後、第二次世界大戦となり、抑留生活をされました。日本の現代、八十才前後の人々も、その病気や、亡くなる時を考えてみると、それぞれに、戦争当時の後遺症的なところも感じられるのです。あなたも、異国アメリカで、精神的にも相当ごくろうをされたことでしょうし、日本のふる里では、お父さんが、終戦にいたるまでの三ヵ年、おいつめられてきびしかった銃後を守って、晩稲区長の大任につき、黙々とはるかアメリカのあなたの身を案じて、くらされた、ことでした。きょう私は、住職として初耳だったことですが、それは、今からもう十年も余る前のことに、高田さんが、英文の手紙を私の父親に見せて、ふたりでよんだ日の、感動で胸いっぱいになったこと。それは、アメリカ合衆国ワシントン・ホワイトハウスからの手紙だった。

「戦時中、収容所にて、不自由な日々を、すごされた方々にたいして、戦争中は、誠に申しわけないことでありました。その労苦にたいして、深くお詫びします」

と、いう前がきで、長い長いお手紙が、鄭重で誠実にみちた名文だったそうであります。この一通のお手紙によって、高田さんは、ほっとなぐさめられたことでしょう。

つい先日、アメリカ在住の大地秀夫さんが両親の墓参にかえり、日本では、タカダに一番あいたいが、病院へ見舞うことを、しきりに迷っていまして、なみだぐましい熱い友情でした。

では、お名残りはつきません。

ながらく、あなたにいたゞいたごしんせつに対して、あつく熱く、御礼もうしあげます。

高田一郎さん、弥陀の浄土へ旅立ってください。

〈同称十念〉

平成十二年十一月二十四日

月向山光明寺住職

# 引導

四生無常のかたち、生あるものは、死に帰す。哀れなるかな、電光の命、草露の朝を、待つがごとし。
悲しいかな風葉の身、槿花の朝にして、夕にいたらざるに、あい似たり。幽魂は独り往き、かわれば、
質は山沢に残り、骨は野外にさらす。人中天上の快楽は、夢の中にして、幻のごとし。
諸行は、まさしく、無常なり。

ここに、新蓮台、俗名「高田一郎」行年八十二才。

汝は、大正八年七月二十一日に、生まれたり。汝は、おだやかに、ぬくもりのある人柄でした。

汝は、また昭和二十二年、「五重相伝」にはいり、
**諦空了真禅定門、**を、いただけり。

そして、このたび、観誓院、を、贈るものなり。

汝は、平成十二年十一月二十三日、午後一時三十分、往生せり。

汝、今や、大慈悲、阿弥陀如来の、本願に、出会うなり。すなわち、かつて、阿弥陀如来は、われらのために、超世の悲願を立てられたり。我ら、十方の衆生が、佛の國に生まれんことを、願って、南無阿弥陀佛、と、佛のおん名を称うれば、必ず、来たって、救いたもう。仰ぎおもんみれば、大慈悲、阿弥陀如来は、かのほうより、来れ、と、呼び賜い、このほうよりは、本師、釈尊が、とく往け、と、勧めたもう。

南無阿弥陀佛

新蓮台、俗名「高田一郎」行年八十二才

**観誓院諦空了真居士**

一到弥陀安養國(いっとうみだあんにょうこく)、元来是我法王家(がんらいぜがほうおうけ)

いんどう

平成十二年十一月十三日

# 定空妙意禅定尼

大地　クスヱ

九十四才

## お別れのことば

つゝしんで、大地クスヱ様の霊前に、お別れの言葉を、贈ります。
平成十二年十一月十三日、午前四時二十七分、
あなたは、九十四才の生涯をとじられました。
南部川村東本庄、土畑家の出身で、明治四十二年二月二十日、お生まれでした。
人みながいう、こうてえられぬ「生命(いのち)の宝(たから)」をいたゞいて、季節は、暑からず寒からず、紅葉(もみじ)と花の野山に見送られて、
お浄土へ旅立たれたことは、京都、粟生、総本山光明寺、法然上人のご詠歌、
あみだ佛に　そむる心の　色にいでば
秋の梢(こずえ)のたぐいならまし

そのまゝの大往生でした。こゝにつゝしんで、お悔やみを申し上げます。

あなたは、まことにやさしくて、品よきご婦人でした。

そして、その晩年は、孝行な「啓一」さんが二十四時間、つきっきりで看てあげて、うるわしい母子の関係でした。

以前、お元気な頃には、光明寺へおまいりくださって、そのやさしいもの腰やおはなしぶり、表情が、今夜もなつかしく目にうつっています。

おもえば、明治、大正、昭和、平成の百年に近いあなたのご一代だったのですから、よろこびも悲しみの幾歳月だったでしょうし、特に、現代高齢のおとしよりの方々は、第二次世界大戦による生命（いのち）がけのごくろうに、たえられたことは、まことに、ごくろうさまだったことをお察しいたしますが、孝心ぶかくてやさしい子どもさんがたに守られたこと、大地クスヱさん、あなたの老後は、平安無事で、おしあわせでした。

きのうの朝、枕経にうかがった折、啓一さんが、

「おとゝしの秋あたりから、だんだんと耳が遠くなり、ことしになってから、二回ケガをし、しかしそれもナオリ、このトシで、なんというか、老衰で亡くなる、つまり大往生です。おとゝいまでは、別段なんともないほどでした。

わたしに対しても、ほんまによう見てくれた、ほんまにどうも、
南無阿弥陀佛、南無阿弥陀佛、南無阿弥陀佛、と、言うのです」と。

こゝに、無常安心章を呈しまして、
仰いで大空に動く雲の姿を見、ふして逝く河の水の流れを観よ、

雲も水も、しばしもとゞまらず、ありと思えばたちまちなし。
消えたりと思えばまたあらわれる。まことに、
人の世のすがたもまたかくの如し。
こゝに死したる人あれば、かしこに、生まるゝ者もあり、
たとえ死をいとい、ながくこの世に生きんことを望むとも、
人の命のはかなきこと、霜露のごとく、
無常なること、光よりも速やかなり。
若きが先だち、老いたる人のおくるゝなげき。
まことに、生まれし者は、必ず死し、
会う者は、必ず、はなるゝならい、
あゝ、誰か、百年の齢をたもたんや。

今夜は、おゝぜいのみなさんがたの、通夜のおつとめ、
心こもるお念佛に送られて、弥陀の浄土へ旅立って下さい。
〈同称十念〉
南無阿弥陀佛　南無阿弥陀佛　南無阿弥陀佛

平成十二年十一月十四日
月向山光明寺住職

# 引導

四生無常のかたち、生あるものは、死に帰す。哀れなるかな、電光の命、草露の朝を、待つがごとし。

悲しいかな風葉の身、槿花の朝にして、夕にいたらざるに、あい似たり。

幽魂は独り往き、かわれば、質は山沢に残り、骨は野外にさらす。

人中天上の快楽は、夢の中にして、幻のごとし。諸行は、まさしく、無常なり。

ここに、新蓮台、俗名「大地クスヱ」行年九十四才。

汝は、明治四十二年二月二十日に、土畑家に、生まれたり。汝は、まことにやさしくて、品よきご婦人でした。汝はまた「五重相伝」にはいり、

**定空妙意禅定尼、**を、いただけり。


汝は、平成十二年十一月十三日、午前四時二十七分、往生せり。

汝、今や、大慈悲、阿弥陀如来の、本願に、出会うなり。

すなわち、かつて、阿弥陀如来は、われらのために、超世の悲願を立てられたり。

我ら、十方の衆生が、佛の國に生まれんことを、願って、南無阿弥陀佛、と、佛のおん名を称うれば、必ず、来たって、救いたもう。

仰ぎおもんみれば、大慈悲、阿弥陀如来は、かのほうより、来れ、と、呼び賜い、このほうよりは、本師、釈尊が、とく往け、と、勧めたもう。

新蓮台、俗名「大地クスヱ」行年九十四才

**定空妙意禅定尼**　　南無阿弥陀佛

一到弥陀安養國（いっとうみだあんにょうこく）、元来是我法王家（がんらいぜがほうおうけ）

いんどう

平成十三年一月一日

# 英空道雲禅定門

崎山　俊治　　七十五才

## お別れのことば

つゝしんで、崎山俊治様の霊前に、お別れの言葉を、贈ります。

一昨、二日の早朝に、あなたの訃報に接しまして、まことにショックでした。

誰もが、おもいもよらないこと、あまりにも突然の訃報でした。

このところ、崎山さんが、軽い腰痛で養生中だときいていましたから、お見舞いにも上がらずそのうち、寺へもおいでてくれることと思っていたのです。

きのうの朝、堺の常福寺の住職の話によれば、つい十日ほど前に、奥さんの綾子さんがわざわざ寺へおいでて、山門の建立にと、おいでたその時の話で、まあなんとか、主人も一月十四日に、妹の恭子さんの五十回忌をというのでと、二人の対話の様子が、てにとるように、話してくれたのです。

こゝに、つゝしんで、深くお悔やみ申し上げます。

最近の崎山さんは、常楽観音講の総代役につき、お堂の屋根のふきかえ事業、内陣の荘厳境内外（しょうごんけいないがい）の整備などを、誠心誠意で、完成されました。

さすが、庄太郎お父さんが、村会議員在任中、

「土地、地域の人々のために、よく働いてくれる」と、好評だった、その息子さんにふさわしい公共精神でした。

あなたは、父母に孝、家業に精励して、財を造り、産を成し、要職につき、南部町堺、江子善松家から、万事ゆきとゞいた、よき伴侶と結ばれて、隆々、お家繁盛の一路をたどりました。

さらには、村内、清川から、立派な女婿、文男様を迎えて、たのもしいお孫さん方にかこまれて、しあわせの一語につきる、おくらしでした。

尚、きぬ子さんは、ゆたかな音楽的才能によって、そのピアノ教室は、多くの生徒をかゝえ、一家をあげて、当、南部川地域に、音楽文化の花を咲かせて下さったことに対して、月向山光明寺としても、白梅幼稚園としても大変うれしく、感謝していた次第です。このたび、あなたの急逝におどろいた、私の父親は、言いました。

「崎山さんについて忘れられんことがある。それは、庄太郎お父さんの中陰にお詣りした日、寺の庫裡で、崎山さんが『方丈ハン、時代も変わって男女共学になり、折々、高校生の娘に、同級生の男の子から用事で電話くると、父親が要心して、むつかしい顔する、としよりと孫の間にハサマッテ、気をつかうもんですけど、私も、この夏からは、父親の肩をもって孝行しよう』と思うていたら、あの世の人になってしもうて、スマンと思うているんです」と、しみじみ話してくれた、そのひと言に、

「あんたの今のひと言、親なればこそ、子なればこそ、の、熱いなさけで、お念佛にもまさる、孝行です

よ」と、話あった思い出でした。

このたび、あなたが、お母さんに先立ち行くことの心残りを、万々お察ししますが、遠い昔から、親思う心にまさる親心、と伝えられているように、高齢のお母さんの名残りつきない親心は、いかばかりか、母親の涙には、科学で分析できない、熱いものがあるのです。

ひるがえって、七十五年のこんにちまで、母とよび、子とよんで、一つ屋根の下でおきふし出来た、世にもまれな親子のふかいえにしに、あらためて合掌しましょう。お母さんに対しては、ご家族はもとより、ご兄弟にあたる崎山博、山本賢治さんがたが、手厚く、お世話くださると信じます。

まことに、歳月人を待たず。年々歳々、花あい似たり。

歳々年々、人同じからず、で、お別れの名残りはつきませんが、崎山俊治さん、弥陀の浄土へ、心おきなく、まっすぐにおいでなさい。

今夜は、多勢の方々のお詣りをいただき、常楽の皆さんの心こもる通夜の、お念佛に見送られて、佛のみくにへ旅立って下さい。

あなたを知る、大勢の真心を以て、最後の「お別れのことば」です。


〈同称十念〉

南無阿弥陀佛　南無阿弥陀佛　南無阿弥陀佛

平成十三年一月四日

月向山光明寺住職

# 引導

四生無常のかたち、生あるものは、死に帰す。哀れなるかな、電光の命、草露の朝を、待つがごとし。
悲しいかな風葉の身、槿花の朝にして、夕にいたらざるに、あい似たり。幽魂は独り往き、かわれば、
質は山沢に残り、骨は野外にさらす。人中天上の快楽は、夢の中にして、幻のごとし。
諸行は、まさしく、無常なり。
ここに、新蓮台、俗名「崎山俊治」行年七十五才。
汝は、昭和二年七月二十三日に、生まれたり。そして、こんにちの日まで、がんばって生きた、
あなたの人生でありました。昭和二十二年に受けた「五重相伝」で、
**英空道雲禅定門、**を、いただけり。
汝は、平成十三年一月一日、午後十一時六分、往生せり。
汝、今や、大慈悲、阿弥陀如来の、本願に、出会うなり。
すなわち、かつて、阿弥陀如来は、われらのために、超世の悲願を立てられたり。我ら、十方の
衆生が、佛の國に生まれんことを、願って、南無阿弥陀佛、と、佛のおん名を称うれば、必ず、
来たって、救いたもう。
仰ぎおもんみれば、大慈悲、阿弥陀如来は、かのほうより、来れ、と、呼び賜い、このほうより
は、本師、釈尊が、とく往け、と、勧めたもう。

南無阿弥陀佛

新蓮台、俗名「崎山俊治」行年七十五才
英空道雲禅定門
一到弥陀安養國(いっとうみだあんにょうこく)、元来是我法王家(がんらいぜがほうおうけ)

いんどう

平成九年八月二十八日

# 至空貞信禅定尼

田野　サダ子　　八十二才

## お別れのことば

つゝしんで、田野サダ子様の霊前に、お別れのご挨拶を、申しあげます。

あなたが、昨日八月二十八日夕刻五時におなくなりになったこと、そして、八月生まれの更に八月に八十二才の生涯を、安らかに、とじられたことを、お伺いしました。

ようやく朝夕はいくらか涼しくなりました。

法師ゼミも鳴き出しましたが、このところ連日にわたる晴天と残暑のきびしさは、うだるようですから、病床に身をよこたえる老人（おとしより）の体には、さわられたこととお察しいたしました。

こゝに、深く、お悔やみ申し上げます。

あなたは、現、美浜町のご出身で、ご縁あって田野家に迎えられて六十一ヵ年だそうで、いまの七十才から八十才以上のおとしよりの若い時は、丁度第二次世界大戦の渦中にあって、大変なごくろうとしんぼうをしていただきました。

人並みすぐれて賢いお方だった田野さんのお母さんに対しても、よく孝養をつくされました。そして、子育てにつきましても、なみなみとした母性愛で、四男二女のお子さん方を、よく可愛がって、まことによいお母さんだったそうですね。お子さん方もさぞやお母さんを信頼して成長されたことでしょう。よきお母さんの慈愛こそ慈母観音様のお姿です。

この歳月(としつき)のあなたのごくろうに対しまして、今夜この席で、あつく御礼を申し上げます。

入院中のお母さんを、ご一族の皆さんは、手厚く看護されましたし、特にご主人の田野さんがあなたに対してゆきとゞいた気くばりをされたことは、晩稲中のおとしよりのお手本となっているんです。

大切なご主人を残して旅立つ事が、あなたにとって心残り千万だったでしょうが、田野さんは趣味も豊富で、利口なお方ですから、この先一羽どりのわびしさの中にあっても、あなたのご冥福を念じつゝ、長命していただかねばなりません。

今夜はご親族はもとより一般の方々が大勢お詣りいただきました。わけても地許下尾の皆様の真心こもる通夜のおつとめをいただいて、弥陀のお浄土へ旅立って下さることを念じつゝ。


〈同称十念〉

南無阿弥陀佛　南無阿弥陀佛　南無阿弥陀佛

平成九年八月二十九日

月向山光明寺住職

# 引導

四生無常のかたち、生あるものは、死に帰す。哀れなるかな、電光の命、草露の朝を、待つがごとし。
悲しいかな風葉の身、槿花の朝にして、夕にいたらざるに、あい似たり。幽魂は独り往き、かわれば、
質は山沢に残り、骨は野外にさらす。人中天上の快楽は、夢の中にして、幻のごとし。
諸行は、まさしく、無常なり。

ここに、新蓮台、俗名「田野サダ子」行年八十二才。

汝は、大正五年八月二十一日に、生まれたり。

汝は、また、昭和二十二年、「五重相伝」にはいり、
**至空貞信禅定尼**、を、いただけり。

汝は、平成九年八月二十八日、午後五時、往生せり。

汝、今や、大慈悲、阿弥陀如来の、本願に、出会うなり。

すなわち、かつて、阿弥陀如来は、われらのために、超世の悲願を立てられたり。

我ら、十方の衆生が、佛の國に生まれんことを、願って、南無阿弥陀佛、と、佛のおん名を称うれば、必ず、来たりて、救いたもう。

仰ぎおもんみれば、大慈悲、阿弥陀如来は、かのほうより、来れ、と、呼び賜い、このほうよりは、本師、釈尊が、とく往け、と、勧めたもう。

新蓮台、俗名「田野サダ子」行年八十二才

**至空貞信禅定尼**　　南無阿弥陀佛

一到弥陀安養國（いっとうみだあんにょうこく）、元来是我法王家（がんらいぜがほうおうけ）

いんどう

晃空浄文禅定門

平成十三年三月三十一日

田端　文次郎　八十五才

## お別れのことば

つゝしんで、田端文次郎様の霊前に、お別れの言葉を、贈ります。

四月一日早朝に、朝の鐘をついているところへ、田端雅一（まさかず）さんが見えて、お父さんの訃報、昨晩十時に永眠されたことをうかがいました。

なんとゆうべは、大変な霜だったから、底冷えのする夜でしたから、あゝとうとう亡くなられたかと、タメ息とともに、ありし日のあなたの面影を、おもいうかべたことでした。

ここに、つゝしんで、田端文次郎様、当年八十五才の霊前に、おくやみ申し上げます。

あなたは、楔川（ほくそがわ）のご出身で、今をさかのぼる六十年前、田端隆治郎家の女婿として迎えられ、以来、常楽の皆さん方とよく親しまれました。

まことに品よき紳士だったこと、平和でしあわせな家庭をいとなみ、現在は、雅一さん夫妻の孝養をうけて、めぐまれたご一代でした。

健康だった頃のあなたは、敏子さんと夫婦で、茶の湯もたしなみ、隣り近所の方々とゲートもたのしまれ、気分的にゆたかなくらしをされたことも、印象に残りますし、当、晩稲の人情、また、あたゝかく、親戚も多い関係で、ぬくもりのあるおくらしであったと想います。

若い頃、あなたは、世界大戦前後は、近衛兵（このえへい）に入隊して、皇居の守備につかれたそうで、なかなか得がたい光栄であり、さぞりゝしい美男子の若武者だったことと想像いたします。つづいて召集されて満州に出征、二ヵ年間お国にご奉公されました。あなたの戦歴をたゝえ、若かりし日のご苦労のほどに、御礼申し上げます。田端さんには以前、光明寺役員の任にもついていたゞきまして、今夜、あらためて、御礼申し上げます。寺に隣接するあなたの土地を、当時ゆずっていたゞきましたが、このたび、墓参ようの、すなわち、参道を新設することになりました。このこと、どうぞ、その機会、今来たところです。ありがとうございました。

光明寺として、この機会到来をつゝしんで、報告いたし、そのおかげをいたゞくことになりました。ありがとう、ございました。

つい先日、亡くなったかたのご挨拶に、

九十五才という長い人生道中、杖とお金は入れましたが、足は大丈夫だろうか、それより六道の辻で迷いほせぬかと気にはなりますが、先に行っている父が、きっと迎えにきていることでしょう。

先だてば、おくるゝ人を待ちやせん、花のうてなの半ば残して、

と、感謝の心を、あらわしたものです。

田端さん。

八十五年にわたる人生の道中は、よろこびも悲しみもの、幾年月だったでしょうし、誰しも苦労の方が

多いものです。悲喜交々、うれしい事、かなしい事、むしろ、悲しい事の方が、三分の二に近く、それでも生きねばならぬのが、人生かもしれません。

こゝに、無常安心章を呈しまして、仰いで大空に動く雲の姿を見、ふして逝く河の水の流れを観よ。雲も水も、しばしもとゞまらず、ありと思えばたちまちなし。消えたりと思えばまたあらわる。まことに、人の世のすがたもまたかくの如し。こゝに、死したる人あれば、かしこに、生まるゝ者もあり。たとえ、死をいとい、ながく、この世に生きんことを望むとも、人の命のはかなきこと、霜露のごとく、無常なること、光よりも速やかなり。若きが先だち、老いたる人のおくるゝなげき。まことに、生まれし者は、必ず死し、会う者は、必ず、はなるゝならい、あゝ、誰か、百年の歳(よわい)を、たもたんや。

今夜は、皆さまに、おまいりいただき、ありがとうございました。

常楽の観音講の皆さまの真心こもるお通夜の念佛におくられて、弥陀の浄土へ、旅立ってください。

〈同称十念〉

南無阿弥陀佛　南無阿弥陀佛　南無阿弥陀佛

平成十三年四月二日

月向山光明寺住職

# 引導

四生無常のかたち、生あるものは、死に帰す。哀れなるかな、電光の命、草露の朝を、待つがごとし。悲しいかな風葉の身、槿花の朝にして、夕にいたらざるに、あい似たり。幽魂は独り往き、かわれば、質は山沢に残り、骨は野外にさらす。人中天上の快楽は、夢の中にして、幻のごとし。

諸行は、まさしく、無常なり。

ここに、新蓮台、俗名「田端文次郎」行年八十五才。

あなたは、大正六年一月十九日に、この世に生をうけ、妻、敏子と、この田端家を守り、こんにちの繁栄を築くものなり。

光明寺「五重祖伝」には、昭和三十二年にはいり、

**晃空浄文禅定門と、** 授与されり。

平成十三年三月三十一日、午後十時、逝去せり。

汝、今や、大慈悲、阿弥陀如来の、本願に、出会うなり。すなわち、かつて、阿弥陀如来は、われらのために、超世の悲願を立てられたり。我ら、十方の衆生が、佛の國に生まれんことを、願って、南無阿弥陀佛、と、佛のおん名を称うれば、必ず、来たって、救いたもう。

仰ぎおもんみれば、大慈悲、阿弥陀如来は、かのほうより、来れ、と、呼び賜い、

このほうよりは、本師、釈尊が、とく往け、と、勧めたもう。

新蓮台、俗名「田端文次郎」行年八十五才

**晃空浄文禅定門**　　南無阿弥陀佛

一到弥陀安養國（いっとうみだあんにょうこく）、元来是我法王家（がんらいぜがほうおうけ）

いんどう

平成十年九月七日

# 観空妙教禅定尼

梅本　陽子　　四十六才

## お別れのことば

つゝしんで、梅本陽子さんの霊前に、お別れの言葉を、贈ります。

ふるさとの野山にしょうじょうと秋風が吹きそめて、ようやくほっとしのぎやすくなりましたのに、昨日九月七日夕刻に、あなたは、あの世に旅立ちました。

ことしの暑さは格別だったから、老人（おとしより）も、子どもも少なからずコタエタと、言います。あなたも、静養中の体に少しずつコタエが、きていたのでしょうか。

四十六才と言うみじかい人生に、親族の皆様はじめ、あなたを知る人々は言い知れぬ哀切の情につまされている次第ですが、その臨終が、まことに、安らかだったそうで、せめても、なぐさめられました。

昭和五十五年に光明寺で五重相傳を受けられて法号を、観空妙教禅定尼、と、授与されています。

こゝに、深く、お悔やみ申し上げます。

白梅幼稚園時代の可愛らしい面影が、今あざやかにこの眼前に映ると、園長はあなたを追憶しております。
つきまして、こゝに、無常安心章を呈しまして、
仰いで大空に動く雲の姿を見、ふして逝く河の水の流れを観よ、
雲も水も、しばしもとゞまらず、ありと思えば、たちまちなし。
消えたりと思えばまたあらわる。
まことに、人の世のすがたもまたかくの如し。
こゝに死したる人あれば、かしこに、生まるゝ者もあり、
たとえ死をいとい、ながくこの世に生きんことを望むとも、
人の命のはかなきこと霜露のごとく、無常なること、光よりも速やかなり。
若きが先だち、老いたる人のおくるゝなげき、
まことに、生まれし者は、必ず死し、会う者は必ず、はなるゝならい、
あゝ誰か百年の齢をたもたんや。
今夜は、大勢の一般の方々のお詣りをいたゞき、わけても、常楽の皆さんは、これから通夜のおつとめを
さゝげ、陽子さんの弥陀の浄土への旅立ちをお送りします。

〈同称十念〉

平成十年九月八日

月向山光明寺住職

# 引導

四生無常のかたち、生あるものは、死に帰す。哀れなるかな、電光の命、草露の朝を、待つがごとし。

悲しいかな風葉の身、槿花の朝にして、夕にいたらざるに、あい似たり。幽魂は独り往き、かわれば、
質は山沢に残り、骨は野外にさらす。人中天上の快楽は、夢の中にして、幻のごとし。

諸行は、まさしく、無常なり。

ここに、新蓮台、俗名「梅本陽子」行年四十六才。

汝は、昭和二十七年一月十四日に、生まれたり。

汝は、また、昭和五十五年の「五重相伝」にはいり、
**観空妙教禅定尼、**を、いただけり。

汝は、平成十年九月七日午後四時八分に、往生せり。

汝、今や、大慈悲、阿弥陀如来の、本願に、出会うなり。

すなわち、かつて、阿弥陀如来は、われらのために、超世の悲願を立てられたり。

我ら、十方の衆生が、佛の國に生まれんことを、願って、南無阿弥陀佛、と、佛のおん名を称うれば、必ず、来たりて、救いたもう。

仰ぎおもんみれば、大慈悲、阿弥陀如来は、かのほうより、来れ、と、呼び賜い、
このほうよりは、本師、釈尊が、とく往け、と、勧めたもう。

南無阿弥陀佛

新連台、俗名「梅本陽子」行年四十六才

**観空妙教禅定尼**

一到弥陀安養國（いっとうみだあんにょうこく）、元来是我法王家（がんらいぜがほうおうけ）

いんどう

平成十一年一月二十九日

# 誓光院開空浄闡居士

新谷　光蔵

九十才

## お別れのことば

つゝしんで、新谷光蔵様のご霊前に、お別れのごあいさつを、さゝげます。一月二十九日、朝早く、あなたは、九十才の、その生涯をとじられました。いとも安らかな大往生をされたと、うかゞいました。明治、大正、昭和、平成の今日まで、人の世の哀歓の山坂をのりこえられて、そのご一代を、正しく生き通されたことに、敬意を表しつゝ、深く、おくやみを申し上げます。

あなたは、常楽、新谷六松家に生まれ、子ども時代から、かしこくて、おちついた少年だったと、そして、私の父親よりも、二ヵ月ほど早く生まれた、あなたは、学年も一年上級だったそうで、今朝から、おもいでを語っています。
長じては数理にすぐれたあなたは、農協の主要な役職につき、以後も、種々の公職について、地域に貢献されること、多大でした。
終戦後、いち早く光明寺地蔵堂の再建に際しては、区長の要職にあって、敗戦の日本は、人心は荒廃、食糧難の折とて、田辺杢（モク）棟梁はじめ、泊りこみの職人さんのまかない一切を、黙々と運んで下さったこと。
そして、
道成寺以南での建築美をほこる「地蔵堂」を完成して下さったことも、感謝しますし、近くは、本堂の改築に際しても、あなたは早くから、
「私は、父親（六松氏）が、大正初期から本堂の建築に仲間入りをしていて、当時の思い出も多いのです。早くから、資金の積立てを計画してでも、着々準備してほしい」と、提唱されたことでした。
したがって、このたびの改築にも真心を注いで、要職について下さいました。
あなたの人生途上、奥さんに先立たれたことは、大変かなしいことでありましたが、以後のあなたは、グチもこぼさず、黙々と、常楽、観音講のために、よく信仰をつちかわれ、又、老後は、ゲートもたのしみ、
昔からの、
よみかきソロバンの実力もあり、自分の中に、
信仰も知性もたくわえて、人の悪口を言わず、
なにごとも、正しく判断して、堂々と生き通されました。
つまり、菩提寺を愛し、先祖を敬い、ご先祖供養をおこたらず、
お説教も、いつも前の方に坐って、よく聴聞されました。

特に、心に残るあなたの印象は、戸主である壽一（ひさいち）さんを信頼していたこと、父子（おやこ）の情が、深かったこと、「うちの若い者らは、仕事もようするし、エライモンヤ」と、
つねに満足しておりましたし、お孫さん方も、
おじいさんを尊敬してなついていたようですね。
現代医学の進歩はめざましく、ありがたいことですけれども、あなたの晩年、酸素吸入とかのために、おうちで養生できなかったことは、心残りでしたけれども、その間、ご家族は、誠心誠意、孝心をつくされたと、き丶ました。
新谷さん、あなたが、古き、よき晩稲の人情を保（たも）って下さったことを思い、名残りはつきませんが、今夜は大勢の皆さん方の、おまいりをいた丶き、わけても、観音さん参りの馴染み深い、常楽の皆さんのなさけあつい、心こもる、通夜のお念佛におくられて、弥陀の浄土へ、お旅立ち下さい。
露の身は、こ丶かしこにても、きえぬとも、
こ丶ろは、おなじ、花のうてなぞ

南無阿弥陀佛　南無阿弥陀佛　南無阿弥陀佛

〈同称十念〉

月向山光明寺住職

# 引導

四生無常のかたち、生あるものは、死に帰す。哀れなるかな、電光の命、草露の朝を、待つがごとし、
悲しいかな風葉の身、槿花の朝にして、夕にいたらざるに、あい似たり。幽魂は独り往き、かわれば、
質は山沢に残り、骨は野外にさらす。人中天上の快楽は、夢の中にして、幻のごとし。
諸行は、まさしく、無常なり。
ここに、新蓮台、俗名「新谷光蔵（みつぞう）」行年九十才。
汝は、明治四十三年一月二十一日に、生まれたり。
また、「五重相伝」にはいり、
誓光院開空浄闡居士、を、いただけり。
そして、光明寺より、こんかい、誓光院、を、贈るものなり。
汝は、平成十一年一月二十九日、午前六時四十分、往生せり。
汝、今や、大慈悲、阿弥陀如来の、本願に、出会うなり。すなわち、かつて、阿弥陀如来は、われ
らのために、超世の悲願を立てられたり。我ら、十方の衆生が、佛の國に生まれんことを、願って、
南無阿弥陀佛、と、佛のおん名を称うれば、必ず、来たりて、救いたもう。
仰ぎおもんみれば、大慈悲、阿弥陀如来は、かのほうより、来れ、と、呼び賜い、
このほうよりは、本師、釈尊が、とく往け、と、勧めたもう。

南無阿弥陀佛

俗名「新谷光蔵」行年九十才

誓光院開空浄闡（せん）居士

一到弥陀安養國（いっとうみだあんにょうこく）、元来是我法王家（がんらいぜがほうおうけ）

いんどう

平成九年四月二日

# 普空妙現禅定尼

森山　貞子　八十五才

## お別れのことば

つゝしんで、森山貞子様の霊前に、お別れのことばを、贈ります。
昨日四月二日のおひる前、
あなたは、ご家族の皆様にみとられて、安らかに、八十五才の生涯を、とじられました。
こゝに、つゝしんで、深くお悔やみ申し上げます。
古歌に、ねがわくば、花のもとにて、春、死なむ、と、ありましたが、
菩提寺の銘木そめいよし乃は樹齢五十五年、たゞいま満開です。
あなたは、大正二年、上尾黒津の、
森山安松、きく様の二女に生まれ、兄さんは若くして先立ち、長女の方は、
奈良の日置家へ嫁ぎ、あなたは森山家をうけついで、上芳養から、

伊平様を、迎えました。その性温厚で、よく働き、よき伴侶でしたが、
惜しくも、昭和十五年戦争の初期に、亡くなられました。
その前、昭和十年には、父、安松様が他界して以来、
あなたは、母きく様に守られながら、子育ての苦労に耐えられたこと、
ふりかえる、その歳月のご苦労のほど、察して余りあります。
今、七十才八十才のおとしよりは、男女をとわず、まことに、
戦争の苦労に耐えましたが、あなたは終戦後、たのみとするお母さんにも、別れて以後、三男二女の母とし
てのご苦労のほどは、言葉にもつくしがたいものが、
あったでしょう。

「ごくろうさまでした」と、今夜お別れに際して、
あらためて、ねぎらいの言葉を、おくります。
しかしあなたの晩年は、ご子息が、それぞれに、わが道に成功なされて、
考養をつみ、まことにおしあわせでした。
まわりの人々にめぐまれたことは勿論ながら、あなた自身が、
深く佛に帰依して、あみだ様におすがりして、
「安心起行（あんじんきぎょう）」、の、つつましいくらし方を、
なされたことが救いでもあり、立派でした。惜しみなく働き奉仕して、
体調のさわりにも、打ち勝ったことは、偉大な精神力でした。
先年、清義さんには、年行司さんをつとめていただき、また、

このたび、光明寺本堂改築に際しては、宮殿（くうでん）はもとより、
内陣佛具の修復 荘厳（しょうごん）を、全部ひきうけていただいて、
みごとに完成、
　森山様、御一族で、真心こめて、ご奉仕くださったことに対し、
檀中一同、深く謝しています。それは、
　生きて身を、蓮（はちす）の上に、宿さずば、
　　念佛申す甲斐やなからん、の、尊とい起行（きぎょう）でした。
地蔵供養子ども角力の赤いマワシ、お墓のお地蔵様の赤いよだれかけ、
しらうめ幼稚園おゆうぎ会のあかいハナオのジョジョも、あなたにいたゞいた、
おもいでの紅い反物です。
今夜は、一般の方々、ご親戚、多数おまいりをいたゞきました。特に、
地許、黒津の方々の通夜のお念佛におくられて、
お浄土へおかえり下さい。

では

〈同称十念〉

南無阿弥陀佛　南無阿弥陀佛　南無阿弥陀佛

月向山光明寺住職

# 引導

四生無常のかたち、生あるものは、死に帰す。哀れなるかな、電光の命、草露の朝を、待つがごとし。

悲しいかな風葉の身、槿花の朝にして、夕にいたらざるに、あい似たり。幽魂は独り往き、かわれば、
質は山沢に残り、骨は野外にさらす。人中天上の快楽は、夢の中にして、幻のごとし。

諸行は、まさしく、無常なり。

ここに、新蓮台、俗名「森山貞子」行年八十五才。

汝は、大正二年四月五日に生まれたり。

汝は、また、昭和十年正月「五重相伝」にはいり、
**普空妙現禅定尼、**を、いただけり。

汝は、平成九年四月二日、午前十一時十分、往生せり。

汝、今や、大慈悲、阿弥陀如来の、本願に、出会うなり。

すなわち、かつて、阿弥陀如来は、われらのために、超世の悲願を立てられたり。

我ら、十方の衆生が、佛の國に生まれんことを、願って、
南無阿弥陀佛、と、佛のおん名を称うれば、必ず、来たりて、救いたもう。

仰ぎおもんみれば、大慈悲、阿弥陀如来は、かのほうより、来れ、と、呼び賜い、
このほうよりは、本師、釈尊が、とく往け、と、勧めたもう。

南無阿弥陀佛

新蓮台、俗名「森山貞子」行年八十五才

**普空妙現禅定尼**

一到弥陀安養國（いっとうみだあんにょうこく）、元来是我法王家（がんらいぜがほうおうけ）

いんどう

平成十二年十月二十日

# 観空浄善禅定門

辻　美和　七十三才

## お別れのことば

つゝしんで、辻美和さんの霊前に、お別れの言葉を、贈ります。

平成十二年十月二十日午前一時八分、ご他界なさいました。

十月九日は、上南部の須賀神社の秋祭り、さらには十五日には鹿島神社の秋祭りでありました。寺の金木犀が満開になり、秋の「彼岸」がとゞこおりなく終了したこのごろ、まさしく、びっくりするコトです。

つゝしんで、深く、お悔みを申し上げます。

汝は、上城の辻弘一家に、辻豊七家の末子として、昭和三年二月二十四日に、生をえました。

汝は、叔父さん、辻政吉さんらと満州へ渡り、戦前および戦中と、満州開拓で大いに活躍され、戦後の二十一年六月に、南部へ引き上げました。

そして汝は戦後の体制を大阪に移し、大阪市阿倍野区北畠に本籍をうつし、さらに東住吉区今川に居住して、昭和年代を生き続けたり。
この間、長男を亡くしたものの、二人の子どもに恵まれ、こんにちに至る。
澤井美由紀は、りょうすけ、あやか、の兄妹に恵まれ、跡取りの、
辻浩司は、美乃里をもうけ、辻美和家の第二代もたしかなものとなれり。
ありし日のその様子が、奥さんの喜子さんの姿ともども、ありありと目にうつります。
あなたは、その性、温厚、まわりのどなたとも順応して、特に、
敬神崇祖の念にあつく、まことに申し分なき人でした。
また、平成十年の春「五重相伝」におはいりいただき、
　観空浄善禅定門を、いたゞけり。
生まれいでしとし二十四日は、地蔵菩薩の日ですので、わが晩稲光明寺の境内におまつりしています「延命大地職菩薩」さまは、江戸時代の田辺藩主の所在によるもので、こんにちにいたるも、お逮夜には、晩稲光明寺「梅花講」の月一回の奉讃会、そして八月二十四日には、晩稲光明寺「相撲保存協会」の奉納相撲が、三百年このかた連綿とつゞいているのです。
そのお地蔵さまの「ご利益」で、生涯の最後を守っていたゞいたのです。
また、こゝに無常安心章を呈しまして、
　仰いで大空に動く雲の姿を見、ふして逝く河の水の流れを観よ、
　雲も水も、しばしもとゞまらず、ありと思えばたちまちなし。
　消えたりと思えばまたあらわる。

まことに、人の世のすがたもまたかくの如し。
こゝに死したる人あれば、かしこに、生まるゝ者もあり、
たとえ死をいとい、ながくこの世に生きんことを望むとも、
人の命のはかなきこと霜露のごとく、
　　無常なること、光よりも速やかなり。
若きが先だち、老いたる人のおくるゝなげき、
まことに、生れし者は、必ず死し、会う者は必ず、
　　はなるゝならい、
あゝ誰か百年の齢をたもたんや。
今夜は、一般のみなさま、とくに有縁のみなさんがたの、あたゝかいお念佛に送られて、弥陀の浄土へ旅立って下さい。

〈同称十念〉

南無阿弥陀佛　南無阿弥陀佛　南無阿弥陀佛

平成十二年十月二十一日

月向山光明寺住職

# 引導

四生無常のかたち、生あるものは、死に帰す。哀れなるかな、電光の命、草露の朝を、待つがごとし。
悲しいかな風葉の身、槿花の朝にして、夕にいたらざるに、あい似たり。幽魂は独り往き、かわれば、
質は山沢に残り、骨は野外にさらす。人中天上の快楽は、夢の中にして、幻のごとし。
諸行は、まさしく、無常なり。

ここに、新蓮台、俗名「辻美和」行年七十三才。
汝は、昭和三年二月二十四日に、生まれたり。「五重相伝」にはいり、
**観空浄善禅定門、**と号す。
辻豊七、しげ夫妻の子息として、よく育てられ、品よき風格のある、おかたで、立派な一代を、築
かれました。あなたの温厚、まじめなお人柄に、みんな敬服します。
汝は、平成十二年十月二十日、午前一時八分、往生せり。汝、今や、大慈悲、阿弥陀如来の、本願
に、出会うなり。すなわち、かつて、阿弥陀如来は、われらのために、超世の悲願を立てられたり。
我ら、十方の衆生が、佛の國に生まれんことを、願って、南無阿弥陀佛、と、佛のおん名を称うれ
ば、必ず、来たって、救いたもう。仰ぎおもんみれば、大慈悲、阿弥陀如来は、かのほうより、来
れ、と呼び賜い、
このほうよりは、本師、釈尊が、とく往け、と、勧めたもう。

新蓮台、俗名「辻美和」行年七十三才

**観空浄善禅定門**　　南無阿弥陀佛

一到弥陀安養國(いっとうみだあんにょうこく)、元来是我法王家(がんらいぜがほうおうけ)

いんどう

平成九年十月二十六日

# 慈空貞教禅定尼

山崎　フミ　　八十才

## お別れのことば

つゝしんで、山崎フミ様の霊前に、お別れのごあいさつを、贈ります。

あなたは、一昨日十月二十六日夜八十才の生涯をとじて、あの世に旅立たれました。

この数日は、秋風がしょうじょうと身にしんで冷えましたため、病人の方には、コタエたのでしょう。

過日からも風のたよりに、山崎さんの容態がすぐれないと、知りまして、言いしれぬ悲哀を感じておりました。こゝに、つゝしんで、深くおくやみを申し上げます。

あなたは、まことに善良な婦人でした。お達者だった日の面影が、目に浮かびます。

あなたは、大正十四年に光明寺で五重を受けておられます。十才前後の少女だったのでしょう。

あなたは、下尾、那須孫七様の長女に生まれて、常楽、山崎正太郎様に迎えられて以来、人並みすぐれて賢い、お姑さんに仕えて、家業に精出し、また、山崎家の嫁さんがながらく病弱だったから、至れりつくせりのあなたの看護は、近隣のほめものでした。

更に、今八十才前後の方は、誰しもが第二次世界大戦で、物心両面の苦労をしましたし、正太郎様も、海軍の召集をうけて出征しましたり、なみなみならぬご苦労でした。

あなたのお母さん、那須フイさんは、片山家の出で、心根のやさしい方でしたから、「この世の苦労は、これも前世からの約束とうけとってくらしています」と、兄さんを英霊に捧げたお母さんは、お寺へお詣りして話されてその佛心に頭がさがりました。そうしたお母さんに育てられたあなた方ごきょうだいは、皆ぬくもりのある性格でしたが、あなたに一番同情をよせたのは、先年実家の戸主義雄様が急逝した当時のなげきとその後、正太郎様が先立った当時一羽鳥の身のさびしさを話してくれました。

人はこの世に生まれて、誰しも生老病死のなげきはまぬがれませんね。

お釈迦さまのおさとし通りの真理です。

しかしふり返ってあなたは、晩稲に生まれて、晩稲の山崎家に嫁ぎ、弟さん夫婦を後継者に迎えて、立派に山崎家の繁栄を築きました。

いつもふるさとの山河につゝまれて、ふるきよき時代の婦人の道をつゝましく生き通されました。その上ご親類も多く、弟さん方も近くに住んでおられて、あたゝかな交流がありましたから、おしあわせでした。

このたび、ご兄弟やご親類の皆さんの熱いなさけや、八十年見馴れたふるさとの山々も、あなたに、別れを、惜しんでいるでしょう。

ここに、無常安心章を呈しまして、
仰いで大空に動く雲の姿を見、ふして逝く河の水の流れを観よ。

雲も水も、しばしもとゞまらず、ありと思えばまた消える。

消えたりと思えばまたあらわる。
まことに、人の世のすがたもまたかくの如し。
こゝに死したる人あれば、かしこに、生まるゝ者もあり、
たとえ死をいとい、ながくこの世に生きんことを望むとも、
人の命のはかなきこと霜露のごとく、
無常なること、光よりも速やかなり。
若さが先きだち、老いたる人のおくるゝなげき。
まことに、生れし者は、必ず死し、
会う者は必ず、はなるゝならい、
あゝ誰か百年の齢をたもたんや。
今夜は多くの方々がお詣り下さって、わけても常楽の皆様の心こもる通夜のおつとめをいただいて、弥陀の浄土へ旅立つあなたのご冥福を祈ります。
では
〈同称十念〉

南無阿弥陀佛　南無阿弥陀佛　南無阿弥陀佛

平成九年十月二十八日

月向山光明寺住職

# 引導

四生無常のかたち、生あるものは、死に帰す。

哀れなるかな、電光の命、草露の朝を、待つがごとし。

悲しいかな風葉の身、槿花の朝にして、夕にいたらざるに、あい似たり。

幽魂は独り往き、かわれば、質は山沢に残り、骨は野外にさらす。

人中天上の快楽は、夢の中にして、幻のごとし。

諸行は、まさしく、無常なり。

ここに、新蓮台、俗名「山崎フミ」行年八十才。

汝は、「五重相伝」にはいり、
**慈空貞教禅定尼、**を、いただけり。

汝は、平成九年十月二十六日、往生せり。

汝、今や、大慈悲、阿弥陀如来の、本願に、出会うなり。

すなわち、かつて、阿弥陀如来は、われらのために、超世の悲願を立てられたり。

我ら、十方の衆生が、佛の國に生まれんことを、願って、南無阿弥陀佛、と、佛のおん名を称うれば、必ず、来たりて、救いたもう。仰ぎおもんみれば、大慈悲、阿弥陀如来は、かのほうより、来れ、と、呼び賜い、このほうよりは、本師、釈尊が、とく往け、と、勧めたもう。

南無阿弥陀佛

新蓮台、俗名「山崎フミ」行年八十才

**慈空貞教禅定尼**

一到弥陀安養國（いっとうみだあんにょうこく）、元来是我法王家（がんらいぜがほうおうけ）

いんどう

平成十二年十月二十日

# 義空浄諦禅定門

関　義雄　　八十一才

## お別れのことば

つ、しんで、関義雄様の霊前に、お別れの言葉を、贈ります。

私らが、あなたの入院のことを知ったのが、一昨日十九日の朝でした。

おどろいて、すぐにもお見舞いに上がりたいけれども、入院早々は、病人さんにも、家族の方にも、かえってご迷惑だろうから、もうしばらくあとにしようか、と、言うたことでした。そして、関さん、どこが、どんなにワルイのでしょうかと、案じておりました。

ところが、翌二十日、関さんのおうちからのお知らせをうけて、まことにおどろいた次第です。

あなたは、大正九年生まれですから、当年八十一才。

大正九年一月十日生まれで、平成十二年十月二十日、正午、逝去しました。

こ、に、つ、しんで、深くおくやみ申し上げます。

ふり返りますと、ことしの地蔵供養のあなたは、裏のはなれを訪ねて、いろいろとつもる話をしてかえられたそうで、あの日が関さんとのお別れだったのか、と、あなたの表情が目にうつると、言って、私の父は感無量です。

関さんは、最近、立派なお家も新築して、長い間の念願もかない、若い者は、孝行してくれるし、孫は可愛らしく大きくなるし、ありがたいことや、と満足しておられたそうですね。しあわせなおとしよりでしたね。私の父が言うんです。

以前のことに、まだ娘さん方が中学生の頃だったが、関さんの話に、戦争中へかけて、若い時から苦労したけど、いろいろと考えてみると、我々は教育勅語をおぼえこむのに、大変な苦労だった。それで、ほしい物を買うとか、家を建てたいとかは、まあ資金のできるまで時期を待ったらエーけども、わが子の教育だけは、その時期にそこそこつけておいて、それが私の精一杯の親心です、と言われた。そのひと言に、こもる熱い親心を聞いた、あの日のことは忘れていません。ジーンと胸に残っているんです。その後、子どもさんにもしっかりと教育をつけて、それぞれよき家庭をもち、お孫さんも元気で育ち、あなたは、満足でした。

まなみちゃんをつれて、白梅幼稚園へ入園する前の年から、白梅の砂場で遊ばせたり、その後は、幼稚園のおくり迎えに、慈愛をかけて、本当によい「おじいちゃん」でした。

惜しむらくは、あと数年、生きてほしかった、と名残りがかゝります。

急に「亡き人」となり、おばあさんは、淋しくなりましたが、このさきご家族に孝行してもらえるでしょう。

十月九日は上南部の須賀神社の秋祭り、さらには十五日には鹿島神社の秋祭り、でありました。寺の金木犀が満開になり、秋の「彼岸」がとどこおりなく終了したこのごろ、まさしく、びっくりするコトです。

ここに、無常安心章を呈しまして、

仰いで大空に動く雲の姿を見、ふして逝く河の水の流れを観よ、

雲も水も、しばしもとゞまらず、ありと思えばたちまちなし。

消えたりと思えばまたあらわる。まことに、人の世のすがたもまたかくの如し。

こゝに死したる人あれば、かしこに、生まるゝ者もあり、

たとえ死をいとい、ながくこの世に生きんことを望むとも、

人の命のはかなきこと霜露のごとく、無常なること、光よりも速やかなり。

若きが先きだち、老いたる人のおくるゝなげき、

まことに、生れし者は、必ず死し、会う者は必ず、はなるゝならい、

あゝ誰か百年の齢をたもたんや。

今夜は、一般のみなさま、とくに下尾のみなさんがたの、あたゝかい念佛に送られて、弥陀の浄土へ、ふかみゆく秋風の中、旅立って下さい。

〈同称十念〉

南無阿弥陀佛　南無阿弥陀佛　南無阿弥陀佛

平成十二年十月二十一日

月向山光明寺住職

# 引導

四生無常のかたち、生あるものは、死に帰す。哀れなるかな、電光の命、草露の朝を、待つがごとし。悲しいかな風葉の身、槿花の朝にして、夕にいたらざるに、あい似たり。幽魂は独り往き、かわれば、質は山沢に残り、骨は野外にさらす。人中天上の快楽は、夢の中にして、幻のごとし。

諸行は、まさしく、無常なり。

ここに、新蓮台、俗名「関義雄」行年八十一才。汝は、大正九年一月十日に、関家に、生まれたり。

「五重相伝」にはいり、**義空浄諦禅定門**、と号す。

あなたは、奥さんと軽四でおいでになり、また、まなみちゃんを慈愛をこめて、その成長を願っていました。それに、その新しいお内で、この最後を迎えられたこと、なんとも、言い様のないことです。汝は、平成十二年十月二十日、正午、往生せり。

汝、今や、大慈悲、阿弥陀如来の、本願に、出会うなり。

すなわち、かつて、阿弥陀如来は、われらのために、超世の悲願を立てられたり。

我ら、十方の衆生が、佛の國に生まれんことを、願って、

南無阿弥陀佛、と、佛のおん名を称うれば、必ず来たって、救いたもう。

仰ぎおもんみれば、大慈悲、阿弥陀如来は、かのほうより、来れ、と呼び賜い、

このほうよりは、本師、釈尊が、とく往け、と、勧めたもう。

新蓮台、俗名「関義雄」行年八十一才

南無阿弥陀佛

**義空浄諦禅定門**

一到弥陀安養國（いっとうみだあんにょうこく）、元来是我法王家（がんらいぜがほうおうけ）

平成十二年十月九日

# 法空成台禅定尼

清水　とく　　七十四才

## お別れのことば

つゝしんで、清水とくさんの霊前に、お別れの言葉を、贈ります。

須賀神社の秋季祭礼も無事にすました翌日の今日、しょうじょうと晩稲の里の秋ふかみゆくなかを、あなたは、あの世に旅に出られます。

つゝしんで、深く、お悔やみを申し上げます。

あなたは、となり村の上芳養村、竹本家の十二人兄弟の末子に生まれ、清水茂さまに迎えられたのでした。

かえりみますれば、すぐる世界大戦に、清水家の大黒柱だった隆雄さまが、名誉の戦死、護国の英霊となられてからは、一家の運命は変わらざるを得ませんでした。

篤農家で律儀な由松さまは、茂さんに、よき半身としてあなたを迎え、孫に当たる正男さんを格別に可愛がって、育てられました。ありし日のその様子が今も、ありありと、目にうつります。あなたは、その性、温厚、まわりのどなたとも順応して、特に、敬神崇祖の念にあつく、まことに申し分なき、嫁として、妻として、よき婦人でした。

したがって、三男一女のお子さんがたは、みな優秀で、たのもしいことでした。

正男さんが私の妹と同級生でしたから、あなたの思い出もたくさんあります。

このように清水家にはいって奉仕されたあなたの善行にたいして、

今夜は、あらためて、あつく御礼、申し上げます。

そして三男一女のお子さんがた、つまり、

清水正男、清水辰雄、清水元幸、そして、田上あつ子、さんに、おくやみ申し上げます。

昭和二年四月一日に生まれ、そして十月九日、午前九時四十五分、に、往生されました。七十四才です。

　父母恩重経の一節に、

　　あわれはらから心せよ、山より高き父の恩、海より深き母の恩、知るこそ道の始めなり。

　　まことに父母の恵みこそ、天のきわまりなきごとく、父母はわが子のためならば、

　　出ても入りても子を思い、ねてもさめても子を思う。

　　おのれ生あるそのうちは、子の身にかわらんことを思い、おのれ死にゆくそののちは、子の身を守

　　らんことを願う。

　　よる年波の重なりて、いつか頭(こうべ)の霜白く、おとろえまさる父母を、あおげばおつる涙かな。

　　あゝ有難き父の恩、あゝ有難き母の恩、子は、いかにして、むくゆべき。

つきまして、こゝに無常安心章を呈しまして、

仰いで大空に動く雲の姿を見、ふして逝く河の水の流れを観よ、雲も水も、しばしもとゞまらず、ありと思えばたちまちなし。消えたりと思えばまたあらわれる。まことに、人の世のすがたもまたかくの如し。こゝに死したる人あれば、かしこに、生まるゝ者もあり、たとえ死をいとい、ながくこの世に生きんことを望むとも、人の命のはかなきこと霜露のごとく、無常なること、光よりも速やかなり。若きが先きだち、老いたる人のおくるゝなげき、まことに生れし者は、必ず死し、会う者は必ず、はなるゝならい、

あゝ誰か百年の齢をたもたんや。

清水家の戸主、正男さまは、神仏をうやまい、孝心あつく、家業に精励、たのもしい後継者ですから、お母さんは、さぞ心、安らかに、あの世の旅をつゞけられましょう。

今夜は、一般のみなさま、とくに常楽のみなさんがたの、あたゝかいお念佛に送られて、弥陀の浄土へ、旅立って下さい。

〈同称十念〉

南無阿弥陀佛　南無阿弥陀佛　南無阿弥陀佛

平成十二年十月十日

月向山光明寺住職

# 引導

四生無常のかたち、生あるものは、死に帰す。哀れなるかな、電光の命、草露の朝を、待つがごとし。悲しいかな風葉の身、槿花の朝にして、夕にいたらざるに、あい似たり。幽魂は独り往き、かわれば、質は山沢に残り、骨は野外にさらす。人中天上の快楽は、夢の中にして、幻のごとし。諸行は、まさしく、無常なり。

ここに、新蓮台、俗名「清水とく」行年七十四才。汝は、昭和二年四月一日に、竹本家に、生まれたり。そして、長じては、清水茂に、嫁いるものなり。

上芳養正寿院にて「五重相伝」にはいり、**法空成台禅定尼**、と、号す。

あなたは、その性、温厚、まわりのどなたとも順応して、特に敬神崇祖の念にあつく、まことに申し分なき、嫁として、妻として、母としてよき婦人でした。三男一女のお子さんがたは、みな優秀でした。汝の善行を思い出し、あつく、御礼、申し上げます。汝は、平成十二年十月九日、午前九時四十五分、往生せり。汝、今や、大慈悲、阿弥陀如来の、本願に、出会うなり。すなわち、かつて、阿弥陀如来は、われらのために、超世の悲願を立てられたり。我ら、十方の衆生が、佛の國に生まれんことを、願って、南無阿弥陀佛、と、佛のおん名を称うれば、必ず、来たりて、救いたもう。仰ぎおもんみれば、大慈悲、阿弥陀如来は、かのほうより、来れ、と、呼び賜い、このほうよりは、本師、釈尊が、とく往け、と、勧めたもう。

南無阿弥陀佛

新蓮台、俗名「清水とく」行年七十四才

**法空成台禅定尼**

一到弥陀安養國（いっとうみだあんにょうこく）、元来是我法王家（がんらいぜがほうおうけ）

いんどう

平成十三年八月二十一日

# 誓空浄信禅定門

杉本　信吉　　九十三才

## お別れのことば

つゝしんで、杉本信吉様のご霊前に、お別れのことばを、贈ります。

八月二十一日午前のこと、光明寺におきましては、あなたが九十三才をもって、永眠された、おしらせを受けて、おどろき入りました。

今年一月二十日に、坂東周一さんを、百八才で亡くしたアト、あなたが、男性の最高齢者であったのです。こゝに、つゝしんで、深く、おくやみを申し上げます。

家族の方のおはなしによりますと、杉本信吉さんは、昨年の暮れに少し体調をくずして、病院でお世話になったけれども、大した病名もつかなかったようです。

以来、時折、診察していたゞく程度、だったこと。

昨晩も、夕食もとり、目立って異常な様子も気づかなかったのに、夜ふけてから急に、安らかに、なくなられたそうですね。

矢張り、ことしの暑さのきびしさは、高齢のおとしよりには、コタエたのです。

お察しします。

この数日の天気予報から、昨日の台風は、大変、案じましたが、台風一過で、ようやく秋風が吹きそめて、ほっと、大人も子どもも、安らげるはずですのに、あつさがエラかったこととお察しします。

杉本信吉さん、あなたは、妻の富子さんとの間に、稔、佳弘、充弘、そして、ご縁があって木下格一(まさかず)さんの妻、木下充代さんの四人の子どもに恵まれ、八人の孫さんにも囲まれていた。そして、この最期、という形は、「天寿を全うし永眠」いたしたこと、であります。

古歌に、

いつまで、この世にいるものぞ、命はもろき草の露、
山ほど財宝つむ人も、死出の旅路は、たゞ一人、とのこと。

どうぞ、おみちびき下さい、六道の辻にましますす地蔵尊、みちびき給え、弥陀の浄土へ、です。

こゝに、無常安心章を呈します。

仰いで大空に動く雲の姿を見、ふして逝く河の水の流れを観よ。
雲も水も、しばしもとゞまらず。ありとおもえば、たちまちなし。
消えたりと思えば、また、あらわる。

まことに、人の世のすがたも、またかくの如し。
こゝに、死したる人あれば、かしこに、生まるゝ者もあり。
たとえ、死をいとい、ながくこの世に生きんことを望むとも、
人の命のはかなきこと、霜露のごとく、
無常なること、光よりも速やかなり。
若きが先だち、老いたる人のおくるゝなげき。
まことに、生まれし者は、必ず死し、
会う者は、必ず、はなるゝならい、あゝ、
誰か、百年の齢（よわい）を、たもたんや。

今夜は、ふるさとの皆さん方の、なさけこもる通夜のお念佛をいたゞいて、
安らかに、お浄土へ、旅立って下さい。

南無阿弥陀佛　南無阿弥陀佛　南無阿弥陀佛

〈同称十念〉

平成十三年八月二十二日

月向山光明寺住職

# 引導

四生無常のかたち、生あるものは、死に帰す。哀れなるかな、電光の命、草露の朝を、待つがごとし。悲しいかな風葉の身、槿花の朝にして、夕にいたらざるに、あい似たり。幽魂は独り往き、かわれば、質は山沢に残り、骨は野外にさらす。人中天上の快楽は、夢の中にして、幻のごとし。

諸行は、まさしく、無常なり。

ここに、新蓮台、俗名「杉本信吉(のぶきち)」行年九十三才。

あなたは、明治四十二年十月二十七日に、この世に生をうけ、

平成十三年八月二十一日、午前零時三十分、往生せり。誓空浄信禅定門、と、授与されり。

あなたは、妻の富子さんとの間に、稔、佳弘(よしひろ)、充弘(やすひろ)、そして、ご縁あって木下格一(まさかず)さんの妻、木下充代さんの四人に恵まれ、そして、最期には、「天寿を全うし永眠された」こと、六道の辻にまします地蔵尊、みちびき給え、弥陀の浄土へ。

汝、今や、大慈悲、阿弥陀如来の、本願に、出会うなり。すなわち、かつて、阿弥陀如来は、われらのために、超世の悲願を立てられたり。

我ら、十方の衆生が、佛の國に生まれんことを、願って、南無阿弥陀佛、と、佛のおん名を称うれば、必ず、来たって、救いたもう。仰ぎおもんみれば、大慈悲、阿弥陀如来は、かのほうより、来れ、と、呼び賜い、このほうよりは、本師、釈尊が、とく往け、と、進めたもう。

南無阿弥陀佛

新蓮台、俗名「杉本信吉」行年九十三才

誓空浄信禅定門

一到弥陀安養國(いっとうみだあんにょうこく)、元来是我法王家(がんらいぜがほうおうけ)

いんどう

平成十一年十二月九日

# 願空妙楽禅定尼

栗山　は満江　八十八才

## お別れのことば

つゝしんで、栗山は満江さんの霊前に、お別れの言葉を、贈ります。

昨晩のことです。あなたの生家、大字筋、細川勝治さんと、下尾、大西巖さんが、光明寺へ報告して下さいました。

あなたが、大変安らかな臨終で、八十八才の生涯をとじられたことをうかゞって、瞬間、在りし日の栗山さんのつゝましやかな面影が目にうかび、合掌の思いでした。

つゝしんで、深くお悔やみ申し上げます。

あなたは、明治四十五年四月十五日に、筋の細川家に生まれました。そして、平成十一年十二月九日、午後五時二十五分、八十八才の生涯を、終えられました。

数日前、東光光子さんの百カ日をつとめましたが、あなたが、光子さんが急に亡くなった時に、大変ショックだったそうで、以来、大変さみしそうな様子だと、過日、日出子さんが話してくれていましたが、あなたは、夏いらい、次第に体調もはかばかしからず、ご家族の皆さんが、よく看護されていることも、風のたよりにうかゞっていました。

先立たれた弥三郎さんが、永らく総代職をつとめて下さったから、高田修次郎翁も、「あの夫婦は子どもがいないから、共にいたわりあって、エーくらしをしているし、まじめで、誠実一路な人物だから、信用できる」と、いつも、ほめてくれていました。

その通りでしたし、あなたが床につかれたら、さぞ、あの世で弥三郎さんが、いとおしく、案じておられるだろうと、お察ししました。

栗山家は、雄治さんと、姪にあたる日出子さんを迎えて以来、着実に繁昌して、あんたもしあわせでした。春におめにかかった時も、孫はみなエー子で、中でも家もちの公夫くんは、「オバアちゃん、コレ」と、箸ではさんで、よいものを私の皿へ入れてくれるぐらい、やさしいと言ってよろこんでいましたね。それは、白梅幼稚園のおくり迎えなど、甲斐甲斐しく子育てを手伝っていたからだと、寺でもほめたことでしたね。

つきまして、こゝに無常安心章を呈しまして、

仰いで大空に動く雲の姿を見、ふして逝く河の水の流れを観よ、

雲も水も、しばしもとゞまらず、ありと思えばまたあらわる。

消えたりと思えばまたあらわる。

まことに、人の世のすがたもまたかくの如し。

こゝに死したる人あれば、かしこに、生まるゝもあり、
たとえ死をいとい、ながくこの世に生きんことを望むとも、
人の命のはかなきこと霜露のごとく、
無常なること、光よりも速やかなり。
若きが先きだち、老いたる人のおくるゝなげき、
まことに、生れし者は、必ず死し、会う者は必ず、
はなるゝならい、
あゝ誰か百年の齢をたもたんや。
現在の日本の高齢者の方はみな、明治、大正、昭和、平成の日本の動乱期に、大変な苦労の波にさいなまれて、生き延びた方々だそうで、栗山さん、あなたもご苦労さまでした。
今夜は、一般のみなさま、とくに上尾のみなさんがたの、あたゝかいお念佛に送られて、弥陀の浄土へ旅立って下さい。

〈同称十念〉

南無阿弥陀佛　南無阿弥陀佛　南無阿弥陀佛

平成十一年十二月十日

月向山光明寺住職

# 引導

四生無常のかたち、生あるものは、死に帰す。

哀れなるかな、電光の命、草露の朝を、待つがごとし。

悲しいかな風葉の身、槿花の朝にして、夕にいたらざるに、あい似たり。

幽魂は独り往き、かわれば、質は山沢に残り、骨は野外にさらす。

人中天上の快楽は、夢の中にして、幻のごとし。

諸行は、まさしく、無常なり。

ここに、新蓮台、俗名「栗山は満江」行年八十八才。

汝は、明治四十五年四月十五日に、生まれたり。

そして、長じては、栗山弥三郎に嫁いるものなり。願空妙楽禅定尼、と号す。

汝は、平成十一年十二月九日、午後五時二十五分、往生せり。

汝、今や、大慈悲、阿弥陀如来の、本願に、出会うなり。

すなわち、かつて、阿弥陀如来は、われらのために、超世の悲願を立てられたり。

我ら、十方の衆生が、佛の國に生まれんことを、願って、南無阿弥陀佛、と、佛のおん名を称う
れば、必ず、来たって、救いたもう。仰ぎおもんみれば、大慈悲、阿弥陀如来は、かのほうより、
来れ、と、呼び賜い、このほうよりは、本師、釈尊が、とく往け、と、勧めたもう。

南無阿弥陀佛

新蓮台、俗名「栗山は満江」行年八十八才

願空妙楽禅定尼

一到弥陀安養國（いっとうみだあんにょうこく）、元来是我法王家（がんらいぜがほうおうけ）

いんどう

平成十九年九月十八日

# 晃空浄暉禅定門

月向　述之　七十四才

## お別れのことば

つゝしんで、月向述之(のぶゆき)様の霊前に、ごあいさつをします。

きのう、平成十九年九月十八日の朝、あなたの訃報には、おどろきました。

七十四才は、余りにも、早すぎました。

こゝしばらくは、病状も軽く、通院されていると聞いていたんです。

あなたは、月向石太郎様の次男に生まれて、めぐまれた幼年時代でしたが、
小学生時代は、第二次世界大戦のために、お父さんも、叔父さんも出征されて、苦労もされたことでしょう。

あなたは、美男子で、大変、品よく、生まれあわして、さらに、温厚な紳士でした。

だから、家庭では、よき父だったはずです。

月向山光明寺役員の任についていたゞだいた頃のことを、今席、なつかしんでいます。

人がこの世は、ながくして、変わらぬ春をおもいしに、無常の風に誘われるのが、人生行路です。
ことしの夏のきびしい暑さには、少し体調のすぐれない方は、コタエました。

西山浄土宗勤行式の発願文に、

願わくば、弟子等、命終の時に臨んで、心、顛倒せず、心、錯乱せず、身心に、諸の苦痛なく、身心、快楽にして、禅定に入るが如く、聖衆、現前したまえ、と、あり、本願力は、名を聞いて、往生せんと欲せば、皆ことごとく、彼の国に到り、自ら、不退転に、至らしむ、と、あります通り、大慈悲、阿弥陀如来の、本願力に、おすがり下さい。こゝに、無常安心章を呈し、ご冥福を、念じます。

仰いで、大空に動く雲の姿を見、ふして逝く河の水の流れを観よ。雲も水も、しばしもとゞまらず。ありと思えばたちまちなし。消えたりと思えばまたあらわる。

まことに、人の世のすがたもまたかくのごとし。こゝに、死したる人あれば、かしこに生まるゝ者もあり。たとえ、死をいとい、ながく、この世に生きんことを望むとも、人の命のはかなきこと、霜露の如く、無常なること、光りよりも、速やかなり。若きが先だし、老いたる人のおくるゝなげき、まことに、生まれし者は、必ず、死し、会う者は、必ず、はなるるならい、あゝ、誰か、百年の齢を、保たんや。

今夜は、みなさんの熱いおなさけに送られて、弥陀のお浄土へ、安らかに、旅立って下さい。

六道の辻にましますす地蔵尊、みちびき給え、弥陀の浄土へ

〈同称十念〉

南無阿弥陀佛　南無阿弥陀佛　南無阿弥陀佛

平成十九年九月十九日

月向山光明寺住職

# 引導

四生無常のかたち、生あるものは、死にきす。哀れなるかな、電光の命、草露（そうろ）の朝（あした）を、待つがごとし。悲しいかな風葉の身、槿花（きんか）の朝にして、夕（ゆうべ）にいたらざるに、あい似たり。

幽魂（ゆうこん）は独り往き、かわれば、質（かたち）は山沢（さんたく）に残り、骨は野外にさらす。

人中天上（にんちゅうてんじょう）の快楽（けらく）は、夢の中にして、幻のごとし。諸行（しょぎょう）は、まさしく、無常（むじょう）なり。

ここに、新蓮台、俗名「月向述之（のぶゆき）」こと、行年七十四才。

昭和九年二月二十三日、月向石太郎の次男として、この世に、生を受け、平成十九年九月十八日、午前六時五十三分、往生せり。

光明寺の五重相伝に、昭和三十二年にはいり、
晃空浄暉禅定門と、授与されり。

みな人よ、十方衆生（じゅっぽうしゅじょう）の願なれば、南無阿弥陀佛の、丸の内なり。

六道の辻にまします地蔵尊、みちびき給え、弥陀の浄土へ。汝、今や、大慈悲、阿弥陀如来の、本願に、出会うなり。すなわち、かつて、阿弥陀如来は、われらのために、超世の悲願を立てられたり。我ら、十方の衆生が、佛の国に生まれんことを、願って、南無阿弥陀佛、と、佛のおん名を称うれば、必ず、来たりて、救いたもう。仰ぎおもんみれば、大慈悲、阿弥陀如来は、かのほうより、来たれ、と、呼び給い、このほうよりは、本師、釈尊が、とく往け、と、進めたもう。

南無阿弥陀佛

新蓮台、「月向述之（のぶゆき）」
晃空浄暉禅定門（こうくうじょうきぜんじょうもん）
一到弥陀安養國（いっとうみだあんにょうこく）、元来是我法王家（がんらいぜがほうおうけ）

いんどう

平成十九年八月二十一日

# 香空智貞禅定尼

山本 照子　九十五才

## お別れのことば

つ、しんで、山本照子様の霊前に、おくやみ申し上げます。

きのう、八月二十一日、あさ五時すぎになくなりました、と、谷出治さんが、光明寺へ見えてくれまして、まず母に伝えたことでした。

「てるやん」と言ったきり母は、ホロリと涙をこぼし、胸一杯とは、このことでした。

人のナミダの尊さ、ひとしずくのナミダが、千万の言葉(ことば)を、代表します。

ながい年月、光明寺の門前でくらして、ふかい御縁(ごえん)だったこと、

人生のよろこびも、かなしみも、わかちあったこと、第二次世界大戦では、子育ての最中だったこと、山本のマサアキ兄さんも、あんたの主人、義一(ぎいち)さんも召集令状をうけたこと、おもいではつきません。

あんたは、左官さんの親方のご家内として、大変なさけぶかい人だった。

あんたに親切してもらったことは、ワスレラレンと、先日オシネのトシヨリの方が、言ってくれましたが、その通りです。

戸主、山本純蔵さん夫妻も、谷ユキ子さん、清子さん、美智子さん、も、あんたに似て、よい心がけ、です。

六十二年も前の戦争でシンボウした老人もなくなって、世界大戦をしらない人が多くて、世の中が変わりつ、あります。

あんたは、親方、義一さんの看護にも、行き届いて辛抱してくれました。

見上げた、主婦だった。

見上げたお母さんだったから、子どもさん方も、孝心あつかったが、梅の里をたずねてももう私らにコトバもかけなくなって、と、言うたびに、和田の母は、ともかく何度でも足をハコブこと、こそが、孝行です。

あの世へ行ったら会えない、いっも、すすめました。

今夜この席で、たかぎの梅の里の皆さまへ、なが年お世話になりました。

ありがとうございました、と、御礼申し上げます。

大変行き届いたお嫁さんでも、梅の里ほどにゆきとどくことは出来ませんよ、と、この頃、皆さんから聞きますが、寺へ梅の里からたよりをくれる方も、同じようなことを書いてくれています。

　十億の人に、十億の母あれど、
　わが母に、まさる、
母、あらめやも。

西山浄土宗勤行式の発願文に、願わくば、弟子等、命終の時に臨んで、心、顛倒せず、心錯乱せず、心、失念せず、身心に、諸の苦痛なく、身心、快楽にして、禅定に入るが如く、聖衆、現前したまえ、と、あり、本願力は、名を聞いて、往生せんと欲せば、皆ことごとく、彼の国に到り、自ら、不退転に、至らしむ、と、あります通り、大慈悲、阿弥陀如来の、本願力に、おすがり下さい。

父母恩重経を、さゝげます。

あわれはらから心せよ、山より高き父の恩、海より深き母の恩、知るこそ道の始めなり。まことに父母の恵みこそ、天のきわまりなきがこと。父母はわが子のためならば、出ても入りても子を思い、ねてもさめても、子を思う。おのれ生あるそのうちは、子の身にかわらんことを思い、おのれ死に逝くそののちは、子の身を守らんことを願う。よる年波の重なりて、いつかコウベの霜しろく、おとろえまさる父母を、あおげばおつる涙かな。ああ有り難き、父の恩、ああ有り難き、母の恩。子は、いかにして、むくゆべき。

六道の辻にましまます地蔵尊、みちびき給え、弥陀の浄土へ

〈同称十念〉

平成十九年八月二十二日

月向山光明寺住職

# 引導

四生無常のかたち、生あるものは、死にます。哀れなるかな、電光の命、草露の朝を、待つがごとし。悲しいかな風葉の身、槿花の朝にして、夕にいたらざるに、あい似たり。

幽魂は独り往き、かわれば、質は山沢に残り、骨は野外にさらす。

人中天上の快楽は、夢の中にして、幻のごとし。諸行は、まさしく、無常なり。

ここに、新蓮台、俗名「山本照子」こと、行年九十五才。

大正二年四月十八日、この世に、生を受け、平成十九年八月二十一日、午前五時五十分、往生せり。

十億の人に、十億の母あれど、わが母に、まさる、母、あらめやも。

光明寺の五重相伝にはいり、

## 香空智貞禅定尼

みな人よ、十方衆生の願なれば、南無阿弥陀佛の、丸の内なり。

六道の辻にまします地蔵尊、みちびき給え、弥陀の浄土へ。汝、今や、大慈悲、阿弥陀如来の、本願に、出会うなり。すなわち、かつて、阿弥陀如来は、われらのために、超世の悲願を立てられたり。我ら、十方の衆生が、佛の国に生まれんことを、願って、南無阿弥陀佛、と、佛のおん名を称うれば、必ず、来たりて、救いたもう。仰ぎおもんみれば、大慈悲、阿弥陀如来は、かのほうより、来たれ、と、呼び給い、このほうよりは、本師、釈尊が、とく往け、と、進めたもう。

新蓮台、「山本照子」。

## 香空智貞禅定尼

一到弥陀安養國、元来是我法王家

南無阿弥陀佛

いんどう

## 深空誠向禅定門

平成十三年八月二十九日

小川　茂治　八十才

### お別れのことば

つゝしんで、小川茂治様のご霊前に、お別れのことばを、贈ります。

きびしすぎた、あえぐような暑さだったことしの夏を、無事にもちこたえてくれた小川さん、この数日、ようやく、朝夕に、秋らしい空気がたゞようて、誰しもがほっと、本当に、ほっと息をしましたが、矢張り、あなたは、あの世の人になられました。それは、八月二十九日の夕方、肺炎を誘発されて、八十才の生涯をとじられました。こゝに、つゝしんで、深くお悔み申し上げます。小川さん。病院は、あなたが信頼する辻村院長先生や皆さんがゆきとゞいてお世話して下さったけれど、「家で養生したい」「家へ帰りたい」と念願する戸主のあなたでしたし、そうしたい、と、思う家族の皆さんのねがいだったのですけれども、矢張り、充分な医療手当をうけるためには、入院をつゞけるより他に方がなく、帰れなくて、すみませんでした。けれども、貞淑でしんぼうづよい、やす子さんは、よく看護して、夜も泊まり、はたの見る目も、泪ぐましいことでした。「私のつとめですから」と言うはやすいこと乍ら、なかなかのしんぼうでした。病中のあなたにとって、このことは、いかなる高貴薬にもまさる、まことに、心の安らぎとなったことでしょう。つい数日前も、やす子さんは、「大阪から、娘、ふさ子が来てくれて、夜も昼もつきそうて、お父さんの介抱してくれて、私を休養さしてくれましたし、としよりの私に比べて、ふさ子の方が、ずっと利口でよく世話してくれるのに、病人は、私が行くのを、待ったそうです」と、夫婦のふかいきづな（絆）を話してくれましたが、小川茂治さんは、やす子さんに対してたえず心の合掌だつたのでしょうし、このようによき伴侶にめぐまれたことは、あなたの一代のしあわせでした。『やす子は、母親の介抱を、よくしてくれた』と、その生前、感謝の言葉を、寺でハナサれたことも、あります。すぐる第二次世界大戦に、あなたは出征して、ごくろうになりました。人は、それぞれに人生行路、よろこびも悲しみも、幾歳月（いくとしつき）ですけれど、あなたは、温厚篤実、趣味もゆたかで、光明寺本堂改築に際しては、上層部の解体をビデオに残して下さり、また、ウラルをこえての文集をとどけて下さる、など、かたいばかりでなくて、歌謡も上手でした。こうして、広い範囲で、語れる方だったのです。和歌山のゆきちゃん、大阪のふさ子さん、よく、孝行をつくしましたし、小川禎造さん、そして、豪（たけし）さん、病院へあししげく通い、最後の孝行をつくしました。どうぞ、佛となって、お守り下さい。みな人よ、十方衆生の願なれば、南無阿弥陀佛の、丸の内なり。

今夜は、ふるさとの皆さん方の、なさけこもる通夜のお念佛をいたゞいて、安らかに、お浄土へ、旅立って下さい。あと十年、この世で働いてほしかったのが、ご主人の願いです。無情流転は浮世の運命（さだめ）で、その無常の風にいつ見舞われるか、あなたの急逝で、土地の皆さんも、粛然としています。今夜は、多くの皆さんに、お詣りいたゞきました。これから、上尾の方々のなさけあつい通夜のおつとめをいたゞいて、どうぞ、安らかに弥陀の浄土へ族立って下さい。では、ご冥福を祈ります。

〈同称十念〉

平成十三年八月三十日

月向山光明寺住職

# 引導

四生無常のかたち、生あるものは、死に帰す。哀れなるかな、電光の命、草露の朝を、待つがごとし。悲しいかな風葉の身、槿花の朝にして、夕にいたらざるに、あい似たり。幽魂は独り往き、かわれば、質は山沢に残り、骨は野外にさらす。人中天上の快楽は、夢の中にして、幻のごとし。

諸行は、まさしく、無常なり。

ここに、新蓮台、俗名「小川茂治（しげじ）」行年八十才。

あなたは、大正十一年四月十五日に、この世に生をうけ、平成十三年八月二十九日、午後四時十二分、往生せり。

**深空誠向禅定門**、「五重相伝」で、授与される。

あなたは、妻のやす子さんとの間、たえず、心の合掌だったんでは、なかろうか。そして、「私のつとめですから」と、よく看護されたこと、いかなる高貴薬にも勝る、心の安まる状況でした。みな人よ、十方衆生の願なれば、南無阿弥陀佛の、丸の内なり。汝、今や、大慈悲、阿弥陀如来の、本願に、出会うなり。すなわち、かつて、阿殊陀如来は、われらのために、超世の悲願を立てられたり。

我ら、十方の衆生が、佛の國に生まれんことを、願って、南無阿弥陀佛、と佛のおん名を称うれば、必ず、来たって、救いたもう。仰ぎおもんみれば、大慈悲、阿弥陀如来は、かのほうより、来れ、と、呼び賜い、このほうよりは、本師、釈尊が、とく往け、と、進めたもう。

南無阿弥陀佛

新蓮台、俗名「小川茂治」行年八十才

**深空誠向禅定門**

一到弥陀安養國（いっとうみだあんにょうこく）、元来是我法王家（がんらいぜがほうおうけ）

いんどう

# 光空妙俊禅定尼

平成十二年三月十三日

木下　千代子　　七十九才

## お別れのことば

つゝしんで、木下千代子様の霊前に、お別れのことばを、贈ります。

三月ともなれば、野も山も、ようやく春らしくなるのですが、まだ朝晩の風が冷たくて、こうした気候の変わり目は、まず、おとしよりや病気の方にさわるのでしょうか。

息子さんから、おしらせを受けた時には、おどろき入りました。昨日、十三日の朝、七十九才をもって永眠されたこと。

前の晩の夕食どきから、あなたの様子が急変されたそうで、ご家族の方のおどろきをお察しします。

ここ四年は、半身の不自由さで養生されましたが、あなたは判断力がたしかだったから、今頃こんなことになろうとは、誰のおもいもよらぬことでした。

つゝしんで、お悔やみ申し上げます。

東京から、月向のお姉さん、千恵子さんは、受話器から涙が伝わってきそうな、熱いきょうだい愛で悲しみ、ありし日を思い、切々の情でした。残念なことに、目下あし許が弱いため、妹の枕辺へかけつけることも出来ません。私の分もお念彿をおねがいします、とのことでした。

あなたは、晩稲の下尾、元村長、内本岩吉様の三女に生まれました。

つまり、親戚も多く、ふるきよき時代の晩稲の人情につゝまれて、成人されたのです。

わらいばなしに、内本の父は、娘の縁談にしても、本人に相談するでもなく、父親の責任だと言って、さっさと決める人だった、と、話されたことを思い出します。

常楽、木下家に迎えられて以後のあなたは、嫁として、妻として、母として献身して働き、すぐる戦争中は、重大郎様出征の銃後を守り、きびしい供出米やすべてに、大変なごくろうをされました。つまり、エンの下の力持ちとなって、木下家を支えられた、功労者です。

今夜こゝに、あらためてあなたの婦道を讃えます。

あなたは、大正十一年三月十五日に、生まれ、平成十二年三月十三日午前七時十五分、七十九才でした。

あなたは生まれつき、まっすぐな性格の方でしたから、おしゅうとに当たる、木下孫平様に対しても、つねに尊敬の念を抱き、「信仰心にあつくて、私は、父を見習うところが沢山ありました。戦争前の晩稲は、納税日となれば、お寺の本堂のエンで、役場の方が出張して納めることになっていたけど、お父さんは、納税については、ひと言の文句も言わないで、まっ先に納めに行く、見上げた人だった」など、親をほめて、その言葉にま心がこもっていたし、家族やお孫さんに対しても、本当に、ま心があふれていました。

五重相伝は、昭和二十二年正月に、当光明寺でうけています。

おもえば、平成五年の秋、戸主、重大郎様に先だゝれてから今日まで、まる六年三ヵ月、病床につかれてこの方、格一（まさかず）充代夫妻の、ゆきとゞいた看護に加えて、田中雅晴、坂口坦子、玉井淳子の子どもたちのなさけもうけて、病床のあなたは、なぐさめられたことでしょうが、おもえば、だれしも人の一生とは、よろこびも悲しみも幾年月の山坂ですね。

お元気な頃は、よくお寺へおまいりされて、お地蔵様へ合掌していた、あなたの姿が、今この目の前におもいうかびます。いよいよ八十年、住みなれたふる里、おしねに別れをつげるあなたに、

ろくどうの辻にまします地蔵尊、みちびき給え弥陀の浄土へ

つゆの身は　こゝかしこにて　消えぬとも、こゝろはおなじ　はなのうてなぞ

栗生ご本山光明寺の一句を贈ります。

今夜は、かくも多勢の皆様のおまいりをいたゞき、

尚、このあとは、常楽の方々の心こもる通夜のお念佛に送られて、弥陀の浄土へおかえりください。

〈同称十念〉

南無阿弥陀佛　南無阿弥陀佛　南無阿弥陀佛

平成十二年三月十四日

月向山光明寺住職

# 引導

四生無常のかたち、生あるものは、死に帰す。哀れなるかな、電光の命、草露の朝を、待つがごとし。

悲しいかな風菓の身、槿花の朝にして、夕にいたらざるに、あい似たり。

幽魂は独り往き、かわれば、質は山沢に残り、骨は野外にさらす。

人中天上の快楽は、夢の中にして、幻のごとし。

諸行は、まさしく、無常なり。

ここに、新蓮台、俗名「木下千代子」行年七十九才。

汝は、大正十一年三月十五日に、生まれたり。つまり、本日、誕生日なり。

子供四人を育て、この晩稲の住人として、この年まで、生きたり。

昭和二十二年、「五重相伝」を受け、
光空妙俊禅定尼、をいただけり。

汝は、平成十二年三月十三日、午前七時十五分、往生せり。汝、今や、大慈悲、阿弥陀如来の、本願に、出会うなり。すなわち、かつて、阿弥陀如来は、われらのために、超世の悲願を立てられたり。

我ら、十方の衆生が、佛の國に生まれんことを、願って、南無阿弥陀佛、と、佛のおん名を称うれば、必ず、来たって、救いたもう。仰ぎおもんみれば、大慈悲、阿弥陀如来は、かのほうより、来れ、と、呼び賜い、このほうよりは、本師、釈尊が、とく往け、と、勧めたもう。

南無阿弥陀佛

新蓮台、俗名「木下千代子」行年七十九才
光空妙俊禅定尼
一到弥陀安養國（いっとうみだあんにょうこく）、元来是我法王家（がんらいぜがほうおうけ）

いんどう

# 観空浄敏禅定門

平成十三年五月三十一日

尾田　敏夫

五十一才

## お別れのことば

つゝしんで、尾田敏夫様のご霊前に、お別れのことばを、さゝげます。

あなたは、昨日、平成十三年五月三十一日午前一時五十四分、五十一才を以て永眠いたしました。

ここにつゝしんで、深く、おくやみを申し上げます。

昨日あなたの訃報に接した瞬間の大きなショックは、筆舌に尽くしきれないものです。それは、晩稲区民の誰もが同じ哀悼の気持ちだったと、察します。

長男に先立たれた七松お父さんの父性愛と深いかなしみ、そして、誠さん、瞳さんは、中学生、高校生のお子さんの、感受性つよい頃の悲しみと、これから尾田家を支えられる未亡人となられた晴世お母さんの深い悲しみと、さらには、熱いなさけで成長した、あなたのきょうだい、尾田真次さんに西本庄の井口洋子さんの名残りつきない思い、かなしみなど、お察しすればするほど、同情のなみだを、禁じえないものがあります。余りにも早すぎた、若すぎた、あなたの永遠の旅だちでした。

ありし日の、明朗で、さわやかだった表情が、なつかしく思い出されます。生老病死（しょうろうびょうし）愛別離苦（あいべつりく）は、人の世の運命（さだめ）とは言いながら、五十一才の他界は、いかにも早くにすぎました。こゝに、つゝしんで、おくやみを申し上げて、六道の辻にまします地蔵尊、みちびき給え彌陀の浄土へ。どうぞ、あの世から、尾田家ご一族の無事をお守り下さい。尾田さんのご親類は、多く、義侠心に熱いお方が多いのですから、あなた亡きあとは、皆さんがごしんせつに、おたすけ下さることを、住職としてお願いもしますし、信じておる次第です。つきぬ名残りに申し上げたいことは山々ありますけれども、今夜は、お別れに際して、あまりに悲しくて言葉につくしきれません。今夜はかくも多勢のおまいりをいただき、ありがとうございました。

日頃から、なさけをかけていたゞいた大谷の皆さんのま心からなる通夜のおつとめをいたゞいて、どうぞ、安らかに、お浄土へ、おまいり下さい。

さいごに、無常安心章の一節を、ささげます。仰いで大空に動く雲のすがたを見、ふしてゆく河の水の流れを観よ。雲も水もしばしもとゞまらず、ありと思えばたちまちなし。消えたりと思えば、また、あらわる。

まことに、人の世のすがたも、また、かくの如し。こゝに死したる人あれば、かしこに生まるゝ者もあり、生を喜び死をいとう、たとえ死をいとい、ながくこの世に生きんことを望むとも、人の命のはかなきこと、霜露の如く、無常なること光よりも、速やかなり。

あなたを知る、大勢の真心を以て、最後の「お別れのことば」です。

〈同称十念〉

平成十三年六月一日

月向山光明寺住職

# 引導

四生無常のかたち、生あるものは、死に帰す。哀れなるかな、電光の命、草露の朝を、待つがごとし。悲しいかな風葉の身、槿花の朝にして、夕にいたらざるに、あい似たり。幽魂は独り往き、かわれば、質は山沢に残り、骨は野外にさらす。人中天上の快楽は、夢の中にして、幻のごとし。

諸行は、まさしく、無常なり。

ここに、新蓮台、俗名「尾田敏夫」行年五十一才。

汝は、昭和二十六年八月九日に、この世に生をうけ、南部町堺から、晴世を迎え、誠さん、瞳さんを授かれり。平成十年に光明寺「五重相伝」にはいり、

**観空浄敏禅定門**と、授与されり。

平成十三年五月三十一日、午前一時五十四分、静かに、往生せり。汝、今や、大慈悲、阿弥陀如来の、本願に、出会うなり。すなわち、かつて、阿弥陀如来は、われらのために、超世の悲願を立てられたり。

我ら、十方の衆生が、佛の國に生まれんことを、願って、南無阿弥陀佛、と、佛のおん名を称うれば、必ず、来たりて、救いたもう。

仰ぎおもんみれば、大慈悲、阿弥陀如来は、かのほうより、来れ、と、呼び賜い、このほうよりは、本師、釈尊が、とく往け、と、勧めたもう。

俗名「尾田敏夫」行年五十一才

**観空浄敏禅定門**　　南無阿弥陀佛

一到弥陀安養國（いっとうみだあんにょうこく）、元来是我法王家（がんらいぜがほうおうけ）

平成十一年十二月二十二日

# 普空貞光禅定尼

松本 アイ子　九十一才

## お別れのことば

つゝしんで、松本アイ子様の霊前に、お別れのことばを、贈ります。

ことしも、年の瀬のあわたゞしい昨今、吹く風も大変寒くなりましたが、昨二十二日、あなたが九十一才の生涯をとじられた、との報告をうけました。

やはり、数日来のきびしい寒さで、高齢のあなたにコタエタのですね。

こゝに、つゝしんでおくやみを申し上げます。

あなたは、明治四十二年十月二日、南部町埴田、宮本家に生まれ、そして、松本儀作さんと結婚。五人の子を育て、平成十一年十二月二十二日、午後零時三十分、九十一才をもって往生されました。

ちょうど、その前々日まで、健やかに、食べるものはよく食べ、快適に暮らして、まさにだれから見ても、『大往生』です。

亡くなる日の前の日、布団の中から、「ありがたい。ありがたい」「さようなら！」「サヨウナラ」と、言いつゞけられたよし、あなたの一代を知る者にとっては、まことに見事な『大往生』です。

松本家は代々、下尾でも特に信仰あつく、敬神崇祖の家系です。儀作様のお父さんは、大正六年、四十七才の若さで、亡くなられたので、その奥さんのソノさんは、そのち儀作さんと、そのほか弟妹の養育に、また、家業の農作業にいそしまれたのでした。ソノさんは、ながらく下尾念佛講のお同心さんで、そのお念佛、一枚起請文を、大変ありがたく唱えた婦人だったと、前々代の教順住職のひとつばなしを、私も聞いています。

信心深く、そしてしっかりしておったかたです。しかし、その子松本儀作さんは、少し早く亡くなられ、早や二十一年です。あなたは、つねにつゝましく、品のよい、ソツのないカタでした。生まれた明治四十二年ごろから、大正、昭和、平成の九十一年の、日本の九十一年の、日本の国の歴史の、変遷を思えば、なんともご苦労さま、でした。本当に「ありがたい」本当に「さようなら」です。

とくに、一人になって二十年あまり、孝心あついご家族にかこまれて、平安そのものであったこと。また、人間であれば、だれだって願わずにはおれない「長命」をいたゞいたことは、あなたのおしあわせでした。正夫さんの奥さん、倫代さんによれば、先日、あれは十二月三日の夕方、「辻本の静やん、亡くなってんとオ」と話かけると、『ワシも、まもなく行くから…』と返事した、とのことでした。

お経本の中の発願文に、

願わくば弟子等、命終り（いのちおわ）の時に、

臨んで、心、倒せず、心、錯乱せず、心、失念せず、

と、ありますが、あなたの『大往生』を、思います。

こゝに、無常安心章を呈しまして、

仰いで大空に動く雲の姿を見、ふして逝く河の水の流れを観よ。

雲も水も、しばしもとゞまらず、ありと思えばまた消える。消えたりと思えばまたあらわる。

まことに、人の世のすがたもまたかくの如し。ここに死したる人あれば、かしこに、生まる、者もあり、

たとえ死をいとい、ながくこの世に生きんことを望むとも、人の命のはかなきこと、

霜露のごとく、無常なること、光よりも速やかなり。若きが先立ち、老いたる人のおくる、なげき、

まことに、生まれし者は、必ず死し、会う者は、必ず、はなるゝならい、

あゝ誰か、百年の齢を、たもたんや。

今夜は、寒い中を、大勢の皆様のおまいりをいたゞき、わけても、平生したしまれた下尾の方々の心こもる通夜のお念佛に送られて、弥陀の浄土へ、おかえりください。

〈同称十念〉

南無阿弥陀佛　南無阿弥陀佛　南無阿弥陀佛

平成十一年十二月二十三日

月向山光明寺住職

## 引導

四生無常のかたち、生あるものは、死に帰す。哀れなるかな、電光の命、草露の朝を、待つがごとし。

悲しいかな風葉の身、槿花の朝にして、夕にいたらざるに、あい似たり。幽魂は独り往き、かわれば、
質は山沢に残り、骨は野外にさらす。人中天上の快楽は、夢の中にして、幻のごとし。

諸行は、まさしく、無常なり。

ここに、新蓮台、俗名「松本アイ子」行年九十一才。

汝は、明治四十二年十月二日に、生まれたり。汝は、また「五重相伝」にはいり、
**普空貞光禅定尼**、をいただけり。

汝は、平成十一年十二月二十二日、午前零時三十分、往生せり。

汝、今や、大慈悲、阿弥陀如来の、本願に、出会うなり。

すなわち、かつて、阿弥陀如来は、われらのために、超世の悲願を立てられたり。

我ら、十方の衆生が、佛の國に生まれんことを、願って、南無阿弥陀仏佛、と、佛のおん名を称うれ
ば、必ず、来たって、救いたもう。

仰ぎおもんみれば、大慈悲、阿弥陀如来は、かのほうより、来れ、と、呼び賜い、このほうよりは、
本師、釈尊が、とく往け、と、勧めたもう。

新蓮台、俗名「松本アイ子」行年九十一才

南無阿弥陀佛

**普空貞光禅定尼**

一到弥陀安養國（いっとうみだあんにょうこく）、元来是我法王家（がんらいぜがほうおうけ）

いんどう

平成十三年四月四日

# 芳空浄覚禅定門

崎山　喜芳　　五十二才

## お別れのことば

故、崎山喜芳様の霊前に、お別れのことばを、贈ります。

あなたが、昨日、四月四日の夜あけ方、五時すぎに、永眠なされたと、うかゞいまして、何とも、たとえようのない悲しみといとおしさが、こみあげました。

いかにも、早すぎる、若すぎる。老い先みじかいお母さんのふかいなげき、奥さんのかなしみ、お子さん方、まわりの方々のやるせないかなしさが、目にうつるようで、これこそ、筆にも、言葉にも、つくしきれない涙と言うべきでしょう。

はるか遠い昔に、お釈迦さまは、わが子に先立たれて、なげきかなしむ婦人に村して、なぐさめの言葉がないため「人の世のかなしみに会わない家はない。お葬式も出さない家があるか、尋ね歩いてみなさい」と教えたそうで、すなわち、諸行無常、流転、会者常離（えしゃじょうり）、いろはにほえぞちりぬるを、わが世たれぞつねならん、ういのおくやまけふこえて、あさきゆめみしえひもせづ、は、世の中の真理でしょうが、あなたとの別離は、いかにも早すぎました。

こゝに、つゝしんで、ふかく、おくやみ申し上げます。

あなたは、数年来、体調をくずして、入退院をくり返されたようですが、生命（いのち）に別状あるほどの容態でなく、このたびは二十日ばかりの入院生活だったそうですね。

崎山家は、上の兄さんは三重県で、三菱電気へ勤められ、崎山家の後継は、あなたがうけついで、生まれつき沈着で、かしこくてまじめなあなたは、晩稲の模範青年であり、篤農家の道を、たくましく歩まれて、将来はふるさとをになう人物だったはずです。

妹さんがたも、それぞれに、東吉田、早田家、谷口、山本家に入り、よき主婦の座につかれ、末の妹さんは、崎山忠郷さんの弟さんに嫁がれましたね。そして、あなたの崎山家の息子さんは、もう二十三才、次男さんは、高校をこの春、卒業し、上のお姉さんは、大学三年生と、立派に成人されて、皆さんのなさけにつゝまれて、あなたはしあわせだったはずを、まことに残念とは、このことです。

あの世で、先立たれたお父さんが「なぜ早や早やときたのか」と、あなたをいとおしむことでしょう。

同級生たちにとっても、惜別の情たえがたい、あなたの永眠です。

十五年ぶりと言うさむさきびしい冬からやっと野山は春めさましたが、吹く風が冷え冷えと肌にしみます。

昔から、これを「花冷え」と言うそうですが、

散る桜、残るさくらも、散るさくら、

　　花のいのちは、みじかくて、春愁といって、

妙にさみしさを誘うのもこの季節で、あなたの永眠で、おしね中が、しんみりと、かなしみにつゝまれて

います。

崎山喜芳さん、六道の辻にましゝます地蔵尊、みちびき給え弥陀の浄土へ、です。

なつかしい、晩稲の里に別れをつげるあなたに、今夜は、多勢の皆さまがおまいり下さいました。

わけても、常楽の皆さんのなさけこもるお通夜のお念仏をいただいて、弥陀の浄土へ、旅立って下さい。

こゝに、無常安心章を呈しまして、仰いで大空に動く雲の姿を見、ふして逝く河の水の流れを観よ。雲も水も、しばしもとゞまらず、ありと思えばたちまちなし。消えたりと思えばまたあらわる。

まことに、人の世のすがたもまたかくの如し。こゝに、死したる人あれば、かしこに、生まる、者もあり。たとえ、死をいとい、ながく、この世に生きんことを望むとも、人の命のはかなきこと、霜露のごとく、無常なること、光よりも速やかなり。若きが先だち、老いたる人のおくる、なげき。まことに、生まれし者は、必ず死し、会う者は、必ず、はなるゝならい、あゝ、誰か、百年の齢(よわい)を、たもたんや。　では

〈同称十念〉

南無阿弥陀佛　南無阿弥陀佛　南無阿弥陀佛

平成十三年四月五日

月向山光明寺住職

# 引導

四生無常のかたち、生あるものは、死に帰す。哀れなるかな、電光の命、草露の朝を、待つがごとし。悲しいかな風葉の身、槿花の朝にして、夕にいたらざるに、あい似たり。幽魂は独り往き、かわれば、質は山沢に残り、骨は野外にさらす。人中天上の快楽は、夢の中にして、幻のごとし。

諸行は、まさしく、無常なり。

ここに、新蓮台、俗名「崎山喜芳」行年五十二才。

あなたは、昭和二十五年十一月十二日に、この世に生をうけ、晩稲の篤農家として、将来は、ふるさとを担う一人であった。しかし、この別れになるなり。崎山喜芳くん。六道の辻にましますち地蔵尊、

みちびき給え、弥陀の浄土へ

## 芳空浄覚禅定門

平成十三年四月四日、午前五時二十七分、逝去せり。

汝、今や、大慈悲、阿弥陀如来の、本願に、出会うなり。すなわち、かつて、阿弥陀如来は、われらのために、超世の悲願を立てられたり。我ら、十方の衆生が、佛の國に生まれんことを、願って、南無阿弥陀佛、と、佛のおん名を称うれば、必ず、来たって、救いたもう。仰ぎおもんみれば、大慈悲、阿弥陀如来は、かのほうより、来れ、と、呼び賜い、このほうよりは、本師、釈尊が、とく往け、と、勧めたもう。

新蓮台、俗名「崎山喜芳」きよし、行年五十二才

## 芳空浄覚禅走門

一到弥陀安養國（いっとうみだあんにょうこく）、元来是我法王家（がんらいぜがほうおうけ）

南無阿弥陀佛

いんどう

平成二十年五月二十二日

# 信空浄寛禅定門

坂中　寛　　八十才

## お別れのことば

つゝしんで、坂中寛（ひろし）様の霊前に、深く、おくやみを、申し上げます。

昨、二十二日、午後九時五十六分に、八十才の人生に、往生を、とげられたそうで、諸行無常の人生の旅路です。あすありと思う心のアザざくら、夜半（よは）にあらしの、吹かぬものかは、で、このカン、住職として、ご無沙汰しました。ここに謹んで、おくやみ申し上げます。

あなたは、昭和四年二月一日に誕生され、平成二十年五月二十二日、午後九時五十六分、往生、です。行年、八十才、です。

きょう枕経でオタクへおうかがいしたトキに、奥さんのトシ子さんから、ここ二、三ヶ月の病状を詳しく聞かせていただきました。なさけあつい、オシネで、特によい場所で、「たばこやさん」で通されたこと。ながい人生で、よろこびもカナシミも、幾山河でありますが、坂中寛（ひろし）さんは、しあわせな人生でした。

長男の日出夫くんは、和歌山でくらし、お嬢さんの幸子（ゆきこ）さんは、大西工務店の大西栄一さんの奥さん、そして、次男の坂中幸次(こうじ)さんはこのイエを継承しています。
人のこの世は、ながくして、変わらぬ春をおもいしに、突然、無常の風に誘われるのが、人生行路です。
西山浄土宗勤行式の発願文(ほつがんもん)に、願わくば、弟子等(でしとう)、命終(みょうじゅう)の時に臨(のぞ)んで、心、顚倒(てんとう)せず、心錯乱(さくらん)せず、心、失念せず、身心(しんじん)に諸(もろもろ)の苦痛なく、身心、快楽(けらく)にして、禅定(ぜんじょう)に入るが如(ごと)く、聖衆(しょうじゅ)、現前(げんぜん)したまえ、と、あり、本願力は、名を聞いて、往生せんと欲せば、皆ことごとく、彼の国に到り、自ら、不退転に、至らしむ、と、あります通り、大慈悲、阿弥陀如来の、本願力に、おすがり下さい。こゝに、無常安心章を呈し、ご冥福を、念じます。

仰いで大空に動く雲の姿を見、ふして逝く河の水の流れを観よ。雲も水も、しばしもとゞまらず、ありと思えばたちまちなし。消えたりと思えばまたあらわる。まことに、人の世のすがたもまたかくのごとし。こゝに、死したる人あれば、かしこに、生まるゝ者もあり。たとえ、死をいとい、ながく、この世に生きんことを望むとも、人の命のはかなきこと、霜露のごとく、無常なること、光よりも、速やかなり。若きが先だち、老いたる人のおくる、なげき。まことに、生まれし者は、必ず、死し、会う者は、必ず、はなるゝならい、あゝ、誰か、百年の歳を、たもたんや。

今夜は、みなさんの熱いおなさけに送られて、弥陀のお浄土へ、安らかに、旅立って下さい。

六道の辻にまします地蔵尊、みちびき給え、弥陀の浄土へ

〈同称十念〉

南無阿弥陀佛　南無阿弥陀佛　南無阿弥陀佛

平成二十年五月二十三日

月向山光明寺住職

# 引導

四生無常のかたち、生あるものは、死にきす。哀れなるかな、電光の命、草露の朝を、待つがごとし。悲しいかな風葉の身、槿花の朝にして、夕にいたらざるに、あい似たり。幽魂は独り往き、かわれば、質は山沢に残り、骨は野外にさらす。人中天上の快楽は、夢の中にして、幻のごとし。

諸行は、まさしく、無常なり。

ここに新蓮台、俗名「坂中寛」こと、行年八十才。昭和四年二月一日、この世に、生を受け、平成二十年五月二十二日、午後九時五十六分、往生せり。

妻、トシ子との間に、三人のコドモあり。発願文に、心顛倒せず、心、失念せず、佛の本願に出会う、と、あります。

## 信空浄寛禅定門

みな人よ、十方衆生の願なれば、南無阿弥陀佛の、丸の内なり。六道の辻にまします地蔵尊、みちびき給え、弥陀の浄土へ。汝、今や、大慈悲、阿弥陀如来の、本願に、出会うなり。すなわち、かつて、阿弥陀如来は、われらのために、超世の悲願を立てられたり。我ら、十方の衆生が、佛の国に生まれんことを、願って、南無阿弥陀佛、と、佛のおん名を称うれば、必ず、来たりて、救いたもう。仰ぎおもんみれば、大慈悲、阿弥陀如来は、かのほうより、来たれ、と、呼び給い、このほうよりは、本師、釈尊が、とく往け、と、進めたもう。

新蓮台、「坂中寛」

## 信空浄寛禅定門　　南無阿弥陀佛

一到弥陀安養國、元来是我法王家

平成二十年一月三日

# 誓心院観空浄教居士

田中 亀一郎　八十七才

## お別れのことば

つゝしんで、田中亀一郎様の霊前に、お別れのごあいさつ、です。

田中亀一郎様の訃報には、おどろきでした。あなたが生まれたのは大正十一年一月三日で、亡くなったのが、その三日であります。八十七才です。皆さんから、「病気ではなくて、もう老人だから、二人で静かにおくらしのようです」とうかがって、私も安心して失礼していたことでしたが、無常流転の人生、人のいのちのはかなさです。

気候の不安定も、老体に、さわります。年末から年頭へかけて特に寒いことでしたし、過日は、肺炎で、大変、心配だったことも、うかがいました。

あなたのその生前は、晩稲(おしね)区の要職につき、老人会長の任にもつき、月向山光明寺に対しては、菩提寺愛護の真心をさゝげて下さったこと、今夜、あらためて、厚く、御礼を申し上げます。

同窓生だった渡口卯之吉さんも昨年あの世の旅へ、さき立ちました。が、お二人ともに私の父を「恩師だった」と言って、特にしたって下さったこと、第二次世界大戦中に、ご苦労をなされた田中亀一郎さんの年代、すなわち、戦前の方の精神(おこころ)は、立派でしたね。

以前、あなたの希望をうけて、父が、

少年、老いやすく、学なりがたし。一寸の光陰かろんずべからず、を、書きまして、表装もしましたが、その掛け軸の通りに、お孫さん方が、学成り、優秀です。

田中家は、よい女婿(おむこ)さん、弘(ひろし)さんを迎えられて、順子さん夫婦から孝養をうけて、幸せな老後を送られたことであります。

あなたの少年期は、本家、現在の木下新一家から迎えたお父さん、甚平さまは、多年に渡って米国でくらされました。とくに頭脳明晰だった方(かた)で、反面、何事にも、たいへん、きびしかったから、お母さんは、かげ日なたに「亀一郎、亀一郎」と、愛護されたこと、を、担任の父へ、いろいろと、打ち明けてくれたそうです。

最後(さいご)に西本庄の山西家出身の奥さんに、先立ちゆく田中亀一郎さんのお心を、お察しします。ここに、無常安心章の一節を呈して、ご冥福を、念じます。

仰いで大空に動く雲の姿を見、ふして逝く河の流れを観よ。
雲も水も、しばしもとゞまらず、ありと思えばたちまちなし。消えたりと思えばまたあらわる。
まことに、人の世のすがたもまたかくのごとし。
こゝに、死したる人あれば、かしこに生まるゝ者もあり。
たとえ、死をいとい、ながく、この世に生きんことを望むとも、人の命のはかなきこと、霜露の如く、無常なること、光よりも、速やかなり。

若きが先だち、老いたる人のおくる、なげき、まことに、生まれし者は、必ず、死し、会う者は、
必ずはなる、ならい、あゝ、誰か、百年の齢(よわい)を、保たんや。

今夜は、みなさんの熱いおなさけに送られて、弥陀のお浄土へ、安らかに、旅立って下さい。

六道の辻にましまする地蔵尊、みちびき給え、弥陀の浄土へ。


〈同称十念〉

南無阿弥陀佛　南無阿弥陀佛　南無阿弥陀佛

平成二十年一月四日

月向山光明寺住職

# 引導

四生無常のかたち、生あるものは、死にます。哀れなるかな、電光の命、草露の朝を、待つがごとし。悲しいかな風葉の身、槿花の朝にして、夕にいたらざるに、あい似たり。

幽魂は独り往き、かわれば、質は山沢に残り、骨は野外にさらす。

人中天上の快楽は、夢の中にして、幻のごとし。諸行は、まさしく、無常なり。

ここに、新蓮台、俗名「田中亀一郎」こと、行年八十七才。

大正十一年一月三日、この世に、生を受け、
平成二十年一月三日、午前六時三十分、往生せり。

光明寺より、
誓心院観空浄教居士と、授与されり。

みな人よ、十方衆生の願なれば、南無阿弥陀佛の、丸の内なり。

六道の辻にまします地蔵尊、みちびき給え、弥陀の浄土へ。汝、今や、大慈悲、阿弥陀如来の、本願に、出会うなり。すなわち、かつて、阿弥陀如来は、われらのために、超世の悲願を立てられたり。我ら、十方の衆生が、佛の国に生まれんことを、願って、南無阿弥陀佛、と、佛のおん名を称うれば、必ず、来たりて、救いたもう。仰ぎおもんみれば、大慈悲、阿弥陀如来は、かのほうより、来たれ、と、呼び給い、このほうよりは、本師、釈尊が、とく往け、と、進めたもう。

新蓮台、「田中亀一郎」こと、行年八十七才

誓心院観空浄教居士

南無阿弥陀佛

一到弥陀安養國、元来是我法王家

いんどう

平成十二年二月二十二日

# 法空智忍禅定尼

中本　たつ枝　　八十七才

## お別れのことば

つ、しんで、中本たつ枝様の霊前に、お別れのことばを、贈ります。

昨日朝早く、下尾、中本家から、おばあちゃんが八十七才をもって、安らかに、あの世へ族立たれたことを、知らして下さいました。

平成十二年二月二十二日夜のことです。

こ、に、つ、しんでおくやみを申し上げます。

あなたは、田辺市秋津から中本康太郎様に迎えられ、大変つ、ましく、しとやかなご婦人でした。

大正三年三月二十六日に、田辺市秋津に生まれ、平成十二年二月二十二日午後十一時二十五分、八十七才でした。

子どもは、長男の瑛雄(てるお)さん、そして長女の小田幸枝さん、次男の中本光男、次女の中西孝子さんです。

このさき一ヵ月もすれば、ひ孫にあたる光紀君の小学校入学と、妹さんの葵さんの白梅幼稚園へ入園する、可愛らしい姿を、見てもらうことも出来たのにと、心残りです。

現代高齢のお方、八十代のおとしよりは、第二次世界大戦当時は、銃後の守りについて、家庭にあっては両親に仕え、子育てと家業に身を粉にしてはたらき、まことに心身ともにしんぼうして下さったそうです。

それは、教育勅語そのまゝの婦人の姿でした。

今夜、こゝにあらためてあなたのご一代に対し、御礼申し上げます。

しかし、晩年のあなたは、ご家族皆さんの孝養をうけて、平穏無事、しあわせな日ぐらしでしたね。

当主、瑛雄様は現在、晩稲区々長の要職についていてご多忙ですが、ご家族の昔さんが、それぞれによく協力される家庭ですから、安心ですね。

あなたは、昭和十年に当光明寺の五重相伝を受けて、総本山、真空管長様から、おかみそりをいただいています。

ことしの二月もようやく下旬となり、日本一を誇る南高梅の発祥地、晩稲の山々が、全山ふくいくと咲いていて、あなたの族立ちを見送ってくれています。

お経本の中の発願文に、

願わくば弟子等、命終りの時に、

臨んで、心、顛倒せず、心、錯乱せず、心、失念せず、

と、ありますが、あなたの「往生」を、思います。

こゝに、無常安心章を呈しまして、

仰いで大空に動く雲の姿を見、ふして逝く河の水の流れを観よ、

雲も水も、しばしもとゞまらず、ありと思えばまた消える。
消えたりと思えばまたあらわる。
まことに、人の世のすがたもまたかくの如し。
こゝに死したる人あれば、かしこに、生まる、者もあり、
たとえ死をいとい、ながくこの世に生きんことを望むとも、
人の命のはかなきこと、霜露のごとく、
無常なること、光よりも速やかなり。
若きが先立ち、老いたる人のおくる、なげき、
まことに、生まれし者は、必ず死し、
会う者は、必ず、はなる、ならい、
あ、誰か、百年の齢を、たもたんや。

今夜は、寒い中を、大勢の皆様のおまいりをいたゞき、わけても、平生したしまれた下尾の方々の心こもる通夜のお念佛に送られて、弥陀の浄土へ、おかえりください。

〈同称十念〉

南無阿弥陀佛　南無阿弥陀佛　南無阿弥陀佛

平成十二年二月二十四日

月向山光明寺住職

# 引導

四生無常のかたち、生あるものは、死に帰す。哀れなるかな、電光の命、草露の朝を、待つがごとし。
悲しいかな風葉の身、槿花の朝にして、夕にいたらざるに、あい似たり。幽魂は独り往き、かわれば、
質は山沢に残り、骨は野外にさらす。人中天上の快楽は、夢の中にして、幻のごとし。
諸行は、まさしく、無常なり。
ここに、新蓮台、俗名「中本たつ枝」行年八十七才。
汝は、大正三年三月二十六日に、生まれたり。
子供四人を育て、この晩稲の住人として、この年まで、生きたり。昭和十年、「五重相伝」を受け、
**法空智忍禅定尼**、をいただけり。
汝は、平成十二年二月二十二日、午後十一時二十五分、往生せり。汝、今や、大慈悲、阿弥陀如来の、
本願に、出会うなり。すなわち、かつて、阿弥陀如来は、われらのために、超世の悲願を立てられた
り。我ら、十方の衆生が、佛の國に生まれんことを、願って、
南無阿弥陀佛、と、佛のおん名を称うれば、必ず、来たって、救いたもう。
仰ぎおもんみれば、大慈悲、阿弥陀如来は、かのほうより、来れ、と、呼び賜い、
このほうよりは、本師、釈尊が、とく往け、と、勧めたもう。
新蓮台、俗名「中本たつ枝」行年八十七才

**法空智忍禅定尼**　　南無阿弥陀佛

一到弥陀安養國（いっとうみだあんにょうこく）、元来是我法王家（がんらいぜがほうおうけ）

いんどう

平成十三年一月一日

# 満空豊圓禅定門

岩崎　豊二　七十八才

## お別れのことば

つ、しんで、岩崎豊二様の霊前に、お別れの言葉を贈ります。

平成十三年一月一日、午後八時五十八分、あなたは、七十八才のその一代をとじられました。

歳月人を待たず。生、老、病、死は、誰しもがまぬがれぬ、お釈迦さまのおさとしで、年々歳々、花あい似たり。年々歳々、人同じからず、です。こ、に、ふかくお悔やみ申し上げます。現代、八十才前後から、九十才へかけてのおとしよりの方は、男女ともに、第二次世界大戦、すなわち、日本の歴史の変動の大波にゆすられて苦労を重ねて、それでも「生きている」、そのことを、感謝しているそうですが、うけたまわれば、あなたは、大正十二年七月十三日、父、岩崎伊作様の次男として出生され、戦前、大東亜戦争の機運はなやかなりし頃に、朝鮮に渡り、日本の終戦、敗戦は、現在の北朝鮮で知ったとのこと。つゞいて、ロシア軍の手で満洲へ連行され、ようやく、昭和二十二年の秋、故国の土をふまれたそうで、その間のごくろうのほどお察しするも泪です。

なつかしいふる里へたどりつけば、二人の兄弟は英霊となり、家は四男の俊蔵氏がついでくれていましたから、せめても安心でしたが、敗戦の色濃いふるさとは、まさに、国破れて山河あり、の、まことにみじめな様相となり、変わりはてた姿だったそうですね。

南部では、製材所へおつとめになり、昭和三十五年頃から定年まで、田辺運送へ勤務され、お子さんは、一男三女にめぐまれ、つゞいて十二人のお孫さんにもめぐまれて、あなたの晩年は平安無事で、安心でしたが、人は誰しも、この世に生をうけた瞬間から、ふしぎな出会いや運命の糸によって生きつゞけますが、その中で、特に、時代色、つまり、その国の時代の波には、抗しきれません。

岩崎豊二様の壮年期のごくろうに対して、今夜、つゝしんで、ねぎらいと、御礼を申し上げます。

こゝに、無常安心章を呈しまして、

仰いで大空に動く雲の姿を見、ふして逝く河の水の流れを観よ、
雲も水も、しばしもとゞまらず、ありと思えばたちまちなし。
消えたりと思えばまたあらわる。
まことに、人の世のすがたもまたかくの如し。
こゝに死したる人あれば、かしこに、生まる、者もあり、
たとえ死をいとい、ながくこの世に生きんことを望むとも、
人の命のはかなきこと、霜露のごとく、
無常なること、光よりも速やかなり。
若きが先だち、老いたる人のおくるゝなげき。

まことに、生まれし者は、必ず死し、

会う者は、必ず、はなる、ならい、

あゝ、誰か、百年の齢（よわい）を、たもたんや。

今夜は、おゝぜいのみなさんがたの、通夜のおつとめ、心こもるお念佛に送られて、弥陀の浄土へ旅立って下さい。

〈同称十念〉

南無阿弥陀佛　南無阿弥陀佛　南無阿弥陀佛

平成十三年一月三日

月向山光明寺住職

## 引導

四生無常のかたち、生あるものは、死に帰す。哀れなるかな、雷光の命、草露の朝を、待つがごとし。
悲しいかな風葉の身、槿花の朝にして、夕にいたらざるに、あい似たり。幽魂は独り往き、かわれば、
質は山沢に残り、骨は野外にさらす。人中天上の快楽は、夢の中にして、幻のごとし。
諸行は、まさしく、無常なり。
ここに、新蓮台、俗名「岩崎豊二」行年七十八才。
汝は、大正十二年七月十三日に、岩崎伊作の次男として、生まれたり。そして、こんにちの日まで、
真面目に、がんばって生きた、
あなたの人生でありました。満州から帰った当座に受けた「五重相伝」で、
**満空豊圓禅定門**、を、いただけり。
汝は、平成十三年一月一日、午後八時五十八分、往生せり。汝、今や、大慈悲、阿妹陀如来の、本願
に、出会うなり。すなわち、かつて、阿弥陀如来は、われらのために、超世の悲願を立てられたり。
我ら、十方の衆生が、佛の囲に生まれんことを、願って、南無阿弥陀佛、と、佛のおん名を称うれば、
必ず、来たって、救いたもう。
仰ぎおもんみれば、大慈悲、阿弥陀如来は、かのほうより、来れ、と、呼び賜い、このほうよりは、
本師、釈尊が、とく往け、と、勧めたもう。
新蓮台、俗名「岩崎豊二」行年七十八才

**満空豊圓禅定門**　　南無阿弥陀佛

一到弥陀安養國（いっとうみだあんにょうこく）、元来是我法王家（がんらいぜがほうおうけ）

いんどう

平成十三年一月六日

# 慈空智辯禅定尼

谷　愛乃　　九十二才

## お別れのことば

つゝしんで、谷愛乃様の霊前に、お別れの言葉を贈ります。

ことしにあけましてから、きびしい寒波が、日本国中を包みこみました。したがって、病気中のお方は、矢張り体に障りが出て、永眠されました。

谷さん、あなたもあの世の旅に出られました。明治四十三年六月の誕生ですから、九十二才です。

「五重相伝」は、月向山光明寺道場において、昭和十年二月七日に法号授与をされまして、慈空智辯禅定尼、と記載しています。今をさかのぼる六十五年前、あなたが、高城、上野家から、当家、谷寅吉様に迎えられてまもなく、信仰心あつい谷家の家風の中で、五重相伝をうけられた頃は、まだうら若いお嫁さんだったと想像します。五重相伝頃の日本は、戦前ですから、平和ではなやかな頃でした。月向山光明寺の庫裡再建の議もおこり、翌十一年には上棟したのです。

上城は、きいて名の如く、南部町内でも特別に風景もよく、あなたは、辻家を始め、ご親族一同がなさけをかけあって、さだめしよいおくらしだったと思います。その間、ご両親に仕え、四人の子女を育て、人格者で有名だった寅吉様と、家業に精励されました。

現在の高齢のお方は、明治、大正、昭和、平成の百年にわたる間の、わけても、日本の動乱、第二次世界大戦中は、なみなみならぬ物心両面のごくろうの中で、第一、子育てなどしていたゞきました。

しかし、あなたの晩年は、晩稲の谷家から迎えられた藤子さんの孝行と、お孫さん方に、さらに、ひ孫さんたちに、なぐさめられたことでしょう。

つゝしんで、あなたのご一代の帰道を、たゝえつゝ、深くおくやみ申しあげます。

お経本のなかの発願文に、

　願わくば弟子等、命終り(いのちおわ)の時に臨んで、

　心、顛倒せず、心、錯乱せず、心、失念せず、

と、ありますが、あなたの『大往生』を、思います。

こゝに、無常安心章を呈しまして、

　仰いで大空に動く雲の姿を見、ふして逝く河の水の流れを観よ。

　雲も水も、しばしもとゞまらず、ありと思えばまた消える。

　きえたりと思えばまたあらわる。

　まことに、人の世のすがたもまたかくの如し。

　こゝに死したる人あれば、かしこに、生まるゝ者もあり、

　たとえ死をいとい、ながくこの世に生きんことを望むとも、

人の命のはかなきこと、霜露のごとく、
無常なること、光よりも速やかなり。
若さが先だち、老いたる人のおくる、なげき。
まことに、生まれし者は、必ず死し、
会う者は、必ず、はなる、ならい、
あ、、誰か、百年の齢(よわい)を、たもたんや。
今夜は、おおぜいのみなさんがたの、通夜のおつとめ、
心こもるお念佛に送られて、弥陀の浄土へ旅立って下さい。

南無阿弥陀佛　南無阿弥陀佛　南無阿弥陀佛

平成十三年一月七日

〈同称十念〉

月向山光明寺住職

# 引導

四生無常のかたち、生あるものは、死に帰す。哀れなるかな、電光の命、草露の朝を、待つがごとし。悲しいかな風葉の身、槿花の朝にして、夕にいたらざるに、あい似たり。幽魂は独り往き、かわれば、質は山沢に残り、骨は野外にさらす。人中天上の快楽は、夢の中にして、幻のごとし。

諸行は、まさしく、無常なり。

ここに、新蓮台、俗名「谷愛乃」行年九十二才。汝は、明治四十三年六月二十七日に、生まれたり。

そして、こんにちの日まで、がんばって生きた、あなたの人生でありました。

昭和十年に受けた「五重相伝」で、
慈空智辯禅定尼、を、いただけり。

夫、谷寅吉とともに、九十才をこえるまで長寿を全うしたること、敬神崇祖の谷家伝統のたまものなり。汝は、平成十三年一月六日、午前八時四十分、往生せり。汝、今や、大慈悲、阿弥陀如来の、本願に、出会うなり。すなわち、かつて、阿弥陀如来は、われらのために、超世の悲願を立てられたり。

我ら、十方の衆生が、佛の國に生まれんことを、願って、南無阿弥陀佛、と、佛のおん名を称うれば、必ず、来たって、救いたもう。

仰ぎおもんみれば、大慈悲、阿弥陀如来は、かのほうより、来れ、と、呼び賜い、
このほうよりは、本師、釈尊が、とく往け、と、勧めたもう。

新蓮台、俗名「谷愛乃」行年九十二才

慈空智辯禅定尼　　南無阿弥陀佛

一到弥陀安養國（いっとうみだあんにょうこく）、元来是我法王家（がんらいぜがほうおうけ）

いんどう

平成十三年二月二十八日

# 観空浄隆禅定門

北畠　隆二　　九十一才

## お別れのことば

つゝしんで、北畠隆二様の霊前に、お別れの言葉を贈ります。
きのうの朝、息子さんの義治さんから、「ゆうべ、実は、オヤジが亡くなってヨオ」との電話。
あとで家内が、「きのうも、来てくれたのにイ」との話。「生、老、病、死」は、この世に生をうけた者の上に、のがれられないで、おどろきいりました。運命（さだめ）とさとらねばなりませんが、しかし、その「死」に直面し、そして、それを、どのように、立ち向かっていくかが、まことに、大課題であります。あなたは、安らかな大往生でした。

　こゝに、無常安心章を呈しまして

　　仰いで大空に動く雲の姿を見、ふして逝く河の水の流れを観よ。

　　雲も水も、しばしもとゞまらず、

ありと思えばたちまちなし。消えたりと思えばまたあらわる。
まことに、人の世のすがたもまたかくの如し。こゝに、死したる人あれば、
かしこに、生まる、者もあり。たとえ、死をいとい、ながく、
この世に生きんことを望むとも、人の命のはかなきこと、霜露のごとく、
無常なること、光よりも速やかなり。若きが先だち、老いたる人のおくる、なげき。
まことに、生まれし者は、必ず死し、会う者は、必ず、はなる、ならい、
あ、、誰か、百年の齢を、たもたんや。

あなたは、明治四十四年九月二十七日にこの世に生をうけ、のちに縁あって、
北畠ヤエさんとの間に、二男二女にめぐまれり。いずれも、孝心あつき子供なり。
そして、孫さんに、さらには、ひ孫さんが、一人一人と増えつゞけており、
北畠隆二様、万才、であります。そして、その最終の場面を、まことに、立派な、
「天寿を全う」された、大往生です。
あなたは、去る平成十三年二月二十八日、午後十一時に、大往生でした。
今夜は、寒い中を、皆さまにおまいりいたゞき、
ありがとう、ございました。
真心こもる通夜の念佛におくられて、弥陀の浄土のご冥福を祈る、次第であります。

〈同称十念〉

平成十三年三月二日

月向山光明寺住職

# 引導

四生無常のかたち、生あるものは、死に帰す。哀れなるかな、電光の命、草露の朝を、待つがごとし。悲しいかな風葉の身、槿花の朝にして、夕にいたらざるに、あい似たり。幽魂は独り往き、かわれば、質は山沢に残り、骨は野外にさらす。人中天上の快楽は、夢の中にして、幻のごとし。
諸行は、まさしく、無常なり。

ここに、新蓮台、俗名「北畠隆二」行年九十一才

汝は、明治四十四年九月二十七日に、この世に生をうけ、妻ヤエと、二男二女の子女の一家は、南部川村晩稲の住民たり。

光明寺「五重相伝」には、昭和五十五年にはいり、

**観空浄隆禅定門**と、授与さる。

平成十三年二月二十八日、午後十一時、安らかに、「天寿を全う」されたり。

汝、今や、大慈悲、阿弥陀如来の、本願に、出会うなり。すなわち、かつて、阿弥陀如来は、われらのために、超世の悲願を立てられたり。我ら、十方の衆生が、佛の國に生まれんことを、願って、南無阿弥陀佛、と、佛のおん名を称うれば、必ず、来たりて、救いたもう。

仰ぎおもんみれば、大慈悲、阿弥陀如来は、かのほうより、来れ、と、呼び賜い、このほうよりは、本師、釈尊が、とく往け、と、進めたもう。

南無阿弥陀佛

新蓮台、俗名「北畠隆二」行年九十一才

**観空浄隆禅定門**

一到弥陀安養國(いっとうみだあんにょうこく)、元来是我法王家(がんらいぜがほうおうけ)

いんどう

平成十三年三月八日

# 賢空智明禅定尼

岡田　花子　　八十二才

## お別れのことば

つゝしんで、岡田花子様の霊前に、お別れの言葉を、贈ります。

ことしの天候はまことに不順で、梅の花も散り、三月おひがんも近づきましたが、吹く風の冷たさは、肌にしみます。カゼもはやって、病気のお方やおとしよりには、コタエました。けさは、雪が降り、冬景色でした。

昨日八日、午前六時五十分、岡田花子さん、当年八十二才をもって、永眠されたと、うかゞい、粛然としました。岡田存永（のぶひさ）、中村至代さん、お悔み申し上げます。そして、つゝしんで、みなさまに、お悔み申し上げます。

あなたは、当常楽の「山本繁蔵」さまのお姉さんとして、大正九年二月二十九日に生まれました。おミヨお母さんに似て、かしこい才女だったと、伝えきゝました。

長じては、岡田重信さんと結婚されました。岡田重信さんは、格別に善良なお方であったし、あなたは、事務的なことをはじめ、万事にたしかな婦人だったし、夫婦ともになさけぶかく、親切でしたから、「オカダみせ」は、よくはやりました。

つまり、晩稲の皆さんのいこいの店であり、たちよりやすい店で、繁盛していました。

しかしあなたが病身となり、ついに転地療養の身になられたことは、まわりの方々にとっても、心淋しいことでした。さぞかし、ゆめうつゝにも、南部川晩稲常楽のふるさとを恋しいと思いつゝ、あの世の旅に出られたことと想います。

つい数日前の三月一日夕方に、私どもと遠縁に当たる方、八十二才が、あの彼方アメリカで亡くなったしらせを受けた時、

「アメリカではなやかにくらしたとしても、老人（おいて）の今は、孤独で、やはり日本のふるさとの家、恋しと思いつゝ、なくなったことだろう」と、家族中で話しつゝ、合掌したことでした。

そのように、誰しも、人生航路の山坂は、よろこびもかなしみも、幾歳月（いくとしつき）ですね。諸行は無常にして会者常離、です。

こゝで、あなたに言っておきたいこと。

あなたが亡くなった日、つまり、三月八日は、光明寺地蔵堂の南に、「如是群蜂之（ぼう）塔」養蜂業者有志一同、昭和五十一年三月八日の供養日なのです。つまり、あなたは、年に一度の「蜂の日」を、その人生最後の日に選んだのです。

一月二十日の板東周一さんの「お別れのことば」で申し上げた通り、梅の生育に「蜂」が有効だと科学的にも証明したのは、まだ二十年にもならないのです。それを、養蜂業者のみなさんは、こゝへ「如是群蜂之

塔」を建てて、「蜂の日」法要をはじめられました。
くしくも、如是群蜂の三月八日が、あなたの命日とは、ふしぎなめぐりあわせです。
こゝに、無常安心章の一句を呈しまして、

仰いで大空に動く雲の姿を見、ふして逝く河の水の流れを観よ。
雲も水も、しばしもとゞまらず、ありと思えばたちまちなし。
消えたりと思えばまたあらわる。まことに、人の世のすがたもまたかくの如し。
こゝに、死したる人あれば、かしこに、生まる、者もあり。
たとえ、死をいとい、ながく、この世に生きんことを望むとも、
人の命のはかなきこと、霜露のごとく、無常なること、光よりも速やかなり。
若きが先だち、老いたる人のおくる、なげき。
まことに、生まれし者は、必ず死し、会う者は、必ず、はなる、ならい、
あゝ誰か、百年の齢(よわい)を、たもたんや。

今夜は、寒い中を、皆さまに、おまいりいたゞき、ありがとうございました。
常楽の方々の、真心こもる通夜のお念佛におくられて、弥陀の浄土へ、安らかに旅立って下さい。

〈同称十念〉

南無阿弥陀佛　南無阿弥陀佛　南無阿弥陀佛

平成十三年三月九日

月向山光明寺住職

# 引導

四生無常のかたち、生あるものは、死に帰す。哀れなるかな、電光の命、草露の朝を、待つがごとし。悲しいかな風葉の身、槿花の朝にして、夕にいたらざるに、あい似たり。幽魂は独り往き、かわれば、質は山沢に残り、骨は野外にさらす。人中天上の快楽は、夢の中にして、幻のごとし。

諸行は、まさしく、無常なり。

ここに、新蓮台、俗名「岡田花子」行年八十二才。汝は、大正九年二月二十九日に、この世に生をうけ、岡田重信と、南部川村晩稲の住民たり。

光明寺「五重相伝」に、

**賢空智明禅定尼** と、授与さる。

平成十三年三月八日、午前六時五十分、安らかに、「天寿を全う」されたり。

汝、今や、大慈悲、阿弥陀如来の、本願に、出会うなり。すなわち、かつて、阿弥陀如来は、われらのために、超世の悲願を立てられたり。

我ら、十方の衆生が、佛の國に生まれんことを、願って、

南無阿弥陀佛、と、佛のおん名を称うれば、必ず、来たりて、救いたもう。

仰ぎおもんみれば、大慈悲、阿弥陀如来は、かのほうより、来れ、と、呼び賜い、

このほうよりは、本師、釈尊が、とく往け、と、勧めたもう。

南無阿弥陀佛

新蓮台、俗名「岡田花子」行年八十二才

**賢空智明禅定尼**

一到弥陀安養國（いっとうみだあんにょうこく）、　元来是我法王家（がんらいぜがほうおうけ）

いんどう

平成十三年三月十五日

# 観空浄念禅定門

勇惣　隆雄　　八十六才

## お別れのことば

つゝしんで、勇惣隆雄様の霊前に、お別れの言葉を贈ります。

ことしは十五年ぶりの寒い冬だったようですが、お彼岸がま近になっても、寒暖さだまりがたい毎日で、気候の不順は、おとしよりのお方や病人さんに敏感にコタエルそうで、あちらこちらで、訃報が相次ぐ昨今です。

勇惣さんが、三月十五日午前零時二十分に、永眠なされたとうかがい、もう一度、再起されることを期待していましたから、「矢張り、回復がむつかしかったのか」と、おどろいた次第です。当年とって八十六才。つゝしんで、深くおくやみ申し上げます。

人は誰しも、その時代の波、すなわち、世相には抗しがたく、あなたは、すぐる第二次世界大戦中は、戦地に出征して、お国につくされたご苦労に対しまして、今夜、まず、お礼申し上げます。大戦中、勇惣家では、弟さんも中支に出征して、昭和十八年三月十六日に、うら若き二十四才の身で英霊となられました。三月十六日、秀夫さんのご命日に当たる日に、くしくも、あなたのお通夜のおつとめです。つゝしんで、合掌します。

戦後は家業に精勤されて、あなたは持ち前の利口さで、センティ技術の普及に各地へ出張されましたし、さらには郷土の歴史を調べ、その道に趣味をもちつゞけて、祖先伝来の名称や由来を調査したこと。これはおそらく、あなたの右に出る人はおりません。

ワカリニクイ文献や文字の時は、カブをとばして光明寺に見え、寺族と字引をひいたり、ふるい過去帳を調べたりしましたね。

「早く、折角の資料を本にしておくこと」コピーもして、手伝うからと、何度もす、めたことでしたが、それらのノートは、どうなりましたか。

南部町堺、向井家から迎えたスガエさんは、さわやかなよい奥さんだつたのに、先立たれて一羽鳥になったことは、あなたにとって、大きな痛手でありました。しかし、以後のあなたは、趣味の旅行と研究にうちこんで、充実したくらし方でしたし、あなた自身も満足だったでしょう。昨年ふとしたことから交通事故のため入院という、そんなことがなかったら、もっと長命されたでしょうに、残念でした。あすありと、思う心の、あだざくら、夜半にあらしの、吹かぬものかな、で、一寸さきわからないのが、人生の姿です。

やがて、光明寺の銘木〃そめいよし乃〃も咲くでしょうが、あの中で一番みごとな大木は、あなたのお母さんが、苗木の頃からよくお世話して、育てて下さったのです。

平成六年のくれに、兄さんの慶太郎さんは九十才でメキシコの地でなくなりました。

勇惣さん、あなたに先立たれて、宮崎ミサオさんは、さぞ淋しくなったこととお察しますし、有田の妹さんもです。

世相が変わり、思想も変わりつゝあって、あちらこちらで、おとしよりのかなしい晩年をきくこの頃ですが、あなたは、人格者の義和さんと順子さん夫妻の手厚い看護をうけて、心おきなく養生されたことでしょう。

こゝに、無常安心章を呈しまして、

仰いで大空に動く雲の姿を見、ふして逝く河の水の流れを観よ。

雲も水も、しばしもとゞまらず、ありと思えばたちまちなし。消えたりと思えばまたあらわる。まことに、人の世のすがたもまたかくの如し。ここに、死したる人あれば、かしこに、生まる、者もあり。たとえ、死をいとい、ながく、この世に生さんことを望むとも、人の命のはかなきこと、霜露のごとく、無常なること、光よりも速やかなり。若きが先だち、老いたる人のおくる、なげき。

まことに、生まれし者は、必ず死し、会う者は、必ず、はなる、ならい、あ、、誰か、百年の齢を、たもたんや。

〈同称十念〉

今夜は、寒い中を、皆さまに、おまいりいただき、特に、下尾の観音講のみなさんで、真心こもる通夜の念佛におくられて、弥陀の浄土のご冥福を祈る次第です。

南無阿弥陀佛　南無阿弥陀佛　南無阿弥陀佛

平成十三年三月十六日

月向山光明寺住職

## 引導

四生無常のかたち、生あるものは、死に帰す。

哀れなるかな、電光の命、草露の朝を、待つがごとし。悲しいかな風葉の身、槿花の朝にして、夕にいたらざるに、あい似たり。幽魂は独り往き、かわれば、質は山沢に残り、骨は野外にさらす。人中天上の快楽は、夢の中にして、幻のごとし。

諸行は、まさしく、無常なり。

ここに、新蓮台、俗名「勇惣隆雄」行年八十六才。

汝は、大正五年一月二十五日に、この世に生を受け、平成十三年三月十五日、午前零時二十分安らかに、往生せり。光明寺「五重相伝」には、昭和十年にはいり、
**観空浄念禅定門**、と、授与さる。

汝、今や、大慈悲、阿弥陀如来の、本願に、出会うなり。すなわち、かつて、阿弥陀如来は、われらのために、超世の悲願を立てられたり。

我ら、十方の衆生が、佛の國に生まれんことを、願って、南無阿弥陀佛、と、佛のおん名を称うれば、必ず、来たりて、救いたもう。

仰ぎおもんみれば、大慈悲、阿弥陀如来は、かのほうより、来れ、と、呼び賜い、このほうよりは、本師、釈尊が、とく往け、と、勧めたもう。

新蓮台、俗名「勇惣隆雄」行年八十六才

**観空浄念禅定門**

一到弥陀安養國(いっとうみだあんにょうこく)、元来是我法王家(がんらいぜがほうおうけ)

南無阿弥陀佛

いんどう

平成十三年四月十八日

# 慈空貞教禅定尼

坂本　静子　八十四才

## お別れのことば

つゝしんで、坂本静子様の霊前に、お別れの言葉を、贈ります。

花のいのちはみじかくて、はや、さくらの花は散りつくして、あなたの住みなれたふるさとの山々は、一面のみどりに、包まれました。

風もまだうすら寒い昨日四月十八日の夜あけ方、あなたは八十四才の生涯を、とじられました。この頃は、よほどお元気なようにうかゞってもいましたから、おしらせを受けておどろきました。私が南部町、浜市さんの浜田彰三君と同窓だった関係から、あなたは、親切にして下さったから、ありし日のおもいでは、沢山です。

こゝに、つゝしんで、おくやみ申し上げます。

あなたは、晩稲下尾の素封家、榎本長吉家から、同じ下尾の坂本捨松家に迎えられ、その当時、あなたのご主人が「縁というものはふしぎなもんで、あちこちと遠いところから、お世話もしてくれたけど、出雲の神さんが、私には、こんな近くの人と縁むすびをしてくれていて…」と満足した語り草を、私の祖父からきいたことも、思い出します。そして、ご主人の捨松様は、人も知る、温厚篤実の方でした。すぐる第二次世界大戦においては、いよいよ日本の戦況が、不利となりつゝあつた頃に、召集令状をうけて出征されました。

そして、終戦後は、村会議員の公職につかれ、自営業の坂本建設は着々と、めざましい進出ぶりでしたし、地域に残されたご主人の足跡は、多大でした。

その間のあなたの内助の功と、そのごくろうに対しまして、今夜、あつく、御礼を申し上げます。学校法人「白梅幼稚園」へ記念に、寄贈していただいた大時計が、いまも尚、そのまゝ飾っています。

その後において、捨松様が、昭和三十二年、四十八才の若さで、おなくなりになったこと、これは、応召のギセイだったようにうかゞいまして、まことに、惜しいお方をなくしたことで、坂本さんこそは、当地域をあげて、長命していたゞきたいお方だったのです。

なおまた、年老いたお母さんと五人のお子さん方をかゝえてあなたの責任の重い人生行路は筆紙に尽しきれませんが、しかし以後の年月において、皆さんが、立派に成長されて、今や、坂本家は、後継者の剛毅(つよし)さんご夫妻が、隆々ときざづき、繁栄の一路をたどられ、あなたの晩年は、さぞ、心平安だったことでしょうし、晩稲に生まれて、晩稲に嫁ぎ八十四年間、あた、かなふるさとのなさけに、包まれたことも、あなたの幸運でした。

なおまた、それぞれに良縁を得てしあわせにくらされる子女の方々の孝行にも、なぐさめられたことでしょう。

あしもとが不自由になるまで、あなたは、年一度、必ず、坂本家ご先祖代々のおつとめを望んで、寺へお詣りになりましたね。

ただ一つ、これは誰しもの順序でいたし方ありませんが、あなたは浜田画伯夫人がお姉さんに当たり、おしねの本家、榎本光蔵さんがお兄さんで、子どもの頃から、早くお母さんに死別したあなたにとって、親代わりの慈悲をかけていただゞいた方々に先立たれて、さぞ、心さびしかった、でしょう、と、お察しします。

ここに、無常安心章の一句を呈しまして、

仰いで大空に動く雲の姿を見、ふして逝く河の水の流れを観よ。雲も水も、しばしもとゞまらず、ありと思えばたちまちなし。消えたりと思えばまたあらわれる。まことに、人の世のすがたもまたかくの如し。こゝに、死したる人あれば、かしこに、生まる、者もあり。たとえ、死をいとい、ながく、このよに生きんことを望むとも、人の命のはかなきこと、霜露のごとく、無常なること、光よりも速やかなり。若さが先だち、老いたる人のおくる、なげき。まことに、生まれし者は、必ず死し、会う者は、必ず、はなる、ならい、あゝ、誰か、百年の齢(よわい)を、たもたんや。

今夜は、皆さまに、おまいりいたゞき、下尾の方々の、真心こもる通夜のお念佛におくられて、六道の辻にましまます地蔵尊、みちびき給え弥陀の浄土へ、です。

〈同称十念〉

平成十三年四月十九日

月向山光明寺住職

# 引導

四生無常のかたち、生あるものは、死に帰す。哀れなるかな、電光の命、草露の朝を、待つがごとし。
悲しいかな風葉の身、槿花の朝にして、夕にいたらざるに、あい似たり。幽魂は独り往き、かわれば、
質は山沢に残り、骨は野外にさらす。人中天上の快楽は、夢の中にして、幻のごとし。
諸行は、まさしく、無常なり。

ここに、新蓮台、俗名「坂本静子」行年八十四才。汝は、大正七年十一月七日に、榎本家に生をうけ、
ここ坂本家に嫁入りせり。光明寺「五重相伝」に、
**慈空貞教禅定尼**と、授与されり。
平成十三年四月十八日、午前五時五十分、安らかに、「天寿を全う」されたり。
汝、今や、大慈悲、阿弥陀如来の、本願に、出会うなり。すなわち、かつて、阿弥陀如来は、われら
のために、超世の悲願を立てられたり。
我ら、十方の衆生が、佛の國に生まれんことを、願って、南無阿弥陀佛、と、佛のおん名を称うれば、
必ず、来たりて、救いたもう。
仰ぎおもんみれば、大慈悲、阿弥陀如来は、かのほうより、来れ、と、呼び賜い、
このほうよりは、本師、釈尊が、とく往け、と、勧めたもう。

南無阿弥陀佛

新蓮台、俗名「坂本静子」行年八十四才

**慈空貞教禅定尼**

一到弥陀安養國（いっとうみだあんにょうこく）、元来是我法王家（がんらいぜがほうおうけ）

いんどう

平成十三年三月二十六日

# 定空恵彰禅定門

岡田　定一　　七十才

## お別れのことば

つゝしんで、岡田定一様の霊前に、お別れの言葉を、贈ります。

思いもよらぬ突然に、昨二十六日、岡田さん、あなたの訃報に、接しました。

夜あけ方、六時十三分すぎに、永眠された、と、うかゞって、しばし、言葉も出ない、おどろき、でした。

いかにも、早すぎた、あの世への、族立ちです。

昨年頃から少し体調をくずされたようにきゝましたが、そんなことは世間の誰にもあることと思っていましたし、つい先日、情子さんが光明寺へお参りして、お孫さんの可愛さなどを話して、しあわせな家庭を想像して、私どもも共によろこんだ、ことでした。そのうち遠からず光明寺の役員さんもしていたゞけるお方でした。岡田家は、あなたのごきょうだいも多く、まわりにご親類方も多く、したがって病床のあなたに対しては、至れり尽くせりの看護だったでしょうが、薬石効なく、ついに、永眠されたのでしょうか。惜しいお方を亡くしました。ご家族の悲しみとショックの大きさをお察し、こゝにつゝしんで、お悔やみ申し上げます。

あなたは、真妻からよき伴侶、情子さんを迎えて以来、一男二女に恵まれて、ふたりのお姉さんは、それぞれ良縁を得て嫁ぎ、つゞいて後継者、圭史くんも家業をつぎ、当地の理想的農業経営の模範を示しています。今までの歳月、岡田さんご夫婦は、夫唱婦随で、心をあわせ、甲斐甲斐しく家業に精励、財を築き、産を成して、まさに隆々繁栄の一路だったのです。いよいよこれからこそ、あなたが人生をたのしめるはずでした。

しかしながら、無常流転、会者常離（えしゃじょうり）は、人生の運命（さだめ）で、このたび病（やまい）の床から回復されなかったことは、返す返すも残り惜しいことでした。岡田さん、あなたの生い立ちは、温厚、善良な父親、久七様と、人なみすぐれて健康体のお母さん、ナカさんは、かしこくて情け深い婦人でした。その生前、光明寺へ見えて、「うちの嫁は、料理上手で、嫁の作る巻きずしは特別においしいんです」とほめました。それから、私には、外孫、内孫がたくさんいて、それぞれに可愛いけど、「そのうち、圭史は一番、大事な孫です」「岡田の家の佛守をタノム圭史。この子が一番大事や、と、思うて育てているんです」そのひと言は、当たり前と言えばそれまでですが、人の道の本流を通した、熱い信仰心と愛情のひとことで、アタマが下がりました。そうした先祖代々の信念が脈々と流れているから、岡田家は、お加護もいたゞいて、繁栄したのだと思います。父、久七さまは、昭和五十年三月二十七日、つまり、今日、ご命日です。

また、圭史くんなどみなさん通ってくれた白梅幼稚園も、今日、第四十九回卒園式と第五十回入園式でした。ことしはまことに寒い冬でしたから、少し体調にさわりある方には、しのぎにくいことでした。お彼岸がきても、さむいなア、と、こぼしていたら、この数日、ようやく、野山が、春めいて、さくらのつぼみも、ふくらみました。常楽から毎年、見て下さった光明寺の銘木、そめいよし乃は、人間ならば六十一才ぐらいで、やがて、満開になるでしょう。

年々歳々、花、あいにたり。歳々年々、人、同じからず。散る桜、残るさくらも、散る桜です。

あなたの永眠にあって、無常感を誘われ、感慨、さらに一入(しお)であります。

せめて、こゝ十年、十五年、生きてほしかった。こゝに、無常安心章を呈しまして、

仰いで大空に動く雲の姿を見、ふして逝く河の水の流れを観よ。

雲も水も、しばしもとゞまらず、ありと思えばたちまちなし。

消えたりと思えばまたあらわる。まことに、人の世のすがたもまたかくの如し。

こゝに、死したる人あれば、かしこに、生まる、者もあり。たとえ、死をいとい、

ながく、この世に生きんことを望むとも、人の命のはかなきこと、霜露のごとく、

無常なること、光よりも速やかなり。若きが先だち、

老いたる人のおくる、なげき。まことに、生まれし者は、必ず死し、

会う者は、必ず、はなる、ならい、あゝ、誰か、百年の齢を、たもたんや。

〈同称十念〉

今夜は、寒い中を、皆さまに、おまいりいただき、ありがとう、ございました。

常楽の観音講の皆さまの真心こもるお通夜の念佛におくられて、弥陀の浄土のご冥福を、祈る、次第であります。

平成十三年三月二十七日

月向山光明寺住職

# 引導

四生無常のかたち、生あるものは、死に帰す。哀れなるかな、電光の命、草露の朝を、待つがごとし。悲しいかな風葉の身、槿花の朝にして、夕にいたらざるに、あい似たり。幽魂は独り往き、かわれば、質は山沢に残り、骨は野外にさらす。人中天上の快楽は、夢の中にして、幻のごとし。

諸行は、まさしく、無常なり。

ここに、新蓮台、俗名「岡田定一」行年七十才。

あなたは、昭和七年二月三日に、この世に生をうけ、妻、情子と、一男二女に恵まれ、理想的農業経営の模範を示すなり。光明寺「五重相伝」には、昭和二十二年にはいり、

**定空恵彰禅定門**と、授与されり。

平成十三年三月二十六日、午前六時十三分、逝去せり。汝、今や、大慈悲、阿弥陀如来の、本願に、出会うなり。すなわち、かつて、阿弥陀如来は、われらのために、超世の悲願を立てられたり。

我ら、十方の衆生が、佛の國に生まれんことを、願って、南無阿弥陀佛、と、佛のおん名を称うれば、必ず、来たりて、救いたもう。

仰ぎおもんみれば、大慈悲、阿弥陀如来は、かのほうより、来れ、と、呼び賜い、このほうよりは、本師、釈尊が、とく往け、と、勧めたもう。

新蓮台、俗名「岡田定一」行年七十才

**定空恵彰禅定門**　　**南無阿弥陀佛**

一到弥陀安養國（いっとうみだあんにょうこく）、元来是我法王家（がんらいぜがほうおうけ）

いんどう

平成二十年六月十三日

# 観月院義空浄律居士

森下　律　　八十六才

## お別れのことば

つ、しんで、森下律様の霊前に、深く、おくやみを、申し上げます。

多年にわたり晩稲、松寿院月向山、光明寺の檀信徒として、よく親しんで下さいました。当年とって八十六才。

奥さんをはじめ、ご一族の皆さんが、菩提寺をあがめて、墓参して下さった過去のおもいでとあなたの面影が、ふかく印象に残っています。ふしぎな出会いとこの世のゑにし、おくやみとともに、あらためて、御礼申し上げます。人のこの世は長くして、変わらぬ春とおもいしに、いつかは必ず、永別の日が、まいります。

昭和二十四年に、イトコ同志のあなたと豊美さんが結婚なさり、明茂、栄子の二人きょうだいでおられたトコロ、明茂くん十八才、高校二年の三月、交通事故で亡くされ、こんにちにいたれり。

湊御前松にずうっと、おられた二人、戦死されたお父さん、辰一さんのコトバで一緒になったワケで、なんともフシギなインネンであります。残された奥さん、それに栄子さま、さみしくなりましたけど、当家の、静かに幸わせなよいご一代だったはずです。

西山浄土宗勤行式の発願文に、願わくば、弟子等(でしとう)、命終(みょうじゅう)の時に臨(のど)んで、心、顛倒(てんとう)せず、心錯乱(さくらん)せず、心、失念せず、身心に、諸(もろもろ)の苦痛なく、身心、快楽(けらく)にして、禅定(ぜんじょう)に入るが如(ごと)く、聖衆(しょうじゅ)、現前(げんぜん)したまえ、と、あり、本願力は、名を聞いて、往生せんと欲せば、皆ことごとく、彼の国に到り、自ら、不退転に、至らしむ、と、あります通り、大慈悲、阿弥陀如来の、本願力に、おすがり下さい。こゝに、ここに無常安心章を呈し、ご冥福を、念じます。

仰いで大空に動く雲の姿を見、ふして逝く河の水の流れを観よ。雲も水も、しばしもとゞまらず、ありと思えばたちまちなし。消えたりと思えばまたあらわる。まことに、人の世のすがたもまたかくのごとし。こゝに、死したる人あれば、かしこに、生まるゝ者もあり。たとえ、死をいとい、ながく、この世に生きんことを望むとも、人の命のはかなきこと、霜露のごとく、無常なること、光よりも、速やかなり。若きが先だち、老いたる人のおくるゝなげき。まことに、生まれし者は、必ず、死し、会う者は、必ず、はなるゝならい、あゝ、誰か、百年の歳(よわい)を、たもたんや。

今夜は、みなさんの熱いおなさけに送られて、弥陀のお浄土へ、安らかに、旅立って下さい。

六道の辻にまします地蔵尊、みちびき給え、弥陀の浄土へ

〈同称十念〉

南無阿弥陀佛　南無阿弥陀佛　南無阿弥陀佛

平成二十年六月十四日

月向山光明寺住職

# 引導

四生無常のかたち、生あるものは、死にきす。哀れなるかな、電光の命、草露の朝を、待つがごとし。悲しいかな風葉の身、槿花の朝にして、夕にいたらざるに、あい似たり。幽魂は独り往き、かわれば、質は山沢に残り、骨は野外にさらす。人中天上の快楽は、夢の中にして、幻のごとし。
諸行は、まさしく、無常なり。
ここに新蓮台、俗名「森下律」こと、行年八十六才。大正十一年五月十五日、この世に生を受け、平成二十年六月十三日、午前一時十六分、往生せり。
妻、豊美と、長い人生を、静かに、しあわせに、送りたり。発願文に、心顛倒せず、心、失念せず、佛の本願に出会う、と、あります。

**観月院義空浄律居士**

みな人よ、十方衆生の願なれば、南無阿弥陀佛の、丸の内なり。六道の辻にまします地蔵尊、みちびき給え、弥陀の浄土へ。汝、今や、大慈悲、阿弥陀如来の、本願に、出会うなり。すなわち、かつて、阿弥陀如来は、われらのために、超世の悲願を立てられたり。我ら、十方の衆生が、佛の国に生まれんことを、願って、南無阿弥陀佛、と、佛のおん名を称うれば、必ず、来たりて、救いたもう。
仰ぎおもんみれば、大慈悲、阿弥陀如来は、かのほうより、来たれ、と、呼び給い、
このほうよりは、本師、釈尊が、とく往け、と、進めたもう。

新蓮台、「森下律」

**観月院義空浄律居士**　　南無阿弥陀佛

一到弥陀安養國、元来是我法王家

いんどう

# 法空浄林禅定門

平成十三年六月十五日

勇惣　秀雄　八十才

## お別れのことば

つゝしんで、勇惣秀雄様のご霊前に、お別れのことばを、贈ります。

あなたは、さる六月十五日午後、突然、お亡くなりになりました。

当年八十才。諸行は無常、会者常離（えしゃじょうり）、と、誰しも、ついき、馴れていますけれども、このたび、あなたの急逝のことは、まことにもって、晩稲中の、おどろきでありました。

こゝに深く、おくやみ、を、申し上げます。

梅の農繁期でしたため、お通夜も告別式も親族一同でいとなみましたが、今夜はあらためて、多くの皆様に、お詣りいたゞいて、お通夜のはこびとなった次第です。

この二十四、五日間、勇惣家のご家族は、ありし日のお父さんの面影をしのびつゝ、何とも悲しい日常であったことと思います。

日本の古歌に、

ある時はありのすさびにおもわざりき
　なくてぞ人の恋しかりけり
ある時はありのすさびにおもわざりき
　なくてぞ人の恋しかりけりと、あります。

この歌中の「おもわざりき」の言葉は、『沢山に思ったが』の意味です。

ふだんはついあたり前にたくさんに思ってくらしたが、いざ亡き人になると、恋しくて恋しくて、さらにまた、あゝしてあげればよかった、こうすればよかった、と、残り惜しくお詫びしたい気持ちだと歌ってあるのですが、その通りだと、ご家族のお気持ちをお察しいたします。

勇惣さん、あなたは、その一代を家業に精励して産を成し、勇惣家は、隆々と繁栄しました。立派な戸主、でした。

戦後は、清水組でも、重宝な存在でした。

惜しむらくは、せめて、このさき、五、六年、あなた自身の人生航路のあしあとを、ふり返りつゝ、よき伴侶であった奥さんと、安らかにくらしてほしかった。余りにも、あっけなく、あの世の人になられたこと、を、おくやみします。

勇惣秀雄様、今夜のお通夜は、ふるさとの皆さんが、ありし日のあなたをしのびつゝ、しみじみと真心こめて、お念佛をさゝげて、六道の辻にましますす地蔵尊、みちびき給え、弥陀の浄土へ、と、念じている次第です。

このさきは、あの世から、勇惣家の無事安泰を、お守り下さい。

こゝに、無常安心章を呈します。

仰いで大空に動く雲の姿を見、
ふして逝く河の水の流れを観よ。
雲も水も、しばしもとゞまらず。
ありとおもえば、たちまちなし。
消えたりと思えば、また、あらわる。
まことに、人の世のすがたも、またかくの如し。
こゝに死したる人あれば、かしこに生まる、者もあり、
たとえ死をいとい、ながく、この世に生きんことを望むとも、
人の命のはかなさこと、霜露の如く、
無常なること、光よりも速やかなり。
若きが先だち、老いたる人のおくるゝなげき。
まことに、生まれし者は、必ず死し、
会う者は、必ず、はなるゝならい、あゝ、
誰か、百年の齢（よわい）を、たもたんや。

平成十三年七月八日

月向山光明寺住職

〈同称十念〉

# 引導

四生無常のかたち、生あるものは、死に帰す。哀れなるかな、電光の命、草露の朝を、待つがごとし。悲しいかな風葉の身、槿花の朝にして、夕にいたらざるに、あい似たり。幽魂は独り往き、かわれば、質は山沢に残り、骨は野外にさらす。人中天上の快楽は、夢の中にして、幻のごとし。
諸行は、まさしく、無常なり。

ここに、新蓮台、俗名「勇惣秀雄」行年八十才。あなたは、大正十一年九月四日に、この世に生をうけ、平成十三年六月十五日、午後四時十一分、往生せり。昭和十年に光明寺「五重相伝」にはいり、

**法空浄林禅定門** と、授与されり。

六月十五日のあなたの記録をたどっても、こんな悲しい逝去に、なろうとは、まさに、諸行無常会者常離、で、あります。六道の辻にましまます地蔵尊、みちびき給え、弥陀の浄土へ。

汝、今や、大慈悲、阿弥陀如来の、本願に、出会うなり。

すなわち、かつて、阿弥陀如来は、われらのために、超世の悲願を立てられたり。我ら、十方の衆生が、佛の國に生まれんことを、願って、南無阿弥陀佛、と、佛のおん名を称うれば、必ず、来たりて、救いたもう。

仰ぎおもんみれば、大慈悲、阿弥陀如来は、かのほうより、来れ、と、呼び賜い、
このほうよりは、本師、釈尊が、とく往け、と、勧めたもう。

新蓮台、俗名「勇惣秀雄」行年八十才

**法空浄林禅定門**　　　南無阿弥陀佛

一到弥陀安養國（いっとうみだあんにょうこく）、元来是我法王家（がんらいぜがほうおうけ）

いんどう

平成十九年七月十三日

# 達空妙悲禅定尼

岩﨑　アサ子　　八十六才

## お別れのことば

つゝしんで、岩﨑アサ子様の霊前に、お別れのごあいさつ、です。

五月末だった、あなたが腰もあしもとも不自由になって、食事にゆくのも大儀になったために、辻村病院様へ入院されたと風の便りで、知りました。

その時、「アサ子さんらしいかしこい方法や。六月は、日本一特産梅の農繁季だから、あし手まといにならぬようにと自分でよい方法を考えたことも感心や」と寺族（かぞく）ともに話しあったことでした。

老木がしぜんに枯れていくように、人も高齢（とし）を重ねると体（からだ）のあちらこちらがいたんできますね。

あなたは、女きょうだい七人の長女に生まれ、気だてのよい両親に育てられました。

長じては、政次郎さんを迎えて、岩﨑家を守った、その責任は、大役だったけれど、親せきも多くて、あた、かななさけにつゝまれた一代だったはずです。そして、姉らしい指導性も持ち、仕事は、二人前もしたでしょう。

それと、後継者の息子さん、岩﨑敏彦さんのことを、

「私の育て方もヘタだったろうし、あの子ときたら、生まれたまゝで、ワリ気もナイ、上手気もナイから、母親にも、イヤ味も上手も何もナイ。私が死んだあとも、弟のこともチャントしてくれそうで、安心です」と、寺で話した、そのひと言こそは、母親の切なさで、方丈ハンに、と、考えて、残したことばだったんですね。

アサ子さん。今にして、わかりました。

七月十三日は、梅のさかりもすぎていて、家族に守られて、安らかな大往生だったそうで、名残はつきませんけれど、安心しました。

誰の人生にも、よろこびもかなしみも、あって、この山坂はいたし方ありません、人は結局は佛になり、オトーバになるんですね。以前、辻村病院気付で、アサ子さんに宛、「ケイタイの世の中になって、山畑の人はべんりらしいけど、農繁中はどこの家へデンワしても、通じないから、光明寺へ急の時は、デンワしてくれたら、必ず、どこへでも、レンラクします、と、番号をしらしたこと、まさか、なくなるとは、思わぬことでした」

つゝつしんで、おくやみ申し上げます。

岩﨑アサ子さん。

あなたは大正十一年二月九日、お誕生日です。そして、平成十九年七月十三日、八十六才で、天寿をまっとうされました。

十億の人に、十億の母あれど、

わが母に、まさる、母、あらめやも。

西山浄土宗勤行式の発願文に、

願わくば、弟子等、命終の時に臨んで、臨終の時に臨んで、心、顛倒せず、心、錯乱せず、心、失念せず、身心に、諸の苦痛なく、身心、快楽にして、禅定に入るが如く、聖衆、現前したまえ、と、あり、本願力は、名を聞いて、往生せんと欲せば、皆ことごとく、彼の国に到り、

自ら、不退転に、至らしむ、と、あります通り、大慈悲、阿弥陀如来の、本願力に、おすがり下さい。

父母恩重経を、追善の誠を、さゝげます。

あわれはらから心せよ、山より高き父の恩、海より深き母の恩、

知るこそ道の始めなり。まことに父母の恵みこそ、天のきわまりなきがこと。

父母はわが子のためならば、出ても入りても子を思い、ねてもさめても、子を思う。おのれ生あるそのうちは、子の身にかわらんことを思い、おのれ死に逝くそののちは、子の身を守らんことを願う。よる年波の重なりて、いつかコウベの霜しろく、おとろえまさる父母を、あおげばおつる涙かな。ああ有り難き、父の恩、ああ有り難き、母の恩。

子は、いかにして、むくゆべき。

六道の辻にまします地蔵尊、みちびき給え、弥陀の浄土へ

〈同称十念〉

平成十九年七月十五日

月向山光明寺住職

# 引導

四生無常のかたち、生あるものは、死にきす。哀れなるかな、電光の命、草露の朝を、待つがごとし。悲しいかな風葉の身、槿花の朝にして、夕にいたらざるに、あい似たり。

幽魂は独り往き、かわれば、質は山沢に残り、骨は野外にさらす。

人中天上の快楽は、夢の中にして、幻のごとし。諸行は、まさしく、無常なり。

ここに、新蓮台、俗名「岩崎アサ子」こと、行年八十六才。

大正十一年二月九日、この世に生を受け、平成十九年七月十三日、午前三時三十四分、往生せり。十億の人に、十億の母あれど、わが母に、まさる、母、あらめやも。

昭和十年の五重相伝にはいり、

## 達空妙悲禅定尼

みな人よ、十方衆生の願なれば、南無阿弥陀佛の、丸の内なり。

六道の辻にまします地蔵尊、みちびき給え、弥陀の浄土へ。汝、今や、大慈悲、阿弥陀如来の、本願に、出会うなり。すなわち、かつて、阿弥陀如来は、われらのために、超世の悲願を立てられたり。我ら、十方の衆生が、佛の國に生まれんことを、願って、南無阿弥陀佛、と、佛のおん名を称うれば、必ず、来たりて、救いたもう。仰ぎおもんみれば、大慈悲、阿弥陀如来は、かのほうより、来たれ、と、呼び給い、このほうよりは、本師、釈尊が、とく往け、と、進めたもう。

南無阿弥陀佛

新蓮台、「岩崎アサ子」。

## 達空妙悲禅定尼

一到弥陀安養國、元来是我法王家

いんどう

平成十三年七月二十七日

# 昇空浄顕禅定門

山川　昇　八十一才

## お別れのことば

つゝしんで、山川昇様のご霊前に、お別れのことばを、贈ります。

光明寺におきましては、七月二十七日、朝、午前五時十五分、永眠されたことのおしらせを受けて、おどろきました。

山川さんが、先般来、病状あつくて、田辺へ入院されたとうかゞっていましたが、この夏の暑さは、例年にない、きびしさですから、病人さんには、しのぎにくかったわけですね。お察しします。

この峠をこしたら、やがて、秋風の吹きそめる日もくるんでしたのに。

こゝに、つゝしんで、お悔みを申し上げます。

あなたは、晩稲上尾、岡田菊松家に生まれ、代々、性格のよい家系でした。長じて、山川由蔵、サヨさん夫婦の養子に迎えられて、そして、大谷の山川三蔵さんの家から、みつゑさんを迎えて結婚され、一時、光明寺の裏でくらされたから、私の親たちにとって、昇さん、あんたは、大変なつかしい方らしいです。

古歌に、

いつまで、この世にいるものぞ、命はもろき草の露、
山ほど財宝つむ人も、死出の旅路は、たゞ一人、とのこと、

どうぞ、おみちびき下さい、六道の辻にましますの地蔵尊、みちびき給え、弥陀の浄土へ、です。

あなたは、崎山勝様や山川義夫様たち、格別、人情にあついご親戚方に守られていたから、その一代を通じて、安心でした。

その崎山勝さんが、枕経のときに、

「山川昇、もうワシは、この七月で、終わりリヨ。あとの段取りは」と、申して、おられました。また、こんかいの入院は、五十一日だったそうですが、どこが痛いので、ドウということもナク、まことにもって、弥陀の浄土へ、旅立ったことです。

こゝに、無常安心章を呈します。

仰いで大空に動く雲の姿を見、
ふして逝く河の水の流れを観よ。
雲も水も、しばしもとゞまらず。

ありとおもえば、たちまちなし。
消えたりと思えば、また、あらわる。
まことに、人の世のすがたも、またかくの如し。
こゝに、死したる人あれば、かしこに、生まるゝ者もあり。
たとえ、死をいとい、ながく、この世に生きんことを望むとも、
人の命のはかなきこと、霜露のごとく、
無常なること、光よりも速やかなり。
若きが先だち、老いたる人のおくるゝ、なげき。
まことに、生まれし者は、必ず死し、
会う者は、必ず、はなるゝ、ならい、あゝ、
誰か、百年の齢（よわい）を、たもたんや。

今夜は、ふるさとの皆さん方の、なさけこもる通夜のお念佛をいたゞいて、どうぞ、安らかに、お浄土へ、旅立って下さい。

〈同称十念〉

南無阿弥陀佛、南無阿弥陀佛、南無阿弥陀佛

平成十三年七月二十七日

月向山光明寺住職

# 引導

四生無常のかたち、生あるものは、死に帰す。哀れなるかな、電光の命、草露の朝を、待つがごとし。

悲しいかな風葉の身、槿花の朝にして、夕にいたらざるに、あい似たり。幽魂は独り往き、かわれば、
質は山沢に残り、骨は野外にさらす。人中天上の快楽は、夢の中にして、幻のごとし。

諸行は、まさしく、無常なり。

ここに、新蓮台、俗名「山川昇」行年八十一才。

あなたは、大正十年十一月十四日に、この世に生をうけ、
平成十三年七月二十七日、午後五時十五分、往生せり。

昭和四十二年に光明寺「五重相伝」にはいり

**昇空浄顕禅定門**と、授与されたり。

このたびの往生、いよいよ終わり、と、段取りし、六道の辻にまします地蔵尊、みちびき給え、弥陀の浄土へ。汝、今や、大慈悲、阿弥陀如来の、本願に、出会うなり。

すなわち、かつて、阿弥陀如来は、われらのために、超世の悲願を立てられたり。

我ら、十方の衆生が、佛の國に生まれんことを、願って、南無阿弥陀佛、と、佛のおん名を称うれば、必ず、来たって、救いたもう。仰ぎおもんみれば、大慈悲、阿弥陀如来は、かのほうより、来れ、と、呼び賜い、このほうよりは、本師、釈尊が、とく往け、と、進めたもう。

新蓮台、俗名「山川昇」行年八十一才

**昇空浄顕禅定門**　　南無阿弥陀佛

一到弥陀安養國（いっとうみだあんにょうこく）、元来是我法王家（がんらいぜがほうおうけ）

いんどう

平成七年十一月十五日

# 清空和晃妙蓮大姉

吉本　登志恵

六十五才

## お別れのことば

つ、しんで、吉本登志恵様のご霊前に、お別れの言葉をささげます。

このたび、あなたの悲しいお知らせに接した時の驚きは、今も言葉に尽しきれません。

あなたが数年来、少し健康をそこなわれたことは伺っていましたものの、突然のおもいがけないお知らせですから、あなたを知る多くの人々が、惜しみてもあまりあるおどろきの中で、悲しんでおることでしょう。

聞くところでは、このたびは入院されたと言いましても、家族の方々も、親戚の方々にとっても、まさか予想もしない思いもよらぬ出来事となったそうですから、そのおなげきの程もお察しいたします。

光明寺の先住は、あなたの女学生時代の可愛らしかった姿を思い出しつつ、南部町上ン城、谷寅吉さんの長女に生まれて、四人姉弟のしあわせな生いたちであったことを、昨日から、あらためて語って、名残りを惜しんでおります。

日露戦役で金鵄勲章を下賜された当家の先代、彦七翁は、社会の万事にすぐれたお方でありましたが、昭和になって世界戦争では、長男、正夫、次男、主一、の、お二人を英霊としてお国に捧げられたために、三男にあたる和夫様が、吉本家を相続して後継者となり、やがてあなたが当主の妻として迎えられたことでありました。

その時の彦七翁のホッと安堵されたご様子と言葉を、私の父は追懐して厳格な中に情けもあった翁は、登志恵さんを大事にして何事も懇切に教えこんで、吉本家の嫁のほこりを育成されたことも聞きました。

かくてあなたは彦七様タニヱ様のご両親によく仕え、安夫さん正二さんを育てて、よき嫁よき母の座を守って、家業にも精励して、吉本家の品位を守ってくれました。

尚また大谷地区となり近所の皆様ともよく親しみました。

吉本家にとってかけがえのない存在である、あなたの、この旅立ちはまことに限りない悲しみであります。

お里にはご両親もおられご弟妹の方々のおなげきのほどもいかばかりかとお察しいたします。返す返すも惜しみても余りあるお別れでありますが、かくなりました上は、弥陀の浄土を信じて、南無阿弥陀佛のお名号に守られてのご冥福をお祈りいたします。

今夜は多くの皆様方が、お通夜のお念佛を心こめてお丶くりしております。

〈同称十念〉

南無阿弥陀佛、南無阿弥陀佛、南無阿弥陀佛

平成七年十一月十六日

月向山光明寺住職

# 引導

四生無常のかたち、生あるものは、死に帰す。哀れなるかな、電光の命、草露の朝を、待つがごとし。悲しいかな風葉の身、槿花の朝にして、夕にいたらざるに、あい似たり。幽魂は独り往き、かわれば、質は山沢に残り、骨は野外にさらす。人中天上の快楽は、夢の中にして、幻のごとし。
諸行は、まさしく、無常なり。
ここに、新蓮台、俗名「吉本登志恵」行年六十五才。
汝は、昭和六年二月十一日、上城で生まれたり。長じて、この吉本家に来たり、この年になれり。
昭和二十二年の「五重相伝」にはいり、
清空妙蓮、を、いただけり。そして、このたび、汝の善行をたたえ、
**清空和晃妙蓮大姉、**を、おくるものなり。
汝は、平成七年十一月十五日、午前八時三十七分、往生せり。
汝、今や、大慈悲、阿弥陀如来の、本願に、出会うなり。すなわち、かつて、阿弥陀如来は、われらのために、超世の悲願を立てられたり。我ら、十方の衆生が、佛の國に生まれんことを、願って、南無阿弥陀佛、と、佛のおん名を称うれば、必ず、来たりて、救いたもう。
仰ぎおもんみれば、大慈悲、阿弥陀如来は、かのほうより、来れ、と、呼び賜い、このほうよりは、本師、釈尊が、とく往け、と、勧めたもう。
新蓮台、俗名「吉本登志恵」行年六十五才
**清空和晃妙蓮大姉**
一到弥陀安養國(いっとうみだあんにょうこく)、元来是我法王家(がんらいぜがほうおうけ)

南無阿弥陀佛

いんどう

平成十年六月四日

# 晃空浄善禅定門

関　兵三　　八十八才

## お別れのことば

つゝしんで、関兵三さんの霊前に、お別れの言葉を贈ります。
あなたは、平成十年六月四日、八十八才をもって、その一代をとじられました。
ことしの梅の時期が、例年より半月も早いという異常な気象でしたため、
お通夜を、今夜になりました。
九十年近くも、生まれ育った故郷（ふるさと）の皆さんとの、いわば、
お別れと見送りの儀式ですから、関さん、
今夜はどうぞ、一般の皆様ならびに、なさけこもる下尾の方々からの、
ありがたいお念佛を、いたゞいて下さい。聞くところでは、
あなたがどうも、熱気（ねつけ）のある様子だと、和一さんの奥さんが気づいて、辻村医院へ入院のはこびとなり、

その容態は肺炎だったそうで、家族の皆さんの応急処置は、この世でさいごの、よい親孝行だったと思います。

現在の、八十五才以上の方は、はるかな明治生まれですから、それぞれに、時代相応きびしいくらしの中で、勤勉努力、尚、その上に、第二次世界戦争にさいなまれて、格別な試練をうけました。

その間、あなたは、あちこちに散在していた梅畑を整理して、南部町の千里で広い梅畑をたがやして、立派に完成したことは、すこぶる先見の明でありました。そして、戸主の和一氏夫妻と家業に精励され、あなたの晩年は、まことに安泰でした。なお、オバアさんは、甲斐甲斐しくあなたの身辺をお世話されました。

私の父と同級生だったあなたは、ある日、父のハナレに見えて、
笑顔ながら黙々と幾度もおじぎをして、手を振って、また、黙って帰られた。

「なつかしさ一杯で、このはなれを、関さんが訪ねてくれた。その熱い心の中は、黙っていてもわかる」と、父も涙ぐんで、幼な友だちを見おくりました。

さらに、つい先日の五重にも本堂へお参りになって、しばらくご本尊様を拝み、役員さんがたに、「オオキニヨ」と、おじぎして帰られたそうです。

今から四十二年前、あなたが四十七、八才の働きざかりに、光明寺で五重を受けられて、
晃空浄善禅定門の法号をいたゞきましたが、きっと、その時の、五重相傳を、頭の奥ふかく、思い出されたことでしょう。では、関さん、安らかに、お浄土へ旅立って下さい。

ご冥福を、祈ります。

平成七年十一月十六日

〈同称十念〉

月向山光明寺住職

引導

四生無常のかたち、生あるものは、死に帰す。哀れなるかな、電光の命、草露の朝を、待つがごとし。

悲しいかな風葉の身、槿花の朝にして、夕にいたらざるに、あい似たり。幽魂は独り往さ、かわれば、
質は山沢に残り、骨は野外にさらす。人中天上の快楽は、夢の中にして、幻のごとし。

諸行は、まさしく、無常なり。

ここに、新蓮台、俗名「関兵三」行年八十八才。

汝は、明治四十三年二月二十日に生まれたり。

汝は、また、「五重相伝」にはいり、
**晃空浄善禅定門、**を、いただけり。

汝は、平成十年六月四日、午後三時三十八分、往生せり。

汝、今や、大慈悲、阿弥陀如来の、本願に、出会うなり。

すなわち、かつて、阿弥陀如来は、われらのために、超世の悲願を立てられたり。

我ら、十方の衆生が、佛の國に生まれんことを、願って、
南無阿弥陀佛、と、佛のおん名を称うれば、必ず、来たりて、救いたもう。

仰ぎおもんみれば、大慈悲、阿弥陀如来は、かのほうより、来れ、と、呼び賜い、
このほうよりは、本師、釈尊が、とく往け、と、勧めたもう。

南無阿弥陀佛

新蓮台、俗名「関兵三」行年八十八才
**晃空浄善禅定門**
一到弥陀安養國(いっとうみだあんにょうこく)、元来是我法王家(がんらいぜがほうおうけ)

いんどう

# 演空貞法禅定尼

平成十一年三月三日

崎山　とみ　九十才

## お別れのことば

つゝしんで、崎山とみ様の霊前に、お別れのご挨拶を、おくります。

あなたが三月三日、夜十一時すぎ、突然、あの世へ旅立たれたと、うかがったときは、おどろきました。

ご家族皆さんの胸中、察してあまりあり、です。

その後、聞くところでは、三日の日は、よいお天気で、ご近所のお友だちも、お宅へ集まって、たのしくすごされたそうですのに、突然にその夜中、なくなられたとは、こゝに、つゝしんで、おくやみを申し上げます。三月に入ると梅の花もすみ、やがてさくらが咲く春のあし音が近づいて、おとしよりの方は、特にほっと元気づくものですが、二月のさむさが、あなたの体に障っていたのでしょうか。

あなたと同じ明治四十三年生まれの私の父親は、あなたのことを聞くや深くかなしみました。そして、「まことにエー人だったナー」いろいろとながい間のおつきあいを思い出すと胸一杯の様子でした。

「エーお方だった」この一言は、あなたを知る限りの誰もが言ってくれる代表的な言葉ですね。

南部町吉田の坂本家から嫁いでこられて六十有余年間、生まれついての善良なおだやかなぬくもりのある性格は、あなたの、光り(ひか)でした。神をうやまい、佛をあがめ、よい家風をうけつがれたあなたでした。

人は誰しも悲しみを経験するもので、よくできていた長男、英一様や、和子様に先立ただれた悲しみは、あなたの人生のうち最大のことだあったでしょうが、代わって義一様、とし子さんが外から、よく孝行してくれました。そして、嵜山家を守る修一様夫妻の孝行は見上げたものでした。ことに、昨年もあなたが父親のハナレを尋ねて下さった時のお孫さんが、おばあちゃんさゝえる手つきと態度が身に付いていて、写真に撮っておきたかったと、思ったことでした。以前から、あなたにいたゞいた沢山の小物入れやかざりものは、思い出のよすがです。こうして、嵜山家はいつも温かな心につゝまれて、平和に明け暮れたのでしょう。それだけに、あなたは、おしあわせでした。

お釈迦様は、不幸にあって嘆き悲しむ婦人に対して、生老病死(しょうろうびょうし)、無常流転は、人生の姿である。どこかにお葬式を出さぬがあるか、探してみよ、と、さとされたそうですが、その通りだと思います。

今夜は、多勢の皆様にお詣りいたゞきました。このあと、つゞいて永年親しんだ常楽の方々のねんごろなお通夜のおつとめをいたゞきます。そして、これから、中陰のおつとめなど修一様をはじめ、家族親族みなさまのお念佛供養を受けられて、お浄土へ旅立ちを安らかにされることを、念ずるものです。では

〈同称十念〉

平成十一年三月四日

月向山光明寺住職

# 引導

四生無常のかたち、生あるものは、死にきす。哀れなるかな、電光の命、草露(そうろ)の朝(あした)を、待つがごとし。

悲しいかな風葉の身、槿花(きんか)の朝(あした)にして、夕(ゆうべ)にいたらざるに、あい似たり。

幽魂(ゆうこん)は独り往き、かわれば、質(かたち)は山沢(さんたく)に残り、骨は野外にさらす。

人中天上(にんちゅうてんじょう)の快楽(けらく)は、夢の中にして、幻のごとし。

諸行(しょぎょう)は、まさしく、無常(むじょう)なり。

ここに、新蓮台、俗名「崎山とみ」こと、行年九十才。

明治四十三年六月三日、この世に、生を受け、平成十一年三月三日往生せり。

発願文に、心顛倒せず、心錯乱せず、心、失念せず、佛の本願に出会う、と、あります。

## 演空貞法禅定尼

みな人よ、十方衆生の願なれば、南無阿弥陀佛の、丸の内なり。六道の辻にまします地蔵尊、みちびき給え、弥陀の浄土へ。汝、今や、大慈悲、阿弥陀如来の、本願に、出会うなり。すなわち、かつて、阿弥陀如来は、われらのために、超世の悲願を立てられたり。我ら、十方の衆生が、佛の國に生まれんことを、願って、南無阿弥陀佛、と、佛のおん名を称うれば、必ず、来たりて、救いたもう。仰ぎおもんみれば、大慈悲、阿弥陀如来は、かのほうより、来たれ、と、呼び給い、このほうよりは、本師、釈尊が、とく往け、と、進めたもう。

南無阿弥陀佛

新蓮台、「崎山とみ」

## 演空貞法禅定尼

一到弥陀安養國(いっとうみだあんにょうこく)、元来是我法王家(がんらいぜがほうおうけ)

いんどう

観空浄泰信士

平成十一年四月十日

泰地　泰治

五十五才

## お別れのことば

つゝしんで、泰地泰治様の霊前に、お別れのごあいさつを、おくります。

あなたが、一昨、四月十日の夕方に、田辺の病院でなくなったとのしらせを受けた瞬間は、まことにおどろき入りました。

こゝ数年来のあなたは、夜中に救急車がきたり、入退院をくりかえされて、近所会一同も、案じていたのでしたが、いまだ五十五と言う若い体で、あの世の旅立ちをされようとは、第三者の誰も、あなたを知る人々の思いもよらぬことでした。

こゝに、つゝしんで、深くお悔やみ申し上げます。

今、静かに、ふりかえりますと、

あなたのうしろだてには、
南部町栄町の「魚つる商店」様ご一族が、つねになさけをおくってくれましたし、
さらには、光明寺近所会の昔さんと南紀梅干、プラム工房、岩本、倖梅、桐本様などの皆さんが、ゆたかな抱擁力でつねに守ってくれました。

そのおかげの大きかったことを、私は、今夜、特に痛感している次第です。

誰しも、人々は、人生の旅路は、思いのほか、多事多難です。

よろこびもかなしみも幾山河の通り、あなたの上にも、重なるかなしみがありました。まず十七年も前の春四月、ご家内、啓江(ひろえ)さんが、うら若い三十七才で、五人の子女を残して亡くなられたこと。生前の啓江さんは明るくて、甲斐甲斐しく、よく働く良妻だったし、そのお母さん、武内キソヱさんは、信心深いみあげた心の方で、お孫さん方をいつくしみ育ててくれました。

三ツ子の魂百まで、の、諺(ことわざ)の通り、二男三女のあなたのお子達は、今は立派に成人して社会人となり、見上げたことです。

惜しむらくは、最愛の妻に先立たれたあなたは、一羽鳥のかなしささみしさ故に、辛い心をかみしめてくらすうちに、その体調もわるくなったのでしょうと思いますと、同情を禁じえません。

加えて、たよりにしていた一人娘をなくして誠実なおばあさんも、その一年半後に永眠(なく)なられました。

以後、南部町の魚つる商店様の熱い肉親愛に護(まも)られて、そのおかげであなた方一家は、今日に至った次第ですが、これは、本当に、深い御恩です。

あなたが永遠にあの世の旅に出られるに際して、あなたに代わって、住職が、今夜、
御礼、申し上げます。

泰地君。
五十五才とは、如何にも、早すぎたあなたに、惜別の情、禁じ得ませんが、孝行な子供さん方に見送られ、今夜お詣り下さった皆様の通夜のおつとめをいたゞいて、どうぞ、安らかに、ご冥福を祈ります。
あなたの残された五人のお子さん方は、信心ぶかいおばあさんに育ててもらっていますから、このさきは、ご先祖様を父母の佛まつりをよくして、波荒い人生を雄々しく生きてゆくだろう、と、私は信じます。
このところ、光明寺の境内に、けんらんたる春をかなでてくれていた「そめいよし乃」の花も、昨夜の雨で、散り始めました。
散るさくら、残るさくらも、散るさくら、
俗名、泰地泰治、
法名、観空浄泰信士、追善増上菩提、
南無阿弥陀佛、南無阿弥陀佛、南無阿弥陀佛
〈同称十念〉

平成十一年四月十二日
月向山光明寺住職

# 引導

四生無常のかたち、生あるものは、死に帰す。哀れなるかな、電光の命、草露の朝を、待つがごとし。
悲しいかな風葉の身、槿花の朝にして、夕にいたらざるに、あい似たり。幽魂は独り往き、かわれば、
質は山沢に残り、骨は野外にさらす。人中天上の快楽は、夢の中にして、幻のごとし。
諸行は、まさしく、無常なり。
ここに、新蓮台、俗名「泰地泰治」やすはる、行年五十五才。
汝は、昭和十六年六月七日に、生まれたり。子ども五人を育て、この晩稲の住人として、この年まで、
生きたり。家内の啓江(ひろえ)の母「武内キソヱ」さんと、南部の『魚つる』家の「三ツ子の魂百まで」の諺
の通り、熱い、熱い、肉親愛に護られて、ここまで、生き抜きたり。
汝は、平成十一年四月十日、午後六時三十分、往生せり。
汝、今や、大慈悲、阿弥陀如来の、本願に、出会うなり。すなわち、かつて、阿弥陀如来は、われら
のために、超世の悲願を立てられたり。
我ら、十方の衆生が、佛の國に生まれんことを、願って、南無阿弥陀佛、と、佛のおん名を称うれば、
必ず、来たって、救いたもう。
仰ぎおもんみれば、大慈悲、阿弥陀如来は、かのほうより、来れ、と、呼び賜い、
このほうよりは、本師、釈尊が、とく往け、と、進めたもう。

南無阿弥陀佛

新蓮台、俗名「泰地泰治(やすはる)」

## 観空浄泰信士

一到弥陀安養國(いっとうみだあんにょうこく)、元来是我法王家(がんらいぜがほうおうけ)

いんどう

平成九年十二月二日

# 功空円心禅定尼

岩崎　イソ　八十六才

## お別れのことば

つゝしんで、岩崎イソ様の霊前に、お別れの言葉を、贈ります。

あなたが、十二月二日八十六才の生涯をとじられたことを伺って感慨無量でした。

お知らせをうけたその瞬間は、この急激な寒さのためにと思ったことですが、委細を伺いますと、あなたは、去る十一月十七日に、身体の不調をおこして田辺へ入院されて、約半ヵ月後、安らかに、亡くなられたのですね。

お釈迦さまのおさとしの生老病死（しょうろうびょうし）は、人として誰しもが通らねばならない道でありますが、昔から、皆さんがよく「末六十日の病苦を案じる」と言って心配するのですが、

あなたは、その命のきわに、いとも安らかに、お浄土へ迎えられたのですね。

まわりの方々に、ごめいわくをかけないで、あなたらしい旅立ちでした。

こゝに、深く、おくやみを申し上げます。
あなたは、遠く九州のご出身で、大阪で、南部川村晩稲出身の、
岩崎八百吉様とご縁をむすばれ、終戦後、岩崎さんの故郷へかえられたのですね。
当時の敗戦後の日本の田舎でさえお米が手に入りにくい時代に、都会からひきあげて、子育ての最中だったごくろうには、なみなみならぬものがありました。
温厚だったご主人が、当時、菩提寺で話されたことを、今、あらためて思い出している次第です。
今朝からも、あなたのおしらせを知った晩稲の方々は、口をそろえて、
イソさんは何とも、タトエようのない、よい人だった、
よいお母さんだった、
慈愛ぶかいお母さんだった、と、ほめてくれました。
まったく、そのとおり、
善良な、心のうつくしいあなたの、一代でした。
どうぞ、安らかに、お浄土の蓮（はす）のうてなに召されて下さい。

〈同称十念〉

南無阿弥陀佛、南無阿弥陀佛、南無阿弥陀佛

平成九年十二月三日

月向山光明寺住職

# 引導

四生無常のかたち、生あるものは、死に帰す。哀れなるかな、電光の命、草露の朝を、待つがごとし。
悲しいかな風葉の身、槿花の朝にして、夕にいたらざるに、あい似たり。幽魂は独り往き、かわれば、
質は山沢に残り、骨は野外にさらす。人中天上の快楽は、夢の中にして、幻のごとし。
諸行は、まさしく、無常なり。
ここに、新蓮台、俗名「岩崎イソ」行年八十六才。
汝は、大正元年九月十七日、生まれたり。
汝は、また、「五重相伝」にはいり、
功空円心禅定尼、を、いただけり。
汝は、平成九年十二月二日、午後十一時二十分、往生せり。
汝、今や、大慈悲、阿弥陀如来の、本願に、出会うなり。
すなわち、かつて、阿弥陀如来は、われらのために、超世の悲願を立てられたり。
我ら、十方の衆生が、佛の國に生まれんことを、願って、
南無阿弥陀佛、と、佛のおん名を称うれば、必ず、来たって、救いたもう。
仰ぎおもんみれば、大慈悲、阿弥陀如来は、かのほうより、来れ、と、呼び賜い、
このほうよりは、本師、釈尊が、とく往け、と、進めたもう。
新蓮台、俗名「岩崎イソ」行年八十六才
功空円心禅定尼
一到弥陀安養國(いっとうみだあんにょうこく)、元来是我法王家(がんらいぜがほうおうけ)

南無阿弥陀佛

平成十三年九月十八日

# 誓良院壽空浄量居士

桐本 良一　八十四才

## お別れのことば

つゝしんで、桐本良一様のご霊前に、お別れのことばを、贈ります。

平成十三年九月十八日の夕方、あなたは、八十四才の人生をとじて、安らかに、永眠されました。

こゝに、つゝしんで、深く、お悔み申し上げます。

暑さ寒さも彼岸まで、の言葉どおり、こゝ数日の間に、ふるさとの野道には、ひがん花まんじゅしゃげが、紅く、むれ咲いて、朝晩は、しょうじょうと、秋風も吹き、しのぎよくなりました。本日から、その、お彼岸の入り、です。

昔から、人は誰しも、

「人生の末六十日を、案じる」と、言われますが、

あなたの場合は、自分では、軽いカゼひきだと思い、自宅で、静かに養生して、その間は、最愛のご家族の

至れりつくせりの看護をうけ、秋のお彼岸にあの世へ、旅立たれたこと、それは、まことに珍しい大往生と思います。

ことわざに、「積善の家に、余慶あり」と、聞いていますが、桐本良一さん、あなたは、その性、温厚、篤実にして、神佛を敬い、氏神さま、須賀神社と菩提寺、月向山光明寺の総代をつとめ、晩稲区長はもとより、梅産業界の役職について、広く社会に奉仕されました。

生家である桐本家のあなたのお母さん、桐本コイさんは、大変、信仰心のある方でしたから、幼い頃から、その感化をうけておられました。

光明寺鎮守のお地蔵様を拝み、なお、地蔵の坂のお地蔵さまに対しては、桐本さんは、格別の信心で、初地蔵さまの紅白餅は必ず地蔵の坂へ、自分でお供えされました。

つまり、あなたのご先祖、西家の九十才まで長命された西仁平さんは、ちゐ者の風格あって、外来の物貰いの人にも情けをかけた、ほとけ心のある方だったそうで、多分、桐本さん、あなたの心の中に、黒津と上尾を愛する気持ちが、格別だったのでしょう。

青年期に、岩本孫太夫氏に信頼されて、岩本家長女、輝子さんを、桐本家へ迎えて、現在は、株式会社「倖梅」の会長の任につき、お孫さんがたは、まじめに成長、女婿、幸博氏、澄子さんのあつい孝養の中で、まさに、恵まれた環境でした。

このたび、自宅静養中のあなたは、輝子さんの夫婦愛に加えて、澄子さんと、白浜の栄子さんにたえず守られたこと、そのなさけこそは、現在医学のいかなる高貴薬もおよばない、心のさゝえだった、と、想像します。

よき妻、輝子さんとの出会い。この御縁は、桐本さんの、最高の幸運だったのでしょう。

ありし日の思い出は沢山ですが、限られた時間帯です。

地蔵信仰あつかりし桐本良一さん、どうぞ、六道の辻にましします地蔵尊、みちびき給え弥陀の浄土へ、です。

いつもおとなえする「発願文」に、

願くは弟子等、命終の時に臨んで、心顛倒せず、心錯乱せず、心失念せず。

身心に諸の苦痛なく、身心快楽（けらく）にして禅定に入るが如く、

聖衆現前したまえ、佛の本願に乗じて、阿弥陀佛国に上品往生せん。

今夜、生前の桐本さんに、あらためて、あつく、御礼もうしあげます。

今夜は、大勢の皆様のおまいりをいたゞきました。

通夜のおつとめをいたゞいて、安らかに、お浄土へ旅立ってください。

〈同称十念〉

南無阿弥陀佛、南無阿弥陀佛、南無阿弥陀佛

平成十三年九月二十日

月向山光明寺住職

# 引導

四生無常のかたち、生あるものは、死に帰す。哀れなるかな、電光の命、草露の朝を、待つがごとし。
悲しいかな風葉の身、槿花の朝にして、夕にいたらざるに、あい似たり。幽魂は独り往き、かわれば、
質は山沢に残り、骨は野外にさらす。人中天上の快楽は、夢の中にして、幻のごとし。
諸行は、まさしく、無常なり。
ここに、新蓮台、俗名「桐本良一」行年八十四才。汝は、大正七年六月二十一日に、この世に生をうけ、平成十三年九月十八日、午後四時四十分、往生せり。あなたは、輝子夫人と、そして、桐本幸博、澄子夫婦、小山雅也、栄子夫婦、の、二代目に囲まれて、大往生を果たすなり。
光明寺は
**誓良院壽空浄量居士、**を、授与するものなり。
みな人よ、十方衆生の願なれば、南無阿弥陀佛の、丸の内なり。
汝、今や、大慈悲、阿弥陀如来の、本願に、出会うなり。
すなわち、かつて、阿弥陀如来は、われらのために、超世の悲願を立てられたり。
我ら、十方の衆生が、佛の國に生まれんことを、願って、南無阿弥陀佛、と、佛のおん名を称うれば、必ず、来たって、救いたもう。仰ぎおもんみれば、大慈悲、阿弥陀如来は、かのほうより、来れ、と、呼び賜い、このほうよりは、本師、釈尊が、とく往け、と、進めたもう。
新蓮台、俗名「桐本良一」行年八十四才
**誓良院壽空浄量居士**　南無阿弥陀佛
一到弥陀安養國（いっとうみだあんにょうこく）、元来是我法王家（がんらいぜがほうおうけ）

いんどう

平成七年十月二十四日

# 晃空妙隆禅定尼

田中 くの　九十才

## お別れのことば

つゝしんで、田中くの様の霊前に、お別れのごあいさつをおくります。

昨日は久しぶりに恵みの雨が降って、人びとも野山の木々も、ほっとしました。

あなたは、このところ、高齢の老いの身を床について静養されていたそうですが、うるおうた秋の空気を久しぶりに呼吸して、おいしくおひるのご飯もあがって夕方五時には、安らかに永眠されたと伺いました。

あなたは誰もがこいねがう生命の宝である長命をさずかり、尚、晩稲にご親類も多いから、まわりのあつい情につゝまれて、九十才の長命の旅立ちとはまことに恵まれた晩年でした。

あなたは滋賀県草津市が故郷で、大阪市で田中大次郎さんと家庭をもってくらしていましたが、昭和十六年に疎開して、親許のイヨオバアサンの家へかえられたそうで、五男一女のにぎやかなくらしを、おばあさんもよろこびましたが、イヨさんは、翌十七年になくなり、つゞいて翌年には、柱とたのむ大次郎さんが亡くなり、戦時中でもあり、あなたの上にきびしい苦難の道がつゞいたわけですが、温厚で、まじめな婦人のあなたは、子どもたちのために、よき母として辛抱されたのですね。加えて一人娘の愛子さん八才をなくし、昭和五十一年には、長男、實さんに先立たれたのですから、現在までよくその傷手に耐えて、田中家を支えてくれました。

今夜あらためて、あなたの尊い母の道を、たゝえます。

人生はよろこびも悲しみもの幾歳月ですが、人は誰しも受けがたき人身をうけた以上は、くるしみの中に耐えて合掌することが宿命です。かくして、あなたの晩年は、お家を守るチヨエさん、ならびに、東孝（ひがしたかし）さんの厚い孝行はもとよりご親類方にかこまれて平安無事でした。もちろん都会でくらしておられる息子さん方も、気くばりされました。

気候は、暑からず寒からず、おだやかな秋景色の晩稲においとまを告げたあなたに、今夜は、一般の方々、わけても、親しい下尾の皆さんの真心こめて通夜のおつとめ、ご詠歌をさゝげて、お浄土への旅立ちとご冥福を、祈ります。

では

〈同称十念〉

南無阿弥陀佛、南無阿弥陀佛、南無阿弥陀佛

平成七年十月二十五日

月向山光明寺住職

# 引導

四生無常のかたち、生あるものは、死に帰す。哀れなるかな、電光の命、草露の朝を、待つがごとし。

悲しいかな風葉の身、槿花の朝にして、夕にいたらざるに、あい似たり。幽魂は独り往き、かわれば、
質は山沢に残り、骨は野外にさらす。人中天上の快楽は、夢の中にして、幻のごとし。

諸行は、まさしく、無常なり。

ここに、新蓮台、俗名「田中くの」行年九十才。

汝は、明治三十九年十月七日に、生まれたり。

汝は、六児の子育てをし、また「五重相伝」にはいり、
**晃空妙隆禅定尼、**を、いただけり。

汝は、平成七年十月二十四日、午後五時、往生せり。

汝、今や、大慈悲、阿弥陀如来の、本願に、出会うなり。

すなわち、かつて、阿弥陀如来は、われらのために、超世の悲願を立てられたり。

我ら、十方の衆生が、佛の國に生まれんことを、願って、
南無阿弥陀佛、と、佛のおん名を称うれば、必ず、来たりて、救いたもう。

仰ぎおもんみれば、大慈悲、阿弥陀如来は、かのほうより、来れ、と、呼び賜い、
このほうよりは、本師、釈尊が、とく往け、と、勧めたもう。

南無阿弥陀佛

新蓮台、俗名「田中くの」行年九十才

**晃空妙隆禅定尼**

一到弥陀安養國（いっとうみだあんにょうこく）、元来是我法王家（がんらいぜがほうおうけ）

いんどう

平成十三年十月六日

# 誓空浄圭信士

東光　圭司　六十六才

## お別れのことば

つゝしんで、東光　圭司様の霊前に、お別れの言葉を、贈ります。

去る十月六日の夕方に、あなたが忽然(こつぜん)と永遠の眠りにつかれて、あの世へ旅立たれたことを知ったまわりの人々は、一様に、粛然と襟を正したことでした。

まことに人の世の生命(いのち)のはかなきこと、草露(そうろ)の如し、です。

こゝに、つゝしんで、深く、お悔みを申し上げます。

かえりみますれば、あなたは、英霊、東光仲三氏の次男に当たり、上南部中学生の当時は、私の父は英語を担当したそうで、頭脳明晰な美少年だったそうです。

数年前の同窓会にも、クラスメートの崎山濩さんと一緒に出席して、満足そうだったことを聞きました。

すぐる第二次世界大戦において悲しいかなあなたのお父さんは、年老いたご両親とご家内光子さんと、あなた方、五人の子女を残して、海軍に召集されてのち、外地に転戦して三十八才をもって激戦地フィリピン、レイテ島ガンギボット山において戦死されたのは、昭和二十年五月二十日のことでした。

東光家の大黒柱だった仲三さまの戦死は、年老いた菊松ご両親の深い悲しみはもとよりのこと、お父さん亡きあとのこの歳月（としつき）、あなた方の痛みは、察して余りありでした。まさに、戦争の犠牲です。

さらに、あなたのお母さんのご苦労は、言葉などでは言いつくしきれません。

そのお母さんも、二ヵ年と一ヵ月前に、亡くなられ、それまでは、ひとりぐらしのあなたのために、お母さんは、熱いなさけで、精いっぱいにあなたのお世話をしてくれましたね。

その後の二年間は、お義姉（ねえ）さんに当たる絹子さんが、食事のお世話などをして下さったそうですが、絹子さんもこのごろは血圧が高くて健康も以前にくらべて少々不安な状態らしく、うかがいましたが、絹子さんは、なかなか、なさけ深くおちついた、よくできた婦人ですから、あなたにとっては、ふかく感謝すべき方です。

「与えても、へらぬ親切のこる徳」とは、このことです。

絹子さんに対しては、今夜、あつく、御礼を申し上げましょう。ありがとう、ございました。そして、あの世では、きっとお母さんが、あなたを待って迎えてくれることでしょう。

このたびのあなたをいたむ土地の方のお話によれば、

六日の朝も、あなたは吉田口へいつものように、モーニングコーヒーをいたゞきにゆかれ、その節に、「このごろ、少しお腹のぐあいがわるい」と話されたそうで、このたびの原因は、多分腹部にあったのでしょうか。

南部駅前の喫茶「梅」から年賀状も来て、『紀州路みなべ』へは、お風呂で行く、など、元気だった日に、モーニングコーヒーの席で、あなたは新聞にも目を通し、同席の晩稲の方々と世間話も上機嫌でされたことをうかゞって、安心したことでした。そういえば、白梅幼稚園の朝のお集まりの九時半ごろ、ホールの窓の外から子どもたちの歌声を聞きながらニコヤカに通られました。つい先日のこと、光明寺では、六地蔵さまをおまつりしました。そのお姿が、もったいなくて、ありがたくて、

六地蔵さまの前にきますと、おのずから、心が安まって、しぜんに、合掌します。

六道の辻にましたます地蔵尊、みちびき給え、弥陀の浄土へ、です。

東光圭司様、とうこう、けいじさま、

ふるさとの秋、ようやく深み、あつからず、寒からずの山里に見送られて、

今夜は、あなたを知る上尾、黒津の親しい皆さまの真心こもる通夜のお念佛に送られてお浄土へ、旅立って下さい。

こゝに、無常安心章を呈しまして、

仰いで大空に動く雲の姿を見、ふして逝く河の水の流れを観よ。

雲も水も、しばしもとゞまらず、ありと思えばたちまちなし。

消えたりと思えばまたあらわる。まことに、人の世のすがたもまたかくの如し。

こゝに、死したる人あれば、かしこに、生まるゝ者もあり。たとえ、死をいとい、ながく、この世に生きんことを望むとも、人の命のはかなきこと、霜露のごとく、

無常なること、光よりも速やかなり。若きが先だち、

老いたる人のおくるゝなげき、まことに、生まれし者は、必ず死し、

会う者は、必ず、はなるゝならい、あゝ、誰か、百年の齢(よわい)を、たもたんや。

六道の辻にましします、地藏尊、みちびき給え、弥陀の浄土へ、です。

父母恩重経の一節に、

あわれはらから心せよ、
山より高き父の恩、海より深さ母の恩、知るこそ道の始めなり。
まことに父母の恵みこそ、天のきわまりなきごと、
父母はわが子のためならば、
出ても入っても子を思い、ねてもさめても子を思う。
おのれ生あるそのうちは、子の身にかわらんことを思い、
おのれ死にゆくそののちは、子の身を守らんことを願う。
よる年波の重なって、
いつか頭(こうべ)の霜しろく、
おとろえまさる父母を、
あおげばおつる涙かな。
あゝ有難き父の恩、あゝ有難き母の恩。
子は、いかにして、むくゆべき、です。

南無阿弥陀佛、南無阿弥陀佛、南無阿弥陀佛

〈同称十念〉

平成十三年十月十一日

月向山光明寺住職

# 引導

四生無常のかたち、生あるものは、死に帰す。哀れなるかな、電光の命、草露の朝を、待つがごとし。悲しいかな風葉の身、槿花の朝にして、夕にいたらざるに、あい似たり。幽魂は独り往き、かわれば、質は山沢に残り、骨は野外にさらす。人中天上の快楽は、夢の中にして、幻のごとし。

諸行は、まさしく、無常なり。

ここに、新蓮台、俗名「東光圭司」けいじ行年六十六才。あなたは、昭和十一年九月十四日に、東光仲三、光子夫妻の次男として、この世に生まれ、平成十三年十月六日、午後六時、往生の時まで、行年六十六才、まで、人生を送りました。朝の出で立ちは、九時ごろ、愛用の自転車で、白梅幼稚園の横を通って、モーニングコーヒーをいただき、好きなタバコをのみ、新聞を読み、同席の晩稲の人々たちと、上機嫌で、話をするものなり。

六道の辻にましますす地蔵尊、みちびき給え、弥陀の浄土へ、です。

汝、今や、大慈悲、阿弥陀如来の、本願に、出会うなり。すなわち、かつて、阿弥陀如来は、われらのために、超世の悲願を立てられたり。

我ら、十方の衆生が、佛の國に生まれんことを、願って、南無阿弥陀佛、と、佛のおん名を称うれば、必ず、来たって、救いたもう。仰ぎおもんみれば、大慈悲、阿弥陀如来は、かのほうより、来れ、と、呼び賜い、このほうよりは、本師、釈尊が、とく往け、と、進めたもう。

南無阿弥陀佛

新蓮台、俗名「東光圭司」けいじ行年六十六才

誓空浄圭信士

一到弥陀安養國(いっとうみだあんにょうこく)、元来是我法王家(がんらいぜがほうおうけ)

いんどう

平成七年十二月十日

# 照空貞光妙誉大姉

武市　ヨシ　　九十七才

## お別れのことば

つゝしんで、武市ヨシ様のご霊前に、お別れのごあいさつを贈ります。

あなたが、昨日十二月十日の夜あけ方に、

弥陀の浄土へ安らかに旅立たれたことを伺いました。

ことしは、異常な天候で、梅の枯枝(かれえだ)も大変おおく、また、山の立ち木があちらこちらで枯れているそうですが、高齢のおとしよりは、体力に障りの出た方が多いようにも聞いていました。

明治三十二年の生まれで、九十七才のお体にもさわりがでたのでしょうか。南部町大字山内の素封家、玉井家から武市泰次郎様に迎えられて、そのおこし入れは大変はなやかだったとも聞いています。

人は誰しも長命をこいねがうものですが、その生命(いのち)の宝を百年近くももちつづけることの出来たあなたは、実に、幸運な婦人でした。

しかし、明治、大正、昭和、平成のすぎこし方をふり返れば、よろこびも悲しみもの幾歳月であられたこととお察しいたします。わけても第二次世界大戦中は、息子さんの出征で、銃後を守られたことは、母としての大変な重荷でありましたし、ご心労だったことでしょう。

また若い頃には、武市家の御両親やご一族に仕え、四人のご子息に高等教育を授けて、立派に社会におくり出したあなたは、明治、大正期の良妻賢母の代表のようなご婦人でした。尚、世の歌よみは、美人のことを、みめうるわしく、と、歌いましたが、あなたの生まれつきのきりょうのよさは、おばあさんになっても、きれいなお方でした。

それと、息子さん達は「父親はきびしくて、子どもの頃からよく叱られたが、母親に叱られた思い出はない」と、言ってくれました。よほど慈愛にみちた、すばらしいお母さんだったのですね。

かくて、あなたは、武市家に入ってよき嫁の座を守り、母としてあっぱれ婦道を守り、尚、家業に対して、惜しみなく精出して、常に、縁の下の力持ちとなって、連綿と栄える武市家の誇りに奉仕されたのでした。

今夜あらためて、あなたの九十七才の長寿をたたえ、武市家における裏方役の大きな存在なりしことに、御礼申し上げます。

このたび、心にかゝることは更になくて、お浄土へ旅立たれるあなたに、ご親族、一般多勢の皆様と、下尾の方々のまご、ろこもる通夜のお念佛をさゝげて、御冥福を、念じあげます。　では

〈同称十念〉

南無阿弥陀佛、南無阿弥陀佛、南無阿弥陀佛

平成七年十二月十一日

月向山光明寺住職

# 引導

## いんどう

四生無常のかたち、生あるものは、死に帰す。哀れなるかな、電光の命、草露の朝を、待つがごとし。

悲しいかな風葉の身、槿花の朝にして、夕にいたらざるに、あい似たり。幽魂は独り往き、かわれば、
質は山沢に残り、骨は野外にさらす。人中天上の快楽は、夢の中にして、幻のごとし。

諸行は、まさしく、無常なり。

ここに、新蓮台、俗名「武市ヨシ」行年九十七才。

汝は、明治三十二年一月二十四日に、生まれたり。

汝の善行を讃えて、
**照空貞光妙誉大姉、**を、贈るものなり。

汝は、平成七年十二月十日、午前四時三十分、往生せり。

汝、今や、大慈悲、阿弥陀如来の、本願に、出会うなり。

すなわち、かつて、阿弥陀如来は、われらのために、超世の悲願を立てられたり。

我ら、十方の衆生が、佛の國に生まれんことを、願って、
南無阿弥陀佛、と、佛のおん名を称うれば、必ず、来たりて、救いたもう。

仰ぎおもんみれば、大慈悲、阿弥陀如来は、かのほうより、来れ、と、呼び賜い、
このほうよりは、本師、釈尊が、とく往け、と、勧めたもう。

新蓮台、俗名「武市ヨシ」行年九十七才

**照空貞光妙誉大姉**

一到弥陀安養國（いっとうみだあんにょうこく）、元来是我法王家（がんらいぜがほうおうけ）

南無阿弥陀佛

平成八年一月二十日

# 彰篤院慈空照道居士

月向　彰廉（あきかど）　八十九才

## お別れのことば

つゝしんで、月向彰廉様の霊前に、お別れのごあいさつを申しあげます。

昨日二十一日の早朝、あなたの突然の訃報に接しまして、おどろきいりました。

多年にわたり、菩提寺、月向山光明寺の公私ともにあつツいおつきあいをいただき、ありがとうございました。あつく、御礼申し上げます。ふしぎにも、二十日夜八時ごろでした。あなたがなくなられる少し前だったのでしょうか。私の両親はハナレで、「月向ハンは、お達者だろうか。くれから、しばらく、あやこさんとも、ご無沙汰しているから、あしたは一度電話しょうか」と、あなたのおうわさをしたあとで休んだそうです。それが、一夜あけて朝はやく、あなたの他界されたことをきいて、何ともふしぎなおもいでした。

はるかアメリカで、お父さんの訃報に接したさわゑさんの胸中察してあまりあり、です。

あなたは、立派な体格とよい体質の方でした。このごろ、時々電話も下さいました。メガネもいらず、耳も近くて、毎日、新開も目を通され、テレビも見ておられたから、思想も新しく判断力も健全でした。

まだ九十五才はまちがいなく保証できると信じておりましたが、矢張り八十九才という重ねてきた年輪は、梅にたとえても、老梅、老木でしょうか。電話でも、「もう一度、お寺ハンへ行きます」との約束でしたから、残念ですが、晩年のあなたが、月向山光明寺を、心の安らぎにして下さったことにも御礼申し上げます。

加えて、現在八十才代の男子は、第二次世界大戦の末期に召集令状をうけて、父母や妻子を残して出征しましたが、月向さん、あなたも、ごくろうをして下さいました。

尚、戦後まだ日の浅い昭和二十七年に光明寺梵鐘鐘楼建立の際には、率先、多額の寄進をいたされました。又、光明寺本堂の大木魚、幢幡（とうばん）打敷など、菩提寺護持の大施主であられたことに対して、今夜あらためて、あつく、御礼を、申し上げます。それから、南部川村で最近、大変、脚光をあびている熊瀬川「鶴の湯」は、むかし五十年も前は、草ぶかい温泉だったのですが、光明寺の先々代、教順夫婦と月向さんのお母さんはよく出かけましたね。帰り道、先ず寺でひとやすみして、軽い食事のとき、お母さんが、あなたの名を呼んで、「このおかゆ、おいしいから」とすすめた時の声と表情のいつくしみにみちたお母さんの言葉、それは、絵ならばまさに名画の慈母観音様でした。まことに慈愛ぶかいお母さんとのこのおもいでばなしを、光明寺へおいでになった時は、私の父親とよく話題にしてなつかしんだそうですが、このたびいよいよ佛の世界へ旅立たれる月向さん、この世では貞節なあや子さんにみとられ、アメリカのさわゑさんと山内、川中英子さんのしあわせをよろこびながら、洋さん夫婦と三人のよい孫さん方の孝養をうけて、まことに平和な晩年でした。

お経本のなかの発願文に、
願わくば弟子等、命終り（いのちおわ）の時に、臨んで、心、顚倒せず、心、錯乱せず、心、失念せず、

と、ありますが、

あなたの「大往生」を、思います。

ここに、無常安心章を呈しまして、

仰いで大空に動く雲の姿を見、ふして逝く河の水の流れを観よ。

雲も水も、しばしもとゞまらず、ありと思えばまた消える。

きえたりと思えばまたあらわる。

まことに、人の世のすがたもまたかくの如し。

こゝに死したる人あれば、かしこに、生まるゝ者もあり、

たとえ死をいとい、ながくこの世に生きんことを望むとも、人の命のはかなきこと、霜露のごとく、

無常なること、光よりも速やかなり。若きが先だち、老いたる人のおくる、なげき。

まことに、生まれし者は、必ず死し、

会う者は、必ず、はなるゝならい、あゝ誰か、百年の齢(よわい)を、たもたんや。

今夜は、一般の方々と、わけても上尾の皆さん方のなさけこもるお通夜のおつとめをいたゞいて、あの世では、慈悲ぶかいお母さんに迎えられることを、念じます。ご冥福を祈ります。では

〈同称十念〉

南無阿弥陀佛、南無阿弥陀佛、南無阿弥陀佛

平成八年一月二十二日

月向山光明寺住職

# 引導

四生無常のかたち、生あるものは、死に帰す。哀れなるかな、電光の命、草露の朝を、待つがごとし。

悲しいかな風葉の身、槿花の朝にして、夕にいたらざるに、あい似たり。幽魂は独り往き、かわれば、
質は山沢に残り、骨は野外にさらす。人中天上の快楽は、夢の中にして、幻のごとし。

諸行は、まさしく、無常なり。

ここに、新蓮台、俗名「月向彰廉」・あきかど行年八十九才。

汝は、明治四十一年三月二十九日に、生まれたり。

汝の業績を讃えて、
**彰篤院慈空照道居士、**を、贈るものなり。

汝は、平成八年一月二十日、往生せり。

汝、今や、大慈悲、阿弥陀如来の、本願に、出会うなり。

すなわち、かつて、阿弥陀如来は、われらのために、超世の悲願を立てられたり。

我ら、十方の衆生が、佛の國に生まれんことを、願って、
南無阿弥陀佛、と、佛のおん名を称うれば、必ず、来たりて、救いたもう。

仰ぎおもんみれば、大慈悲、阿弥陀如来は、かのほうより、来れ、と、呼び賜い、
このほうよりは、本師、釈尊が、とく往け、と、勧めたもう。

新蓮台、俗名「月向彰廉」・あきかど行年八十九才

**彰篤院慈空照道居士**　　南無阿弥陀佛

一到弥陀安養國（いっとうみだあんにょうこく）、元来是我法王家（がんらいぜがほうおうけ）

いんどう

平成十三年八月十七日

# 歓空妙喜禅定尼

月向　あや子　　　八十八才

## お別れのことば

つゝしんで、月向あや子様の霊前に、お別れの言葉を、贈ります。

あなたは、一昨、八月十七日夜、八十八才の生涯をとじて、永眠されました。

ことしの暑さのきびしさは、格別でした。

土用なかばに、秋の風、とは、昔からの言い伝えですが、ことしの夏は、誰しもがあえぐきびしさでしたから、高齢のあなたも、しのぎきれなかったのでしょうか。

昨日あたり、めぐみの雨も少しありまして、扇風機の風もいくらかひんやりですので、山荘のような月向家のあたりに秋風のおとずれも近づきつゝあるのに、と、お名残りはつきません。こゝに、つゝしんで、深く、お悔みを、申し上げます。

あなたは、昭和十年九月に、上芳養の奥、畑谷家から、当、月向彰廉さまに迎えられました。以来、ご両親に仕え、家業に精励して、貞淑なご婦人でした。

月向家と光明寺は、私の祖父の代から、格別に親しんできましたから、すぎてきた歳月（さいげつ）の思い出も、沢山、です。十七日の夜も、私の両親が、「もう月向ハンも竹田ハンもあの世の人で、さびしいことや」と、話合い、妙に寝つきにくかったが、あや子さんが亡くなった、とは、矢張り、ふしぎなおしらせだったのだろうか、と、合掌でした。

あや子さん、月向さんを見送ってから、ことしで、足かけ六年ですね。

お宅は、洋（ひろし）さんご夫妻、わけても、美也ちゃんがお母さんにゆきとゞいて、大変、孝行だとうわさにきいていましたから、私ども、安心していましたし、あや子さんをお訪ねすることは、おじゃまかと察して、さしひかえたことでした。

お元気な頃のあなたは、あししげく寺へおまいりになって「方丈ハン方丈ハン」と、大切なことも、いろいろ打ちわって話してくれましたし、品よく、きれいだった笑顔が忘れられません。

ゆうべ、はるばる、アメリカから帰られるサワエさんのお気持ちを察して、なみだです。

あなたは、すぐる第二次世界大戦中に月向さんが出征のあとの銃後を守って、両親と供出米のきびしい規則のために苦労だったこと、、働き通したしんぼうは、忘れられない、と、言われましたね。よほど、しんぼうだつたのでしょう。

世間の皆さんとのつきあいもよろしく、信仰心あつい月向家のよき家風を築き、お孫さん方を、上手に育てあげて、あなたは、本当に、見上げたご婦人だったのです。

今夜、あらためて、あなたの婦道をたゝえ、あつく、御礼を申し上げます。

古歌に、いつまでこの世にいるものぞ、命（いのち）はもろき草の露（つゆ）

山ほど財宝つむ人も、死出の旅路は、たゞ一人、とありますが、あなたは、信仰心のあついお方でしたから、
六道の辻にまします地蔵尊が、弥陀のお浄土へみちびいて下さることを、信じます。
お経本のなかの発願文に、
願わくば弟子等、命終(いのちおわ)りの時に、臨んで、心、顛倒せず、心、錯乱せず、心、失念せず、と、ありますが、
あなたの「大往生」を、思います。
ここに、無常安心章を呈しまして、

仰いで大空に動く雲の姿を見、ふして逝く河の水の流れを観よ。
雲も水も、しばしもとゞまらず、ありと思えばまた消える。消えたりと思えばまたあらわる。まことに、人の世のすがたもまたかくの如し。こゝに死したる人あれば、かしこに、生まるゝ者もあり、たとえ死をいとい、ながくこの世に生きんことを望むとも、人の命のはかなきこと、霜露のごとく、無常なること、光よりも速やかなり。若きが先だち、老いたる人のおくる、なげき。まことに、生まれし者は、必ず死し、会う者は、必ず、はなるゝならい、あゝ誰か、百年の齢(よわい)を、たもたんや。

〈同称十念〉

今夜は、おゝぜいの、みなさんがたの、通夜のおつとめ、
心こもるお念佛に送られて、弥陀の浄土へ、旅立って下さい。

南無阿弥陀佛、南無阿弥陀佛、南無阿弥陀佛

平成十三年八月十九日

月向山光明寺住職

# 引導

四生無常のかたち、生あるものは、死に帰す。哀れなるかな、電光の命、草露の朝を、待つがごとし。悲しいかな風葉の身、槿花の朝にして、夕にいたらざるに、あい似たり。幽魂は独り往き、かわれば、質は山沢に残り、骨は野外にさらす。人中天上の快楽は、夢の中にして、幻のごとし。諸行は、まさしく、無常なり。

ここに、新蓮台、俗名「月向あや子」行年八十八才。あなたは、大正三年十月二十日に、この世に生をうけ、平成十三年八月十七日、午後七時十六分、往生せり。

上芳養、畑谷あや子の頃、「五重相伝」にはいり、

**歓空妙喜禅定尼**と、と、授与されり。

月向彰廉（あきかど）に、平成八年先立たれ、以来、月向洋夫妻、アメリカにいる沖野サワエ、南部町山内の、川中英子の子ども、さらには、その孫たちの孝行に、十分な生涯、でした。このたびの往生、いよいよ終わり、と、六道の辻にまします地蔵尊、みちびき給え、弥陀の浄土へ。

汝、今や、大慈悲、阿弥陀如来の、本願に、出会うなり。すなわち、かつて、阿弥陀如来は、われらのために、超世の悲願を立てられたり。我ら、十方の衆生が、佛の國に生まれんことを、願って、南無阿弥陀佛、と、佛のおん名を称うれば、必ず、来たって、救いたもう。仰ぎおもんみれば、大慈悲、阿弥陀如来は、かのほうより、来れ、と、呼び賜い、このほうよりは、本師、釈尊が、とく往け、と、進めたもう。新蓮台、俗名「月向あや子」行年八十八才

**歓空妙喜禅定尼**

一到弥陀安養國（いっとうみだあんにょうこく）、元来是我法王家（がんらいぜがほうおうけ）

南無阿弥陀佛

いんどう

平成十二年四月二十日

# 誓空浄則信士

坂東　寿則（としのり）　十八才

## お別れのことば

つゝしんで、坂東寿則（としのり）様の霊前に、
　お別れのことばを贈ります。
あなたが、昨日四月二十日、午前十時五十分、永眠なされたとうかゞい、
粛然と合掌をいたしました。
　若きとて、末をはるかに思うなよ、
　　無常の風は、時をきらわじ。
　明日ありと思うこころの仇ざくら、
　　夜半に嵐の、吹かぬものかは、
の古歌そのままに、光明寺のそめいよし乃も、はや散りつくして、葉ざくらです。

齢(よはい)十八才にして、この世の幸うすく、
とうとうあなたは、あの世へ旅立たれました。
法名は、
誓　空　浄　則　信　士
こゝに、つゝしんで、深く、おくやみ申し上げます。

あなたは、昭和五十六年十二月三十一日に、
坂東忠則・貴美子さんの三人目の子として生まれ、十八才でした。
こんにちの日まで、けがれなく生きられたあなたは、
必ずお浄土の蓮のうてなに迎えられることを、私たちは信じます。
そして、
先立つ者は善ちしき、と言われる通り、このさきは、どうぞ、
坂東家ご一族が、無事に繁栄されるようお守り下さい。
お願いします。
つきまして、こゝに無常安心章を呈します。

仰いで大空に動く雲の姿を見、ふして逝く河の水の流れを観よ。
雲も水も、しばしもとゞまらず、ありと思えばまた消える。
消えたりと思えばまたあらわる。

まことに、人の世のすがたもまたかくの如し。
こゝに死したる人あれば、かしこに、生まるゝ者もあり、
たとえ死をいとい、ながくこの世に生きんことを望むとも、
人の命のはかなきこと、霜露のごとく、
　無常なること、光よりも速やかなり。
若きが先立ち、老いたる人のおくるゝなげき、
　まことに、生まれし者は、必ず死し、
　　会う者は、必ず、はなるゝならい、
あゝ誰か、百年の齢を、たもたんや。

今夜は、大勢の皆様のおまいりをいただき、わけても、
平生したしまれた常楽の方々の心こもる通夜のお念佛に送られて、
　弥陀の浄土へ、おかえりください。

　　南無阿弥陀佛、南無阿弥陀佛、南無阿弥陀佛

〈同称十念〉

　　　平成十二年四月二十一日

月向山光明寺住職

# 引導

四生無常のかたち、生あるものは、死に帰す。哀れなるかな、電光の命、草露の朝を、待つがごとし。悲しいかな風葉の身、槿花の朝にして、夕にいたらざるに、あい似たり。幽魂は独り往き、かわれば、質は山沢に残り、骨は野外にさらす。人中天上の快楽は、夢の中にして、幻のごとし。

諸行は、まさしく、無常なり。

ここに、新蓮台、俗名「坂東寿則」としのり・行年十八才。

汝は、昭和五十六年十二月三十一日に、坂東忠則(ただのり)貴美子(きみこ)の、第三子として生まれたり。そして、こんにちの日まで、けがれなく生きられたあなたは、

必ずお浄土の蓮のうてなに迎えられることでしょう。

戒名は、**誓空浄則信士** と、せり。

汝は、平成十二年四月二十日、午前十時五十分、往生せり。

汝、今や、大慈悲、阿弥陀如来の、本願に、出会うなり。

すなわち、かつて、阿弥陀如来は、われらのために、超世の悲願を立てられたり。我ら、十方の衆生が、佛の國に生まれんことを、願って、南無阿弥陀佛、と、佛のおん名を称うれば、必ず、来たって、救いたもう。仰ぎおもんみれば、大慈悲、阿弥陀如来は、かのほうより、来れ、と、呼び賜い、このほうよりは、本師、釈尊が、とく往け、と、勧めたもう。

南無阿弥陀佛

新蓮台、俗名「坂東寿則」としのり・行年十八才

**誓空浄則信士**

一到弥陀安養國(いっとうみだあんにょうこく)、元来是我法王家(がんらいぜがほうおうけ)

いんどう

平成九年十月十二日

# 晃空妙諦禅定尼

東　静子　七十一才

## お別れのことば

つゝしんで、東静子さんの霊前に、お別れの言葉を、贈ります。

このたび、あなたの訃報に接したのは、昨日の朝のことでした。

あなたは、十月十二日夜(よる)ふけてから、七十一才の生涯をとじて、あの世の人になられました。こゝに、つゝしんで、深くお悔やみ申し上げます。七十一才は、早すぎる旅立ちでありました。

あなたは、当地、下尾の川畑松太郎様の長女に生まれ、上尾のおじいさんとおばあさんの家、つまり、あなたの母方に当たる東米吉家を相続されて、その後、藤田正一(まさいち)様と結婚されたのですね。しあわせそのもの、家庭でした。善良そのものと言いたい人柄のよい正一さんと、お上手口でなしに、まごゝろのある、更に善良なあなた方は、土地の皆さんから信頼をうけて、愛されて今日(こんにち)の東モータースの繁栄を築かれました。

その間(かん)の人生行路は、まことにおふたりの努力の結晶だったと思います。

健康で、いそいそと精出しておられた頃のご夫婦の姿がこの目の前にうかび出まして、感慨無量でありま
す。

人の世のよろこびかなしみ幾山河（いくやまかわ）の中でも、以前あなたが突然、交通事故にあい、それ以来は、病弱の身となったこと、加えて、正一さんが先立ったことは、土地の皆さんの同情を集めていました。

以来、体調がすぐれず、入退院をくり返すお母さんを、長女、漁崎（りょうざき）喜久子さん一家の看護は涙ぐましい孝行だったそうで、あなたもなぐさめられたことでしょう。モータースの現在は、川畑稔（みのる）さんが東モータースを、精一杯、手伝い、実意（じつい）あり、あなたに似たよい人柄が、皆さんに愛されています。川畑正男さんと稔さん、漁崎喜久子さん一家のたすけあう姿は、まさに美談です。

あなたは、誕生日も十月十五日で、明日の告別式も十月十五日、と、ふしぎなめぐりあわせ、です。

八丁たんぼに秋風がしょうじょうと吹きぬける人恋しいこの季節に、七十一年、住み慣れたふるさとを弥陀の浄土へ旅立つあなたに、今夜は、一般の方々が、多勢お参り下さって、わけても、近隣の皆様が、心こめて、通夜のおつとめをおくりますから、どうぞ、ありがたいお念佛に送られて、安らかに旅立って下さい。

では

〈同称十念〉

南無阿弥陀佛、南無阿弥陀佛、南無阿弥陀佛

平成九年十月十四日

月向山光明寺住職

# 引導

四生無常のかたち、生あるものは、死に帰す。哀れなるかな、電光の命、草露の朝を、待つがごとし。
悲しいかな風葉の身、槿花の朝にして、夕にいたらざるに、あい似たり。幽魂は独り往き、かわれば、
質は山沢に残り、骨は野外にさらす。人中天上の快楽は、夢の中にして、幻のごとし。
諸行は、まさしく、無常なり。
ここに、新蓮台、俗名「東静子」行年七十一才。
あなたは、川畑家に生をうけ、平成十三年十月十二日、往生せり。「五重相伝」にはいり、
**晃空妙諦禅定尼**と、授与されり。
このたびの往生、いよいよ終わり、と、
六道の辻にまします地蔵尊、みちびき給え、弥陀の浄土へ。
汝、今や、大慈悲、阿弥陀如来の、本願に、出会うなり。
すなわち、かつて、阿弥陀如来は、われらのために、超世の悲願を立てられたり。
我ら、十方の衆生が、佛の國に生まれんことを、願って、
南無阿弥陀佛、と、佛のおん名を称うれば、必ず、来たって、救いたもう。
仰ぎおもんみれば、大慈悲、阿弥陀如来は、かのほうより、来れ、と、呼び賜い、
このほうよりは、本師、釈尊が、とく往け、と、進めたもう。
新蓮台、俗名「東静子」行年七十一才
**晃空妙諦禅定尼**　　　　南無阿弥陀佛
一到弥陀安養國（いっとうみだあんにょうこく）、元来是我法王家（がんらいぜがほうおうけ）

いんどう

平成九年六月三日

# 晃空浄語禅定門

東　伊作　七十九才

## お別れのことば

つゝしんで、東（ひがし）伊作様のご霊前に、お別れのごあいさつをさゝげます。

あなたは、六月三日の夜あけ方に、おなくなりになりました。享年七十九才、まだまだ名残りつきない年齢です。こゝにつゝしんで、お悔みを申し上げます。

いとも安らかな永眠のご様子で、入院後三日めのことで、ご家族の方もショックは、大きかったそうですが、あなたのまわりの親しい方々にしても、入院されたことも知らずで、したがってお見舞いすることも失礼したそうで、私も同様、失礼しました。

あなたは、まことに、そのご一代を、誠実一路に、人の批評やかげ口など、一切そんなことを言えない、人格者でした。中本さんから迎えた奥さんと共に、よい家庭を築かれて、よい家風を作り、いわゆる模範的な東（ひがし）家でした。

若き日のあなたは、戦争中は、加古川高射砲隊に入隊して、きびしい訓練に耐え、夜、消灯後、山陽本線の汽車の音をきくたびに、ふるさとの晩稲を、なつかしんだ、そうですね。以前、光明寺で発刊した「戦友」の本で、あなたの原稿を再読して、純粋な、東さんの青年時代を想像して、胸があつくなりました。わけても、第二次世界大戦に於いては、清太郎兄さんを、英霊にささげ、東家の運命も変化して、ご苦労でございました。

中国で戦死なされた兄さんの追善供養もおこたりなく、お詣り下さったことでした。

現代七十才以上のおとしよりはそれぞれに、日本の歴史の変動にさいなまれ、心も休も苦難を重ねた人生でしたが、ことしは、そうしたおとしよりの方々が、多年築いて下さった特産梅が、見事な豊作で、あなたも、さぞ満足して下さったことでしょう。天地のおかげ、ご先祖のおかげです。

梅のみのりを完全に取り入れるまで、生きてほしかったと、息子さん、お孫さん方も思うことでしょう。

まことに、残り惜しいお別れでした。

今夜は多勢の皆さんにお参りいただき、わけても、地元の下尾の皆様の真心こもるお通夜のお念佛をいたゞいて、どうぞ、弥陀の浄土へお旅立ち下さい。

では

〈同称十念〉

南無阿弥陀佛、南無阿弥陀佛、南無阿弥陀佛

平成九年六月四日

月向山光明寺住職

# 引導

四生無常のかたち、生あるものは、死に帰す。哀れなるかな、電光の命、草露の朝を、待つがごとし。

悲しいかな風葉の身、槿花の朝にして、夕にいたらざるに、あい似たり。幽魂は独り往き、かわれば、
質は山沢に残り、骨は野外にさらす。人中天上の快楽は、夢の中にして、幻のごとし。

諸行は、まさしく、無常なり。

ここに、新蓮台、俗名「東伊作」ひがし・いさく行年七十九才。

汝は、大正九年十月二日に、生まれたり。

汝は、また「五重相伝」にはいり、
**晃空浄語禅定門、**を、いただけり。

汝は、平成九年六月三日、午前三時四十七分、往生せり。

汝、今や、大慈悲、阿弥陀如来の、本願に、出会うなり。

すなわち、かつて、阿弥陀如来は、われらのために、超世の悲願を立てられたり。

我ら、十方の衆生が、佛の國に生まれんことを、願って、
南無阿弥陀佛、と、佛のおん名を称うれば、必ず、来たりて、救いたもう。

仰ぎおもんみれば、大慈悲、阿弥陀如来は、かのほうより、来れ、と、呼び賜い、
このほうよりは、本師、釈尊が、とく往け、と、勧めたもう。

新蓮台、俗名「東伊作」ひがし・いさく行年七十九才

**晃空浄語禅定門**

一到弥陀安養國（いっとうみだあんにょうこく）、元来是我法王家（がんらいぜがほうおうけ）

南無阿弥陀佛

いんどう

平成七年三月二十九日

# 圓空貞鏡禅定尼

松田　正枝　八十五才

## お別れのことば

つ、しんで、松田正技様の霊前に、お別れのことばを、贈ります。

さくら前線も近づき、野山は春めきましたが、朝夕はまだうすら寒いこの頃です。

昨日三月二十九日朝、松田さん、あなたがなくなられたらしい、と、風のたよりに耳にしまして、言い知れぬ無常感とさみしさに誘われて、合掌いたしました。ありし日をしのびつ、深くおくやみ申し上げます。

最近は、静養して床についておられたそうですが、格別な病名もなくて、したがって病苦もなく、安らかに、あの世の旅に出られたそうで、安心しました。

今日も、光明寺先住が、思い出を語りまして、あなたは、下尾、坂井家の出で、貞雄氏の姉さんに当たり、松田善吉さんに嫁いだ頃、三日がえりの日、常楽から歩いてポンプ小屋のところを通って下尾へ帰ってゆく和服姿を、私は寺の石段のところから見せてもらった。今のように家が立ち並んでなかったから、寺からポンプ小屋のあたりもよく見えた。ふり返れば六十四、五年も前の昔ばなしのことだけど、なつかしく思い出す、と、言いました。あれから、六十四、五年の才月を、あなたは、二男四女のお子さん方を、立派に育て上げられたのです。明るい涼しい善良そのもの、目許と口許が印象に残る正枝さんでした。

主人の松田善吉さんは、地域の世話役になって忙しかったから、家業の大半は、あなたの肩にかゝりました。信仰心もあつく、性格もよく生まれあわせたあなたは、妻としても、母としても、根限り働き奉仕された一代でした。あなたの孝行なお子さん方にしてみれば、さぞかし名残りつきないこのたびのお別れだと思います。

十億の人に十億の母あれど、わが母にまさる母あらめやも、と、よきお母さんをたゝえ、感謝すべき人で、松田家の光だった、のでしょう。

私も、今夜あらためて、あつくあつく御礼申し上げます。

常楽のご近所の皆さんがお別れを惜しんでいる中でも、高齢、藤田ミヨさんは姪に当たるあなたを、心からたよりにしておりましたから、昨日いらい、あなたに先立たれたショックは大きいことゝ、お察しゝています。同情にたえません。誰しも人は、生老病死、お釈迦さまのおさとしの通りでまぬがれませんが、今、八十才前後の方は、戦時中のきびしい苦労の中で、なみなみならぬきびしさを体験した一代でしたから、なおさら、ごくろうさま、でした。

こゝに、無常安心章を呈しまして、
仰いで大空に動く雲の姿を見、ふして逝く河の水の流れを観よ、
雲も水も、しばしもとゞまらず、ありと思えばまた消える。

消えたりと思えばまたあらわる。

まことに、人の世のすがたもまたかくの如し。
こゝに死したる人あれば、かしこに、生まるゝ者もあり、
たとえ死をいとい、ながくこの世に生きんことを望むとも、
人の命のはかなきこと、霜露のごとく、
　無常なること、光よりも速やかなり。
若きが先立ち、老いたる人のおくるゝなげき、
　まことに、生まれし者は、必ず死し、
　　会う者は、必ず、はなるゝならい、
あゝ誰か、百年の齢を、たもたんや。
今夜は、ご親族はもとよりながら、常楽の皆さん方が、なさけ一杯で、お通夜のおつとめを、さゝげております。
どうぞ、安らかに、お浄土の旅を、つゞけて下さい。

〈同称十念〉

南無阿弥陀佛、南無阿弥陀佛、南無阿弥陀佛

平成七年三月三十日

月向山光明寺住職

# 引導

四生無常のかたち、生あるものは、死に帰す。哀れなるかな、電光の命、草露の朝を、待つがごとし。

悲しいかな風葉の身、槿花の朝にして、夕にいたらざるに、あい似たり。幽魂は独り往き、かわれば、
質は山沢に残り、骨は野外にさらす。人中天上の快楽は、夢の中にして、幻のごとし。

諸行は、まさしく、無常なり。

ここに、新蓮台、俗名「松田正枝」行年八十五才。

あなたは、下尾の坂井家の出であり、松田善吉さんと結婚する。

二男四女を、立派に育てり。また「五重相伝」で
**圓空貞鏡禅定尼、**を、いただけり。

あなたは、平成七年三月二十九日に、往生せり。

汝、今や、大慈悲、阿弥陀如来の、本願に、出会うなり。

すなわち、かつて、阿弥陀如来は、われらのために、超世の悲願を立てられたり。

我ら、十方の衆生が、佛の國に生まれんことを、願って、
南無阿弥陀佛、と、佛のおん名を称うれば、必ず、来たって、救いたもう。

仰ぎおもんみれば、大慈悲、阿弥陀如来は、かのほうより、来れ、と、呼び賜い、
このほうよりは、本師、釈尊が、とく往け、と、進めたもう。

南無阿弥陀佛

新蓮台、俗名「松田正枝」行年八十五才

**圓空貞鏡禅定尼**

一到弥陀安養國(いっとうみだあんにょうこく)、元来是我法王家(がんらいぜがほうおうけ)

いんどう

平成十三年七月二十二日

# 静空清明禅定尼

田中 静子　七十二才

## お別れのことば

つゝしんで、田中静子様の霊前に、お別れのことばを、贈ります。

ことしの七月のきびしい暑さには、誰もがあえぐ状態でしたから、入院中のあなたにとっても、さぞ、しんぼうだったのでしょうか。

七月二十二日夜、十一時二十五分、あなたは、七十二才を以て、永眠されましたこと、こゝに、つゝしんで、お悔やみを申し上げる次第です。

あなたは、大字晩稲下尾、谷国松様の長女に生まれ、同じ下尾、田中一夫家に迎えられました。

田中さんは、鮎の養殖業で成功されて、壮年期は一家ともに、白浜に住まいをもち、長男、正一（まさかず）さん、長女、都さんの母として、いつくしみぶかく、加えて多忙な家業のために、内助の功をつまれました。

人の世は、山坂多い旅の道、ですね。

ようやく数年前に、なつかしの故郷、晩稲へ帰られて、安らぎの晩年を迎えられるはずでしたのに、今頃に、あの世の旅には、早すぎました。

聞くところでは、ことしも、五月頃は、まだお元気で、一度、ご先祖の回向をしたいから、と、お参りになった日、あんたのあしもとが不安定なため、本堂のエンで、待つようにと、谷出治さんがすゝめたが、あんたは、お墓まで行きたい、と、言い、そして、弟の谷さんの手をたよりに、にぎりしめて、お墓回向をなさったのですね。

その日が、あなたの一代の最後のおもいでになろうとは、誰も、予期しないことだったのです。

それからまた数日後、谷さん、すなわち、弟さん夫婦に対して、今まで親切にしてもらった、一番たよりにしている、と、ふかぶかと、頭をさげて御礼を言ったから、こちらがふしぎに思ったそうですが、六月に入ってあなたとは、言葉が通じなくなって、ついに入院され、大阪の妹さん、ながちゃんは、残り惜しくてたまらなかったそうで、熱い肉親の情です。亡くなる日、二十二日は、遠い仙台から、都さんもお見舞いにおいでたそうで、せめても皆さんとこの世のお別れをなされたこと、に、さらに、涙を誘われました。

あなたは、その生前、よくお墓まいりの徳をつみ、両親もきょうだいも人柄（ひとがら）のよい善良な家系の生まれて、よい婦人でした。

六道の辻にまします、地蔵尊、みちびき給え、弥陀の浄土へ、です。

父母恩重経の一節に、

あわれはらから心せよ、
山より高き父の恩、海より深さ母の恩、
知るこそ道の始めなり。

まことに父母の恵みこそ、天のきわまりなきごと、
父母はわが子のためならば、
出ても入っても子を思い、ねてもさめても子を思う。
おのれ生あるそのうちは、子の身にかわらんことを思い、
おのれ死にゆくそののちは、子の身を守らんことを願う。
よる年波の重なって、
いつか頭（こうべ）の霜しろく、
おとろえまさる父母を、
あおげばおつる涙かな。
あゝ有難き父の恩、あゝ有難き母の恩。
子は、いかにして、むくゆべき、です。

今夜は、これから、晩稲下尾の皆さんの真心こもる通夜のお念佛をいたゞいて、弥陀の浄土へ、旅立って下さい。

〈同称十念〉

南無阿弥陀佛、南無阿弥陀佛、南無阿弥陀佛

平成十三年七月二十四日

月向山光明寺住職

# 引導

四生無常のかたち、生あるものは、死に帰す。哀れなるかな、電光の命、草露の朝を、待つがごとし。
悲しいかな風葉の身、槿花の朝にして、夕にいたらざるに、あい似たり。幽魂は独り往き、かわれば、
質は山沢に残り、骨は野外にさらす。人中天上の快楽は、夢の中にして、幻のごとし。
諸行は、まさしく、無常なり。
ここに、新蓮台、俗名「田中静子」行年七十二才。
あなたは、昭和五年六月九日に、この世に生をうけ、
平成十三年七月二十二日、午後十一時二十五分、往生せり。
昭和二十二年に光明寺「五重相伝」に、谷静子としてはいり、
**静空清明禅定尼**と、授与されり。
まさに諸行無常会者定離、であります。六道の辻にましますす地蔵尊、みちびき給え、弥陀の浄土へ。
汝、今や、大慈悲、阿弥陀如来の、本願に、出会うなり。
すなわち、かつて、阿弥陀如来は、われらのために、超世の悲願を立てられたり。
我ら、十方の衆生が、佛の國に生まれんことを、願って、南無阿弥陀佛、と、佛のおん名を称うれば、
必ず、来たって、救いたもう。仰ぎおもんみれば、大慈悲、阿弥陀如来は、かのほうより、来れ、と、
呼び賜い、このほうよりは、本師、釈尊が、とく往け、と、進めたもう。

南無阿弥陀佛

新蓮台、俗名「田中静子」行年七十二才

**静空清明禅定尼**

一到弥陀安養國(いっとうみだあんにょうこく)、元来是我法王家(がんらいぜがほうおうけ)

平成二十年三月二十一日

# 信空妙安禅定尼

中﨑　易子　　七十七才

## お別れのことば

つ、しんで、中﨑易子（やすこ）様の霊前に、お別れのごあいさつをいたします。

このたび、あまりにも突然に、なくなられたあなたに対して、おくやみのことばも出にくほどに、おどろきました。

戸主である中﨑清直さんがいつものようにいそいそと外から帰った。家の中から、返事がナイ。心臓マヒか、クモマッカ、が、救急車で走ったが、すでに、帰らぬ身になられたとのこと。それは、三月二十一日、夕方、四時四十一分、往生されました。

諸行は、無常にして、流転（るてん）の世の中とは、まさに、このことです。

それは、七十七才は、まだ、若すぎます。

突然に、家内に先立たれた中﨑清直さんショックとなげきとかなしさは察して余りありで、ふかく、おくやみを申し上げます。あなたは、勝浦の出身で、八人兄弟ちゅうの一人娘さんだそうですね。まっすぐい性格のお方でした。

中﨑高彦さんに対しても、かげ日なたナク親切をされました。そのことは、以前、岸和田の大成功者、永井綿布でつとめた高彦さんと光明寺の親しくしましたから、その間に、あなたとのつきあいもありました。

人のこの世は、ながくして、変わらぬ春をおもいしに、突然、無常の風に誘われるのが、人生行路です。ことしの冬のきびしい寒さには、少し体調のすぐれない方は、コタエました。

西山浄土宗勤行式の発願文に、

願わくば、弟子等、命終の時に臨んで、心、顚倒せず、心錯乱せず、心、失念せず、身心に、諸の苦痛なく、身心、快楽にして、禅定に入るが如く、聖衆、現前したまえ、と、本願力は、名を聞いて、往生せんと欲せば、皆ことごとく、彼の国に到り、自ら、不退転に、至らしむ、と、あります通り、大慈悲、阿弥陀如来の、本願力に、おすがり下さい。

こゝに、無常安心章を奉唱して、ご冥福を、念じます。

仰いで、大空に動く雲の姿を見、ふして逝く河の流れを観よ。
雲も水も、しばしもとゞまらず。
ありと思えばたちまちなし。消えたりと思えばまたあらわる。
まことに、人の世のすがたもまたかくのごとし。
こゝに、死したる人あれば、かしこに、生まるゝ者もあり。
たとえ、死をいとい、ながく、この世に生きんことを望むとも、人の命のはかなきこと、霜露の如く、無常なること、光よりも、速やかなり。
若きが先だし、老いたる人のおくる、なげき、
まことに、生まれし者は、必ず、死し、会う者は、必ず、はなる、ならい、あ、、
誰か、百年の齢を、たもたんや。
今夜は、みなさんの熱いおなさけに送られて、弥陀のお浄土へ、安らかに、旅立って下さい。
六道の辻にましますす地蔵尊、みちびき給え、弥陀の浄土へ

〈同称十念〉

南無阿弥陀佛、南無阿弥陀佛、南無阿弥陀佛

平成二十年三月二十三日

月向山光明寺住職

# 引導

四生無常のかたち、生あるものは、死にきす。哀れなるかな、電光の命、草露の朝を、待つがごとし。悲しいかな風葉の身、槿花の朝にして、夕にいたらざるに、あい似たり。幽魂は独り往き、かわれば、質は山沢に残り、骨は野外にさらす。人中天上の快楽は、夢の中にして、幻のごとし。諸行は、まさしく、無常なり。

ここに、新蓮台、俗名「中﨑易子・やすこ」こと、行年七十七才。

昭和七年三月四日、この世に、生を受け、平成二十年三月二十一日、午後四時四十一分、往生せり。

夫、清直とのあいだに、清子、一夫の子どもあり。

発願文に、心顛倒せず、心錯乱せず、心、失念せず、佛の本願に出会う、と、あります。

## 信空妙安禅定尼

みな人よ、十方衆生の願なれば、南無阿弥陀佛の、丸の内なり。

六道の辻にましますす地蔵尊、みちびき給え、弥陀の浄土へ。汝、今や、大慈悲、阿弥陀如来の、本願に、出会うなり。すなわち、かつて、阿弥陀如来は、われらのために、超世の悲願を立てられたり。我ら、十方の衆生が、佛の国に生まれんことを、願って、南無阿弥陀佛、と、佛のおん名を称うれば、必ず、来たりて、救いたもう。仰ぎおもんみれば、大慈悲、阿弥陀如来は、かのほうより、来たれ、と、呼び給い、このほうよりは、本師、釈尊が、とく往け、と、進めたもう。

南無阿弥陀佛

新蓮台、「中﨑易子・やすこ」

## 信空妙安禅定尼

一到弥陀安養國、元来是我法王家

いんどう

平成十四年一月十四日

# 眞空浄法禅定門

宮本 達一　八十九才

## お別れのことば

つゝしんで、宮本達一様の霊前に、お別れのことばを、贈ります。

平成十四年のお正月も、平和にあけくれまして、下尾の初薬師さまもにぎやかにつとめました。つゞいて、晩稲区の初よりあいも、ことしは、十三日に開きまして、年の初めの行事も、だいたいすました十四日、あさ早く、あなたが、八十九才のその一代を、とじて、永眠なされた、大変、安らかな臨終だったこと、などを、戸主、宮本晃様が、光明寺へ報告して下さいました。

突然だったゝめ、寺では、おどろきましたが、こゝに、つゝしんで、お悔やみ申し上げます。

「こんなにも急に、のーなって…」と息子さんの涙のタメ息は、ゑにしも深き父子(おやこ)の切ない情感でした。

世の人々は、誰しも、

ある時は、ありのすさびに、思はざりき、
亡くてぞ、人の、恋しかるべき、です。

父親（てておや）との永遠の別れに際して、真実の涙は、千金にまさる尊さです。

宮本さん。今、八十代の方々は、男子（だんし）は、第二次世界大戦の召集令状をうけ、婦女子は、きびしい銃後を守って、なみなみならぬ苦労を、したものです。

宮本さんは、昭和十三年九月、徐州作戦後だったのですね。

お国のために、しんぼうして下さったことに、対して、今夜、この席で、御礼申し上げます。

終戦後のあなたは、村会議員や民生委員などの公職にもつき、多方面に活躍されました。

お孫さんがたの幼稚園時代は、「女の子は、愛らしくてたのしい」とよろこびをあらわして育てられていたこと、など、ありし日の面影が、今夜、ほうふつと、目にうつります。

この世に生をうけた者には人生航路のよろこびも、また、かなしみにも、の、山坂があって、あなたが、昭和六十二年に、敏子奥さんに先立たれた痛手は、察してあまりあり。以後の十五ヵ年、一羽どりの身のかなしみに耐えられた胸中を、お察しします。

敏子さんは賢夫人で、ゆきとゞいたお方でした。

電線に二羽とまっている鳥にくらべて、一羽とまっている姿は、さみしそうで、あわれを誘いますし、家内にさき立たれた男どしよりほど、みじめな者はない、と、残された男性は、しみじみ述懐されます。

しかしあなたは、近ごろ、村の福祉センターへ通い、皆さんとたのしくつきあい、おふろも、一日、二回はいるほど、よろこんだそうで、そんなにお元気だった宮本さんが、急に、また、何故と、感じますが、樹木にタトえれば、まさに老木で、外見はわかりませんが、心臓が老衰していたんですね。

しかし、ひるがえって、あなたは、ふるさとに住み、そのアケクレに、親類の方々の熱いなさけにつゝまれていたこと、わけても、おかあさんは、九十余才までも長命で、ひとり息子の、最愛のあなたに慈愛をかげたこと、下尾の情感あつい多くの人々に、かこまれて、そのご一代は、しあわせでした。

今夜は、こうした皆さまの名残りつきない通夜のおつとめに送られて、弥陀の浄土へ旅立って下さい。

六道の辻にましまする地藏尊、みちびき給え、弥陀の浄土へ。

〈同称十念〉

南無阿弥陀佛、南無阿弥陀佛、南無阿弥陀佛

平成十四年一月十五日

月向山光明寺住職

# 引導

四生無常のかたち、生あるものは、死に帰す。哀れなるかな、電光の命、草露の朝を、待つがごとし。
悲しいかな風葉の身、槿花の朝にして、夕にいたらざるに、あい似たり。幽魂は独り往き、かわれば、
質は山沢に残り、骨は野外にさらす。人中天上の快楽は、夢の中にして、幻のごとし。
諸行は、まさしく、無常なり。
ここに、新蓮台、俗名「宮本達一」行年八十九才。
あなたは、大正三年九月二十五日に、この世に生をうけ、そして、
平成十四年一月十四日、午前九時、往生せり。
昭和十年「五重相伝」で、
**眞空浄道禅定門、**を、授与されり。
汝、今や、大慈悲、阿弥陀如来の、本願に、出会うなり。
すなわち、かつて、阿弥陀如来は、われらのために、超世の悲願を立てられたり。
我ら、十方の衆生が、佛の國に生まれんことを、願って、
南無阿弥陀佛、と、佛のおん名を称うれば、必ず、来たって、救いたもう。
仰ぎおもんみれば、大慈悲、阿弥陀如来は、かのほうより、来れ、と、呼び賜い、
このほうよりは、本師、釈尊が、とく往け、と、勧めたもう。

新蓮台、俗名「宮本達一」行年八十九才

**眞空浄道禅定門**　　南無阿弥陀佛

一到弥陀安養國（いっとうみだあんにょうこく）、元来是我法王家（がんらいぜがほうおうけ）

いんどう

平成九年十二月九日

# 安空浄住禅定門

中嶋　惣吉　　　七十九才

## お別れのことば

つゝしんで、中嶋惣吉様の霊前に、お別れのごあいさつを、贈ります。

あなたは、十二月九日、午後、自宅に於いて、静かに、七十九才の生涯をとじられました。

先月から約一ヵ月の入院生活でした。

ようやく二日間の外泊を許可されて、なつかしの我が家にその身をよこたえて、ほっと安心の表情だったそうですね。

田辺の病床で、「晩稲の家へ帰りたい」一念だったあなたの安らいだ表情を見て、まわりの人々も涙ぐみましたし、この様子なら、新年は、元気に迎えられると希望をもちましたのに、はからずもそれはわが家の床に身をよこたえてほっとした、本当にほっとした、めに、こうなったのでしょうか。

こ、に、つゝしんで、お悔やみ申し上げます。

あなたは、南部川村大字晩稲、中嶋家に生まれ、結婚して、新宅、現在の家を、持ちました。幼少時代にお父さんが亡くなり、ために、兄にあたる長七さん夫婦の中で、甥御さんたちと一緒におきふししましたから、しあわせな少年期でした。

趣味も多く、利口でしたから、小鳥も飼いましたし、歌も美声でたしなみ、毎年、村の放送で流れるおまつりの歌、あなたの歌声に、皆さん、き、ほれたことでした。

敬神崇祖の念に篤く、須賀神社、氏神様（うじがみ）のやぶさめ会の会員として、馬の手さばきの名手で、多年、騎手の役を務め、田辺、御坊、印南方面各神社からもよく頼まれて、さっそうと、奉仕されました。

あらためて、御礼、申し上げます。

お、第二次世界大戦に於いては、和歌山六十一連隊七中隊に所属して中国に渡り、揚子江の漢口作戦に参加、くしくも多人数の戦死者の中で、無事に祖国に帰られたことについても、戦友を深くいたみ、神佛のお加護を、感謝するまごころのお方でした。

人生行路八十年の旅路には、誰しも苦楽の山坂を歩むものですが、あなたは、結婚後は、まれにみる貞淑なよき半身にめぐまれたこと、これが、最高のしあわせでした。

このたび入院に際しても、いたれりつくせりの看護をうけ、この数日は、あなたのために、万全に迎え入れの準備、涙ぐましいものがありました。誠実ま心の行いに、頭の下がる思いがいたしました。

また、それにしても、ながねん、親しまれた隣り近所の皆さん方、田中勝次郎さんのお仕事場では、よく暖かく火を焚いてお話をたのしんでおられたこと、また、学校のゆきかえりに、中嶋のオイヤンと慕って集まって来た子どもなど、淋しくなりました。
中嶋惣吉さま。
今日、一般の皆さまはもとより、地元、晩稲の方々の心こもる見送りを受けて、どうぞ、弥陀の浄土へ、旅立って下さい。

代わって、参詣の皆さまに、あつく御礼、申し上げます。
六道の辻にましします地蔵尊、みちびき給え、弥陀の浄土へ。

〈同称十念〉

南無阿弥陀佛、南無阿弥陀佛、南無阿弥陀佛

平成九年十二月十日

月向山光明寺住職

# 引導

四生無常のかたち、生あるものは、死に帰す。哀れなるかな、電光の命、草露の朝を、待つがごとし。

悲しいかな風葉の身、槿花の朝にして、夕にいたらざるに、あい似たり。幽魂は独り往き、かわれば、
質は山沢に残り、骨は野外にさらす。人中天上の快楽は、夢の中にして、幻のごとし。

諸行は、まさしく、無常なり。

ここに、新蓮台、俗名「中嶋惣吉」行年七十九才。

汝は、大正七年一月十七日に、生まれたり。汝は、また、昭和十年「五重相伝」にはいり、
**安空浄住禅定門、**を、いたゞけり。

汝は、平成九年十二月九日、午後一時三十分、往生せり。

敬神崇祖の念に篤く、須賀神社をはじめ、近隣の各神社への、奉納されたり。

汝、今や、大慈悲、阿弥陀如来の、本願に、出会うなり。

すなわち、かつて、阿弥陀如来は、われらのために、超世の悲願を立てられたり。

我ら、十方の衆生が、佛の国に生まれんことを、願って、
南無阿弥陀佛、と、佛のおん名を称うれば、必らず、来たって、救いたもう。

仰ぎおもんみれば、大慈悲、阿弥陀如来は、かのほうより、来れ、と、呼び賜い、このほうよりは、
本師、釈尊が、とく往け、と、すゝめたもう。

南無阿弥陀佛

新蓮台、俗名「中嶋惣吉」行年七十九才

**安空浄住禅定門**

一到弥陀安養國（いっとうみだあんにょうこく）、元来是我法王家（がんらいぜがほうおうけ）

いんどう

平成二十年五月三十日

# 晃空浄一禅定門

山田　小一郎　　九十二才

## お別れのことば

山田小一郎様の霊前に、つゝしんで、深く、おくやみを、申し上げます。

当、光明寺におきましては、

昨、五月三十日の朝はやくに、山田小一郎様の訃報に接して、おどろき入りました。

山田小一郎様、やまだのコィツァンは、クルマも運転され、いそいそしたおカタでしたから、おもいもよらぬことです。住職はまずハナレの母へ報告したとたんに、母はナミダ声で、「もっと私のこゝへ上ってくわしい説明をしてほしい」と言った。そして、山田ハン、なくなったのは「ゆうべの、何時頃のことよ」とキイタ。「わたしは、きのう中、しきりに山田ハンのことを案じ、『矢張り、手紙を出そう』と思った。今まで、ときどきに電話を入れたけど、たよりの方が、病人さんには、よい」と考えた。

『亡くなったのが、けさの一時五十分、だった。』

一時五十分、何と、一時五十分、何とフシギなこと。けさ二時だった。パット目がさめて、とびおきた。それが、アタマも目もサエて、われながら、ふしぎだった。

朝オキニははやすぎるしで、机のヒキダシから日記帳を出したり、アルバムを見たり、「今、今、と、今と言うまに、今はなく、今と言うまに、今はすぎゆく」と記したノートをひろげたり、今ばんの私は妙ヤナーとおもいつつ、三時半から、ようやく朝までフトンの中だったこと。矢張り、世の中には「むしのシラセ」ふしぎなこゝろの通いは、あるらしい。戦病死の兄のときも、わたしが行って枕許へすわったとたん、兄が心臓マヒで、わたしに抱かれたこと。

山田ハンも、「ながのお別れ」をつげてくれたんだと思う。私が丁度、二時におき出て、「あしたは、山田ハン宛のてがみにしょう」と思うあたり、ともに情（なさけ）が通うていた。

先日のこと。

「奥さんもふとんの中かいと、言ってくれたこと。山田ハン、あんたは私より二才半も若い。私を見送ってよ」と、かたくオタノミしましたね。田端仁右ヱ門他の件や、東光さんの畑はタナベ領です。盆踊りを始めてくれたのは、山田ハンと園長ハン、でした。山田ハンや中嶋惣吉さんの音頭（おんど）がよかった。こんなオハナシが出来るのは、九十代の老人でなければ、戦争前のオハナシは知らんでしょう。あんた、そのよい声で一度、このハナレで、わたしに、歌って下さいよ。「うたいに行く」と約束したあの日はとてもお元気で、さわやかだったのに。とうどうあの世へ旅立った山田ハン。あなたとの出会い。たびたび立ち寄ってよい写真も下さったおもいで。七十年余りのおつきあいありがとうございました。九十四才、母のごあいさつです。ありのままです。私らの、年中、ヤサイをいただいて、そのデキバエも、見事（みごと）なモノでした。これもマタ、ありがとう、ございます。

残された奥さん、山田フサヱさま、さみしくなりましたけど、おふたりは、静かに幸わせなよいご一代だったはずです。なお、後継は、ハネタのお方ですし、西山浄土宗勤行式の発願文に、願わくば、弟子等、命終の時に臨んで、心、顛倒せず、心錯乱せず、心、失念せず、身心に、諸の苦痛なく、身心、快楽にして、禅定に入るが如く、聖衆、現前したまえ、と、あり、本願力は、名を聞いて、往生せんと欲せば、皆ことごとく、彼の国に到り、自ら、不退転に、至らしむ、と、あります通り、大慈悲、阿弥陀如来の、本願力に、おすがり下さい。こゝに、無常安心章を呈し、ご冥福を、念じます。

仰いで大空に動く雲の姿を見、ふして逝く河の水の流れを観よ。雲も水も、しばしもとどまらず、ありと思えばたちまちなし。消えたりと思えばまたあらわる。まことに、人の世のすがたもまたかくのごとし。こゝに、死したる人あれば、かしこに、生まるゝ者もあり。

たとえ、死をいとい、ながく、この世に生きんことを望むとも、人の命のはかなきこと、霜露のごとく、無常なること、光よりも、速やかなり。若きが先だち、老いたる人のおくるゝ、なげき。まことに、生まれし者は、必ず、死し、会う者は、必ず、はなるゝならい、あゝ、誰か、百年の歳を、たもたんや。

今夜は、みなさんの熱いおなさけに送られて、弥陀のお浄土へ、安らかに、旅立って下さい。

六道の辻にまします地蔵尊、みちびき給え、弥陀の浄土へ

〈同称十念〉

南無阿弥陀佛　南無阿弥陀佛　南無阿弥陀佛

平成二十年五月三十一日

月向山光明寺住職

# 引導

いんどう

四生無常のかたち、生あるものは、死にきす。哀れなるかな、電光の命、草露(そうろ)の朝(あした)を、待つがごとし。

悲しいかな風葉の身、槿花(きんか)の朝(あした)にして、夕(ゆうべ)にいたらざるに、あい似たり。幽魂(ゆうこん)は独り往き、かわれば、質(かたち)は山沢(さんたく)に残り、骨は野外にさらす。人中(にんちゅう) 天上(てんじょう)の快楽(けらく)は、夢の中にして、幻のごとし。

諸行(しょぎょう)は、まさしく、無常(むじょう)なり。


ここに新蓮台(しんれんだい)、俗名「山田小一郎」こと、行年九十二才。大正六年九月六日、この世に生を受け、平成二十年五月三十日、午前一時五十分、往生せり。

妻、フサヱと、長い人生を、静かに、幸せに、送りたり。

発願文(ほつがんもん)に、心顛倒(てんとう)せず、心、失念(しつねん)せず、佛の本願に出会う、と、あります。

## 晃空浄一禅定門

みな人よ、十方(じっぽう) 衆生(しゅうじょう)の願(がん)なれば、南無阿弥陀佛の、丸の内なり。六道の辻にまします地蔵尊、みちびき給え、弥陀の浄土へ。汝、今や、大慈悲、阿弥陀如来の、本願に、出会うなり。すなわち、かつて、阿弥陀如来は、われらのために、超世(ちょうせ)の悲願を立てられたり。我ら、十方の衆生(しゅじょう)が、佛の国に生まれんことを、願って、南無阿弥陀佛、と、佛のおん名を称うれば、必ず、来たりて、救いたもう。

仰ぎおもんみれば、大慈悲、阿弥陀如来は、かのほうより、来たれ、と、呼び給い、このほうよりは、本師、釈尊が、とく往け、と、進めたもう。


新蓮台、「山田小一郎」

南無阿弥陀佛

## 晃空浄一禅定門

一到弥陀安養國(いっとうみだあんにょうこく)、元来是我法王家(がんらいぜがほうおうけ)

平成十四年四月一日

# 泰空浄徳禅定門

勝本　安太郎　　八十二才

## お別れのことば

つ、しんで、勝本安太郎様の霊前に、お別れのことばを、贈ります。
勝本家から真正面に見える光明寺の桜、そめいよし乃が、
きのう今日、満開となり、春らんまんの風光を謳歌していますが、
四月一日、朝、突然のことに、あなたの訃報に接しまして、なんとも、感慨ぶかく、
合掌いたしました。
まさに、
年々歳々、花、相、似たり。
　歳々年々、人、同じからず、です。
ここに、つつしんで、深く、おくやみを申し上げます。

勝本安太郎さんは、大正九年六月一日に生まれ、この四月一日午前七時五十分に、永眠されました。行年八十二才です。

かえりみますれば、あなたが発病されて五ヵ年にあまる年月、息子、雅文さんとともに勝本石油の雄次郎さん一家、さらには、勝本家のまわりには、情け深い血縁の方々も多いところへ、加えて、おしわ、常楽の親切な皆さんが、あなたをおもい、いとおしんで、全快されることを、待ち望んだことでした。が、病むかたの身になれば、それぞれに、

お釈迦さまのおさとしの、生老病死の通り、辛抱されたことと、お察しいたします。しかしひるがえって、あなたには、雅文さんと言う、世にもまれな孝行な息子さんが、おられたことは、まさに、あなたの幸運で、天の恵みとお加護でした。

あなたもご承知の通り、戦争前の日本の思想は、忠孝のひとすじが通っていましたから、孝は百行の基であって、親不孝は、人間としての恥と言われたものですが、その後の思想の変化によって、親孝行する人が珍しい世になりましたが、雅文くんは、毎日、お父さんを訪ねて、かえりぎわは、必ず、やさしいことばをかけて、なお、明日も必ずくるからと言い残し、いたれりつくせり、の、看病を、されたことは、世にもうるわしい父子の情として当地の美談となっているんです。

つまり、山より高き父の恩、海より深き、母の恩、に対する報恩行ですが「言うはやすく、行うは難し」で、土地の人は、雅文くんの善行を見習うべき、と、思います。

今夜、あなたのたましいは、なつかしのふるさと常楽にかえり、なお、この新築のお宅で通夜をいとなまれること、この新築もお父さんのために、と息子さんが、心血をそそいで新築した感動のお家ですね。

きのう、勝本雅文くんの話。

「けさ六時半頃、段々と呼吸が大変になってきて、いよいよか、と、思っていたが、ちょうどそのとさ、おやじのマブタに、大さい涙が、あふれ出てくるんよう。たしかに、五年と二ヵ月は長かったが、しかし、この最後に、やっぱり、わかっていてんぜ」と、しかも、このオレにと、涙ながらに語ってくれました。この涙こそ、父と子のえにしを証明する尊いナミダですね。

ここに無常安心章の一節を呈しまして、仰いで大空に動く雲の姿を見、ふして、逝く河の水の流れを観よ。雲も水も、しばしもとゞまらず。ありとおもえばたちまちなし。消えたりと思えば、また、あらわる。まことに、人の世の姿も、かくの如し。ここに、死したる人あれば、かしこに、生まるる者もあり。たとえ、死をいとい、ながく、この世に生きんことを望むとも、人の命のはかなきこと霜露のごとく、無常なること、光よりも速やかなり。若きが先立ち、老いたる人のおくるるなげき、まことに、生まれし者は、必ず死し、会う者は、必ず、はなるるならい。あゝ、誰か、百年の齢を、たもたんや。六道の辻にましますお地蔵尊、みちびき給え、弥陀の浄土へ、です。

〈同称十念〉

南無阿弥陀佛、南無阿弥陀佛、南無阿弥陀佛

平成十四年四月二日

月向山光明寺住職

# 引導

四生無常のかたち、生あるものは、死に帰す。哀れなるかな、電光の命、草露の朝を、待つがごとし。
悲しいかな風葉の身、槿花の朝にして、夕にいたらざるに、あい似たり。幽魂は独り往き、かわれば、
質は山沢に残り、骨は野外にさらす。人中天上の快楽は、夢の中にして、幻のごとし。
諸行は、まさしく、無常なり。
ここに、新蓮台、俗名「勝本安太郎」行年八十二才。
あなたは、大正九年六月一日に、この世に生を受け、
平成十四年四月一日午前七時五十分十往生せり。
**泰空浄徳禅定門、** の、戒名をいただけり。
みな人よ、十方衆生の願なれば、南無阿弥陀佛の、丸の内なり。六道の辻にましょます、地蔵尊、みち
びき給え、弥陀の浄土へ。今や、大慈悲、阿弥陀如来の、本願に、出会うなり。
すなわち、かつて、阿弥陀如来は、われらのために、超世の悲願を立てられたり。
我ら、十方の衆生が、佛の國に生まれんことを、願って、
南無阿弥陀佛、と、佛のおん名を称うれば、必ず、来りて、救いたもう。
仰ぎおもんみれば、大慈悲、阿弥陀如来は、かのほうより、来れ、と、呼び賜い、
このほうよりは、本師、釈尊が、とく往け、と、勧めたもう。
新蓮台、俗名「勝本安太郎」行年八十二才

**泰空浄徳禅定門**

南無阿弥陀佛

一到弥陀安養國（いっとうみだあんにょうこく）、元来是我法王家（がんらいぜがほうおうけ）

いんどう

平成十四年六月二日

# 梅月院信空旭昌大姉

谷口　ウタ　　八十三才

## お別れのことば

つゝしんで、谷口ウタ様の霊前に、お別れのことばを、贈ります。

つい数日前に入院されたとうかゞって、晩稲の皆さんが、案じていました。けれども、そのうち、元気になってお帰りになると、信じていました。ところへこのたび余りにも、急な、あの世の旅立ちに、誰しも、ぼう然と、おどろき、まことに、名残り惜しいことになりました。

こゝに、深く、おくやみを、申し上げます。

あなたは、東本庄、永井義一様のおうちから、当、晩稲の、谷口茂様と結婚されて、しあわせな家庭生活であったのに、戦後の昭和二十三年に、ご主人に先立たれて、若き未亡人は、谷口政雄、現、大橋貴美枝さんを抱えて、以後は、ごくろうをされました。

今、こうして急におなくなりになって、戸主の政雄さんのなげきとかなしみは「石に布団は着せられず」「孝行のしたいときには、母(おや)はなし」、の、心境でしょう。

その胸中を、お察しをします。

あなたは、人並みすぐれた美声、すなわち、魅力ある声で、ご詠歌のお導師をして下さったし、菩提寺を愛護して、敬神崇祖の行(ぎょう)をつまれました。

よくお寺へお詣りになったあなたの生前の面影が、今夜この席でも、ほうふつと、目にうかびます。

たゞ一向に念仏しつゝ、けな気に、母の道を歩み、人生行路の、よろこびもかなしみも、の幾山河、あなたの善行を謝して、梅月院の大姉号を、贈呈します。

名残つきないお別れに際して、父母恩重経をさゝげる次第です。

あわれはらから心せよ、
山より高き父の恩、海より深き母の恩、知るこそ道の始めなり。
まことに父母の恵みこそ、天のきわまりなきがごと、
父母はわが子のためならば、
出ても入りても子を思い、寝てもさめても、子を思う。

おのれ生（しょう）あるそのうちは、子の身にかわらんことを思い、
おのれ死に行くそののちは、子の身を守らんことを願う。
よる年波の重なりて、いつか頭（こうべ）の霜白く、
おとろえせまる父母を、あおげばおつる涙かな。
あゝ、ありがたき父の恩、あゝ、ありがたき母の恩。
子は、いかにして、むくゆべき。

父母恩重経の通りです。

谷口さん、あなたの人生は、政雄さんと貴美枝さんのふたりの愛児にさゝげつくした、母の道、でした。

今夜はおいそがしい中を、大勢のみなさんに、おまいりいたゞき、ありがとうございます。このあと、下尾の方々の通夜の念仏におくられて、六道の辻にましますす地蔵尊、みちびき給え、弥陀の浄土へ、です。

〈同称十念〉

南無阿弥陀佛、南無阿弥陀佛、南無阿弥陀佛

平成十四年六月四日

月向山光明寺住職

# 引導

四生無常のかたち、生あるものは、死に帰す。哀れなるかな、電光の命、草露の朝を、待つがごとし。

悲しいかな風葉の身、槿花の朝にして、夕にいたらざるに、あい似たり。幽魂は独り往き、かわれば、
質は山沢に残り、骨は野外にさらす。人中天上の快楽は、夢の中にして、幻のごとし。

諸行は、まさしく、無常なり。

ここに、新蓮台、俗名「谷口ウタ」行年八十三才。あなたは、大正に、この世に生を受け、
平成十四年六月二日、往生せり。

**梅月院信空旭昌大姉、**の、戒名をいただけり。

みな人よ、十方衆生の願なれば、南無阿弥陀佛の、丸の内なり。

六道の辻にましますす、地蔵尊、みちびき給え、弥陀の浄土へ。

今や、大慈悲、阿弥陀如来の、本願に、出会うなり。

すなわち、かつて、阿弥陀如来は、われらのために、超世の悲願を立てられたり。

我ら、十方の衆生が、佛の國に生まれんことを、願って、
南無阿弥陀佛、と、佛のおん名を称うれば、必ず、来りて、救いたもう。

仰ぎおもんみれば、大慈悲、阿弥陀如来は、かのほうより、来れ、と、呼び賜い、
このほうよりは、本師、釈尊が、とく往け、と、勧めたもう。

新蓮台、俗名「谷口ウタ」行年八十三才

**梅月院信空旭昌大姉**　　南無阿弥陀佛

一到弥陀安養國（いっとうみだあんにょうこく）、元来是我法王家（がんらいぜがほうおうけ）

いんどう

平成十四年七月二十五日

# 観空浄忠禅定門

東　忠夫　　六十五才

## お別れのことば

つゝしんで、東(あずま)忠夫様の霊前に、お別れのことばを、贈ります。

あなたが六月梅農繁期が近づいた頃に、少し体調をくずして、自分で車を運転して、お医者さんへ通っているとのうわさでした。その後に、農繁期中は、入院して、養生中だとの風のたよりでした。

まだ六十五才という男ざかりの年齢(とし)ですから、晩稲では、あなたを知る人は、皆、軽い病気でしょうと思っていたことです。

それがこともあろうに、きのう、七月二十五日の朝、亡くなったとは、皆さん一様に、言葉も出ません。

なんと言う出来事かと、胸が痛みます。

ことしのながくむし暑かった梅雨がやっとあけて、これからは夏本番で、暑くてもさらっとした風が吹くのに、「生きていてほしかった」と切実におもいます。

こゝに、つゝしんで、深く、お悔やみ申し上げます。

あなたのお父さん、英霊、東利吉様は、第二次世界戦争に出征して名誉の戦死をとげられました。三十七才でした。朝鮮木浦(もっぽ)沖で戦死されたのです。

ありし日のお父さんは、まことに、男らしい熱血の人士だったそうです。

以後の東家は、英霊の家となり、あなたのお母さんは、同居していたシマ伯母さんとも仲良くたすけあいながら、健気(けなげ)に雄々しく母の道を歩みました。健康なお方でしたから、普通一般の人よりもはるかに良く家業に精出して努力されたものです。

女手一つで、財を築き、家も建て、見上げたことでした。お母さんの兄に当たる谷国さんこと、岩本孫太夫氏は、兄弟愛のなさけにあつくて、度胸も人並みすぐれた方でしたから、東家にたいしては、熱い支援とはげましの情をかけつゞけたことでした。このように親族ご一同に守られたことは、何よりの力強さだったと思います。

お母さんはつねづねお寺へおいでたときには、あなたが母親にたいして、やさしくて、孝行で、言葉(くち)で上手は言わないけれど、私に対しては、わが子でなればこそと思うなさけがあるから、ありがたいのです。

忠夫さんと裕子さんには、成佳(しげよし)、永二さんの息子がおり、二人とも、まことによう出来ていて、私はうれしいんです、と、満足しておられたのです。
　このたび、お母さんの、オリやんの「代われるものなら代わってやりたい」と、精一杯思われたこと、お察しますし、あなたはまた、子として、九十一才ともなる老親（はゝ）を残してさき立つ悲しさで、胸しめつけられるおもいだったことでしょう。
　なんとも、悲しい運命（さだめ）です。

　あまりに早過ぎました。

　親思う心にまさる親心であり、六十五才の旅立ちにたいしては、名残つきないものがあります。お母さんは、今は張り詰めておられるけれど、日とともに、悲しさが押し寄せることでしょう。

　父母恩重経に、
　　あわれはらから心せよ、
　　山より高き父の恩、海より深き母の恩、知るこそ道の始めなり。
　　まことに父母の恵みこそ、天のきわまりなきがごと、
　　父母はわが子のためならば、
　　出ても入りても子を思い、寝てもさめても、子を思う。
　　おのれ生（しょう）あるそのうちは、子の身にかわらんことを思い、
　　おのれ死に行くそののちは、子の身を守らんことを願う。

よる年波の重なりて、いつか頭(こうべ)の霜白く、
おとろえせまる父母を、あおげばおつる涙かな。
あゝありがたき父の恩、あゝありがたき母の恩。
子は、いかにして、むくゆべき。

今夜は、大勢の皆様におまいりいたゞき、ありがとうございました。
代わって、厚くお礼、申し上げます。

六道の辻にましますと地蔵尊、みちびき給え、弥陀の浄土へ。

南無阿弥陀佛、南無阿弥陀佛、南無阿弥陀佛

〈同称十念〉

平成十四年六月四日

月向山光明寺住職

# 引導

四生無常のかたち、生あるものは、死に帰す。哀れなるかな、電光の命、草露の朝を、待つがごとし
悲しいかな風葉の身、槿花の朝にして、夕にいたらざるに、あい似たり。幽魂は独り往き、かわれば、
質は山沢に残り、骨は野外にさらす。人中天上の快楽は、夢の中にして、幻のごとし。
諸行は、まさしく、無常なり。
ここに、新蓮台、俗名「東忠夫」あずま・ただお　行年六十五才。
あなたは、昭和十三年六月一日に、この世に生を受け、
平成十四年七月二十五日午前一時十一分、往生せり。
光明寺で五重相伝を受け、
観空浄忠禅定門、をいただけり。
成佳（しげよし）、永二を育て、今や、大慈悲、阿弥陀如来の、本願に、出会うなり。
すなわち、かつて、阿弥陀如来は、われらのために、超世の悲願を立てられたり。
我ら、十方の衆生が、佛の國に生まれんことを、願って、
南無阿弥陀佛、と、佛のおん名を称うれば、必ず、来りて、救いたもう。
仰ぎおもんみれば、大慈悲、阿弥陀如来は、かのほうより、来れ、と、呼び賜い、
このほうよりは、本師、釈尊が、とく往け、と、勧めたもう。
新蓮台、俗名「東忠夫」あずま・ただお行年六十五才

観空浄忠禅定門

一到弥陀安養國（いっとうみだあんにょうこく）、元来是我法王家（がんらいぜがほうおうけ）

南無阿弥陀佛

いんどう

平成十四年七月二十八日

# 誓空浄芳信士

辻本　芳春　　六十三才

## お別れのことば

つゝしんで、辻本芳春様の霊前に、お別れのことばを、贈ります。

昨日のこと、あなたが、急になくなったとのしらせをうけて、おどろき入りました。

無常の風に誘われたとは、この出来ごとです。

晩稲の下尾の皆さんも、おどろき、身につまされるショックだったと思います。

わけても、
親族ご一同のなげきのほどもお察しゝますし、この数日来のきびしい暑さのために、体調がわるくなったのでしょうか。

ここに、深く哀悼の意を表します。

辻本さんが、こうこうで、と、私が、両親に報告したところ、高齢の親は、ナミダぐんで、「何とまあ、人なつこい、言い知れぬ、ぬくもりのある人、辻本くん、なんとまあ、かわいそうに」

「初めて、晩稲でブリキ職人の店を持った時に、まことにうれしそうに、報告にきてくれた、あの日の表情やことばが、ありありと目にうつる。何と、かわいそうでならない」

と、同情の泪にくれたことです。


六十代も前半で、あの世へ旅立つのは、いかにも早過ぎた。

それに、つい数日前のことに、父母は、辻本くんに、このごろながらく会わんので、一度、会いたい、と、思って、近所の人に、辻本さんのことを、尋ねたらしくて、「今となっては、これもフシギにおもう」とも言って、あんたとの、この世の別れを惜しみました。


まことに「善人だった」「ぬくもり、あった」人柄に村して、名残りつきせぬものがあります。

名残りつきないお別れに際して、父母恩重経をさゝげる次第です。

あわれはらから心せよ、
山より高き父の恩、海より深き母の恩、知るこそ道の始めなり。
まことに父母の恵みこそ、天のきわまりなきがごと、
父母はわが子のためならば、

出ても入りても子を思い、寝てもさめても、子を思う。
おのれ生（しょう）あるそのうちは、子の身にかわらんことを思い、
おのれ死に行くそののちは、子の身を守らんことを願う。
よる年波の重なりて、いつか頭（こうべ）の霜白く、
おとろえせまる父母を、あおげばおつる涙かな。
あゝありがたき父の恩、あゝありがたき母の恩。
子は、いかにして、むくゆべき。

父母恩重経の通りです。

ここに無常安心章を呈して、ご冥福を祈ります。

仰いで大空に動く雲の姿を見、
ふして、逝く河の水の流れを観よ。
雲も水も、しばしもとゞまらず。
ありとおもえばたちまちなし。
消えたりと思えば、また、あらわる。
まことに、人の世の姿も、かくの如し。
こゝに、死したる人あれば、かしこに、生まるゝ者もあり。

たとえ、死をいとい、
ながく、この世に生きんことを望むとも、
人の命のはかなきこと、霜露のごとく、無常なること、光よりも速やかなり。
若きが先立ち、老いたる人のおくる、なげき、
まことに、生まれし者は、必ず死し、
会う者は、必ず、はなるるならい。
あゝ、誰か、百年の齢（よわい）を、たもたんや。
六道の辻にまします地蔵尊、みちびき給え、弥陀の浄土へ。

南無阿弥陀佛、南無阿弥陀佛、南無阿弥陀佛

〈同称十念〉

平成十四年七月二十九日

月向山光明寺住職

# 引導

四生無常のかたち、生あるものは、死に帰す。哀れなるかな、電光の命、草露の朝を、待つがごとし。

悲しいかな風葉の身、槿花の朝にして、夕にいたらざるに、あい似たり。幽魂は独り往き、かわれば、
質は山沢に残り、骨は野外にさらす。人中天上の快楽は、夢の中にして、幻のごとし。

諸行は、まさしく、無常なり。

ここに、新蓮台、俗名「辻本芳春」行年六十三才。

あなたは、昭和十四年十一月二十四日に、この世に生を受け、
平成十四年七月二十八日午前十一時三十五分、往生せり。

**誓空浄芳信士、**の、戒名を授与されたり。

みな人よ、十方衆生の願なれば、南無阿弥陀佛の、丸の内なり。

六道の辻にまします、地蔵尊、みちびき給え、弥陀の浄土へ。

今や、大慈悲、阿弥陀如来の、本願に、出会うなり。

すなわち、かつて、阿弥陀如来は、われらのために、超世の悲願を立てられたり。

我ら、十方の衆生が、佛の國に生まれんことを、願って、南無阿弥陀佛、と、佛のおん名を称うれば、
必ず、来りて、救いたもう。仰ぎおもんみれば、大慈悲、阿弥陀如来は、かのほうより、来れ、と、
呼び賜い、このほうよりは、本師、釈尊が、とく往け、と、勧めたもう。

新蓮台、俗名「辻本芳春」行年六十三才

**誓空浄芳信士**

一到弥陀安養國(いっとうみだあんにょうこく)、元来是我法王家(がんらいぜがほうおうけ)

南無阿弥陀佛

いんどう

平成十四年八月七日

# 観空浄貞禅定門

坂井　貞雄　　　八十四才

## お別れのことば

つゝしんで、板井貞雄様の霊前に、お別れのことばを、贈ります。

一昨日八月七日夜もふけてから、坂井さんが八十四才の生涯をとじられた訃報に接して粛然と、いたしました。

こゝに、つゝしんで、お悔やみを、申し上げます。

当日の七日は、光明寺の施餓鬼大法要でした。早朝から夕方まで、光明寺の檀信徒あげて、亡き人をしのび、さらには、ご先祖のご恩に謝す、年に一度の、お念佛の日でありました。

歳月、人を待たず。年々歳々、花あいにたり、歳々年々人同じからずです。

たしかことし梅とりの頃に、坂井さんが、入院されたことを、風のたよりに知りましたが、その後、経過が良好だから、近く自宅で静養されるらしいとのことで、ほっと安心しておりました。

しかしことしの夏のきびしさは、健康体でも耐えがたい毎日でしたから、まして病床の方にとっては、しのぎにくい夏だったのです。土用なかばの秋の風もまだ吹かず、法師ゼミの声もまだ聞こえません。

坂井さん、

現代、八十才代のお方は、第二次世界大戦に直面して、お国のためのご苦労をされたことに、今夜、あつく御礼、申し上げます。

以後のあなたは、晩稲区長はもとより、村会議員の要職にもついて、地域につくされましたし、なお戸主、貢さま、そして、お孫さんがたが十三名。さらにヒ孫さんが、いま五人、ますます、増えてまいります。その上、あなたの奥さんが、つねにおだやかで、温厚篤実、貞淑な婦人だったこと。近くに、常楽の岡田政吉様、東吉田の片山様、二人の女婿がおってくれて、あなたの老後は、安心でした。

あなたの青年期を知っている私の父親（ちち）は、

「坂井さんは、相撲も得意だったから、あちらこちらへとりに行った。オシネ、クマカ、ハヤ、タナベ、と、あの頃は、たいてい、夜相撲だった。戦前のふるき、よき時代だったナー」とおもいでばなしです。

こゝに無常安心章を呈して、ご冥福を祈ります。

仰いで大空に動く雲の姿を見、
ふして、逝く河の水の流れを観よ。
　雲も水も、しばしもとゞまらず。
　　ありとおもえばたちまちなし。
　　　消えたりと思えば、また、あらわる。
まことに、人の世の姿も、かくの如し。

こゝに、死したる人あれば、かしこに、生まるゝ者もあり。
たとえ、死をいといい、
ながく、この世に生きんことを望むとも、
人の命のはかなきこと、霜露のごとく、無常なること、光よりも速やかなり。
若きが先立ち、老いたる人のおくるゝ、なげき、
まことに、生まれし者は、必ず死し、
会う者は、必ず、はなるるならい。
あゝ、誰か、百年の齢（よわい）を、たもたんや。
六道の辻にましまます地蔵尊、みちびき給え、弥陀の浄土へ。

南無阿弥陀佛、南無阿弥陀佛、南無阿弥陀佛

〈同称十念〉

平成十四年七月二十九日

月向山光明寺住職

# 引導

四生無常のかたち、生あるものは、死に帰す。哀れなるかな、電光の命、草露の朝を、待つがごとし。

悲しいかな風葉の身、槿花の朝にして、夕にいたらざるに、あい似たり。幽魂は独り往き、かわれば、
質は山沢に残り、骨は野外にさらす。人中天上の快楽は、夢の中にして、幻のごとし。

諸行は、まさしく、無常なり。

ここに、新蓮台、俗名「坂井貞雄」行年八十四才。

あなたは、大正八年二月十八日に、この世に生を受け、
平成十四年八月七日午後十一時十六分、往生せり。

**観空浄貞禅定門、**の、戒名をいただけり。

みな人よ、十方衆生の願なれば、南無阿弥陀佛の、丸の内なり。

六道の辻にましますい、地蔵尊、みちびき給え、弥陀の浄土へ。

今や、大慈悲、阿弥陀如来の、本願に、出会うなり。

すなわち、かつて、阿弥陀如来は、われらのために、超世の悲願を立てられたり。

我ら、十方の衆生が、佛の國に生まれんことを、願って、南無阿弥陀佛、と、佛のおん名を称うれば、
必ず、来りて、救いたもう。仰ぎおもんみれば、大慈悲、阿弥陀如来は、かのほうより、来れ、と、
呼び賜い、このほうよりは、本師、釈尊が、とく往け、と、勧めたもう。

南無阿弥陀佛

新蓮台、俗名「坂井貞雄」行年八十四才

**観空浄貞禅定門**

一到弥陀安養國（いっとうみだあんにょうこく）、元来是我法王家（がんらいぜがほうおうけ）

いんどう

平成十四年二月七日

# 證空妙得禅定尼

梅本　スミヱ　　八十才

## お別れのことば

つゝしんで、梅本スミヱ様の霊前に、お別れの言葉を、贈ります。

二月、如月きさらぎ、の空、春あさみで、立春をすぎたこゝ梅の里は、ことしはいつもの年よりも少し早く梅の花もほころび初めました。

このたび、二月七日の夜、あなたが八十才の生涯をとじて、安らかに永眠なさったとうかがい、つゝしんで、こゝに深くおくやみを申し上げます。

ふりかえりますと、昭和二十二年、終戦直後の光明寺五重相伝において受者となり、法号を授与されています。

下尾の現、水崎邦夫家から、親戚にあたる梅本健一様と結婚されたあなたは、人も知る人格よろしき儀一様に嫁(とつ)がれたことは、その一代を通じて、最高のおしあわせだったとおもいます。

梅本さんは、すぐる大戦において、昭和十三年に召集令状をうけ、中支にフィリピン、マニラと転戦されたお方で、まことに修養された紳士ですから、あなたに対しても真心こめてなさけをかけられたそうで、つねづねまわりの人々は敬服しておりました。

ことしの新年は、あなたもおかえりになって、ゆっくりと故郷（ふるさと）の家で、安らいだそうで、まわりの人々も、そのことをうかゞうだけでも、ほっとしました。

なお、あなたは、生家の水崎邦夫さんをことのほか、信頼されて、たよりにしておられたこともうかゞいましたし、戸主、幸夫さんは、下尾の中本功家の長女、昇子さんを迎えられ梅本家の後継者として甲斐甲斐しく家業に精励されています。

なお、それぞれ家庭をおもちの百合子さん、多美子さん、直恵さん方は、そろって優秀ですから、その母としてのあなたは、充分しあわせでした。

つまり、見渡せば、あなたは、素朴な、人情にみちたこの晩稲、ふるさとのなみなみとしたなさけのなかで、八十年の生涯をおくられたのですね。

父母恩重経の一節に、あわれはらから、心せよ、

山より高き父の恩、海より深き母の恩、知るこそ道の始めなり。

まことに父母の恵みこそ、天のきわまりなきがごと、

父母はわが子のためならば、よしや悪趣におつるとも、少しの悔いもなさぞかし。

おのれ生あるそのうちは、子の身にかわらんことを思い、

おのれ死に行くそののちは、子の身を守らんことを願う。

よる年波の重なりて、いつか頭の霜白く、

おとろえせまる父母（ちちはは）を、仰げばおつる涙かな。
あゝありがたき父の恩、子はいかにしてむくゆべき。
あゝありがたき母の恩、子はいかにして報ずべき。
母の恩でおもいおこしますのは、
先年、幸夫さんが病気、入院のあいだは、
あなたが、お地蔵さま、観音さまへ、日参して祈願されたこと、
まことに、海よりふかき母の恩、でした。
今夜、この私も、あなたの霊前で、つゝしんで、あつく、あつく、御礼もうしあげますが、
私が大病で入院中、あなたが『住職さんのために』と誠実一路に念じて下さったそうで、そのご親切に対しまして、有り難うございました。
今夜は、かくも多勢の皆様におまいりいたゞき、わけても、常楽の皆さんのあたゝかな通夜のお念仏におくられて、弥陀の浄土へ旅立って下さい。
六道の辻にましまます地蔵尊、みちびき給え、弥陀の浄土へ。

〈同称十念〉

南無阿弥陀佛、南無阿弥陀佛、南無阿弥陀佛

平成十四年二月八日

月向山光明寺住職

# 引導

四生無常のかたち、生あるものは、死に帰す。哀れなるかな、電光の命、草露の朝を、待つがごとし。悲しいかな風葉の身、槿花の朝にして、夕にいたらざるに、あい似たり。幽魂は独り往き、かわれば、質は山沢に残り、骨は野外にさらす。人中天上の快楽は、夢の中にして、幻のごとし。

諸行は、まさしく、無常なり。

ここに、新蓮台、俗名「梅本スミヱ」行年八十才。

あなたは、下尾の水崎邦夫家に生を受け、梅本儀一さまと一緒になられ、幸夫さんをはじめ、百合子さん、多美子さん、直恵さん、そして陽子さん、の子どもに恵まれ、この晩稲の地で、八十年の生涯をおくりたり、平成十四年二月七日、往生せり。

昭和二十二年の正月に「五重相伝」を受け、**證空妙得禅定尼、**を、いたゞけり。

みな人よ、十方衆生の願なれば、南無阿弥陀佛の、丸の内なり。六道の辻にまします、地蔵尊、みちびき給え、弥陀の浄土へ。今や、大慈悲、阿弥陀如来の、本願に、出会うなり。すなわち、かつて、阿弥陀如来は、われらのために、超世の悲願を立てられたり。我ら、十方の衆生が、佛の國に生まれんことを、願って、南無阿弥陀佛、と、佛のおん名を称うれば、必ず、来りて、救いたもう。

仰ぎおもんみれば、大慈悲、阿弥陀如来は、かのほうより、来れ、と、呼び賜い、
このほうよりは、本師、釈尊が、とく往け、と、勧めたもう。

南無阿弥陀佛

新蓮台、俗名「梅本スミヱ」行年八十才

**證空妙得禅定尼**

一到弥陀安養國（いっとうみだあんにょうこく）、元来是我法王家（がんらいぜがほうおうけ）

いんどう

平成十四年十月十五日

# 誠至院誓空唯月居士

田野　唯市　　九十三才

## お別れのことば

つゝしんで、田野唯市様の、当年九十三才のご霊前に、お別れのことばをさゝげます。

一昨日十月十五日、ことしの秋も、ようやくふかく、夕ぐれも早くなった宵やみに、救急車のサイレンがきこえました。たしか晩稲の下尾の方らしいが、と、案じたことでしたが、一夜あけて、田野さんが、永眠なされた、と、伺いまして、感無量、しばし言葉なく、でした。

その後、当時の様子が、家族の方と夕食をともにしていて、急に気分がわるくなったゝめ、救急車を呼んだそうで、気分がわるい、その瞬間に、夕食を一緒にしていて、

「ご家族に守られていた」このことが、何とも、言い知れぬ、安らぎを与えてくれました。

残されたご家族にとっても大きな救いとなったことでしょうし、私は、つい先日、お見舞いに上がった日が、あなたとの永遠のお別れとなった次第です。

つゝしんで、深く、おくやみ申し上げます。
生前のあなたは、まことに男らしい風格をそなえ、知性派でしたから、まわりの人々から、尊敬されました。

田野のお母さんが信仰心のあついお方でしたから、その感化もあって、あなたも敬神崇祖の念に篤く、教育勅語そのまゝのお人柄でした。四男二女の父として壮年期は、電電公社の勤務を立派に果たし、老後は、悠々自適、土地の皆さんと親しみ、ゲートボールもたのしみ、平安な、よいおくらしでしたね。

当年とって九十三才。明治、大正、昭和、平成と百年に近い年月を、日本国の歴史の動乱の中で、よろこびもかなしみも、の、幾歳月だったことでしょう、が、老いてもいさましく、かくしゃくとしたお方でした。

あなたの未生流、生花（いけばな）には、田野先生独特の気迫がありました。そして、過去二十五ヵ年余りの間、光明寺の佛花は田野さんにおまかせでしたが、はる、なつ、あき、ふゆ、に、花器の前で満ち足りた表情だった田野さんの面影が、今も、私の目にうつっているんです。

それから、私ごとですけれども、あなたは、先祖代々の菩提寺の住職と思って下さればこそ、この私に対しては、格別な情（なさけ）をかけて下さいました。加えて、私の父と同じ、九十三才、ことしは男性では、あなたと父親が、当晩稲の最高齢者だそうで、父は、あんたに先立たれて、しょんぼり、しております。

多年にわたる菩提寺護持のお心に、つゝしんで、あつく、お礼申し上げます。

ありがとうございました。

歳月、人を待たず、生、病、老、死、の、宿命は、誰の上にもしのびよる運命（さだめ）ですね。あまりにも突然のお別れで、惜別の情、限りなし、です。

今夜は、ご親族はもとより、多くの皆様がお詣り下さって、なお、地元の下尾の方々のま心こもる通夜のお念佛をいただいて、極楽往生を念じます。

ここに無常安心章を呈して、ご冥福を祈ります。

仰いで大空に動く雲の姿を見、
　ふして、逝く河の水の流れを観よ。

　　雲も水も、しばしもとゞまらず。

　　ありとおもえばたちまちなし。

　　　消えたりと思えば、また、あらわる。

まことに、人の世の姿も、かくの如し。

こゝに、死したる人あれば、かしこに、生まる、者もあり。

たとえ、死をいとい、ながく、この世に生きんことを望むとも、人の命のはかなきこと、霜露のごとく、無常なること、光よりも速やかなり。

若きが先立ち、老いたる人のおくる、なげき、まことに、生まれし者は、必ず死し、会う者は、必ず、はなるるならい。あゝ、誰か、百年の齢(よわい)を、たもたんや。

六道の辻にまします地蔵尊、みちびき給え、弥陀の浄土へ。


〈同称十念〉

南無阿弥陀佛、南無阿弥陀佛、南無阿弥陀佛

平成十四年十月十七日

月向山光明寺住職

# 引導

四生無常のかたち、生あるものは、死に帰す。哀れなるかな、電光の命、草露の朝を、待つがごとし。
悲しいかな風葉の身、槿花の朝にして、夕にいたらざるに、あい似たり。幽魂は独り往き、かわれば、
質は山沢に残り、骨は野外にさらす。人中天上の快楽は、夢の中にして、幻のごとし。
諸行は、まさしく、無常なり。
ここに、新蓮台、俗名「田野唯市」行年九十三才。あなたは、明治四十三年二月二十日に、この世に
生を受け、平成十四年十月十五日午後七時四十七分、往生せり。
昭和二十二年の正月に「五重相伝」を受け、
**誓空誠心禅定門、**を、いたゞけり。そして、このたびの出発に際して、誠至院誓空唯月居士、
を、おくるものなり。唯月は、未生家総國曾頭師範廣雲斎の「田野唯月」のものなり。
みな人よ、十方衆生の願なれば、南無阿弥陀佛の、丸の内なり。
六道の辻にまします、地蔵尊、みちびき給え、弥陀の浄土へ。今や、大慈悲、阿弥陀如来の、本願に、
出会うなり。すなわち、かつて、阿弥陀如来は、われらのために、超世の悲願を立てられたり。
我ら、十方の衆生が、佛の國に生まれんことを、願って、南無阿弥陀佛、と、佛のおん名を称うれば、
必ず、来りて、救いたもう。仰ぎおもんみれば、大慈悲、阿弥陀如来は、かのほうより、来れ、と、
呼び賜い、このほうよりは、本師、釈尊が、とく往け、と、勧めたもう。

南無阿弥陀佛

新蓮台、俗名「田野唯市」行年九十三才

**誠至院誓空唯月居士**

一到弥陀安養國（いっとうみだあんにょうこく）、元来是我法王家（がんらいぜがほうおうけ）

いんどう

平成十四年十一月十一日

# 導空妙千禅定尼

山崎　おちよ　八十二才

## お別れのことば

つゝしんで、山崎おちよ様のご霊前に、お別れのことばを贈ります。

あなたは、一昨日十一月十一日夜七時四十五分、当年とって八十二才のその一代をとじて、あの世に旅立たれました。

こゝにつゝしんで、お悔やみを申し上げます。

歳月人を待たず、の、たとえの通り、近頃のあなたは、どこが悪いと言うこともなかったのに、急に、肺炎のためになくなられたそうで、私も、こゝしばらくは、ごぶさたしてすみませんでした。

もっと、たびたび、お見舞いに上がるべきでした。深く、後悔しているんです。

あなたは、日高郡印南町稲原から晩稲の山崎周一様に迎えられて、戦争中は、満州でくらし、終戦後にふるさとへ帰られたのですね。

おふたりは、共に、勤勉努力、お家の繁盛につくされ、また、長男の晃さん夫婦は、まことに孝行でした。あなたは大変かしこい婦人でしたから、晃さんはもとより、辻友枝、辻幸子、松川百合子さんも、お母さんを見習って、嫁ぎ先でも、よくつとめられました。

このように、あなたの老後は、無事平安、お孫さんにもしたわれて、しあわせだったのですね。

以前、晃さんに白梅幼稚園の役員さんになっていたゞいた当時に、いも畑の世話に、おばあさんのあなたが、眞心こめてして下さったおかげで、みごとなおいもを沢山つくって白梅の子たちを、よろこばせてくれたこと、を、今夜もおもいだして、胸が熱くなります。

一事が万事「梅をほしあげても、母親は、もうちょっとのところで、念を入れるから、よい梅干になりました」と、息子さんも、お母さんの仕事ぶりを感心していました。

一人のよき母は、百人の教師にまさる。母こそ家の光、とは、このことですね。

人はこの世に生まれ、その一代は、よろこびもかなしみもの幾山河です。

誰しも、苦労はまぬがれませんが、第二次世界大戦の前後に、今の八十代の方は、なみなみならぬご苦労をしてくださったことに対し、今夜、お別れに際して、深く、合掌、です。

こゝに、つゝしんで、父母恩重経をさゝげる次第です。

あわれはらから心せよ
山より高き父の恩、海より深き母の恩、知るこそ道の始めなり。
まことに、父母の恵みこそ、天のきわまりなきがごと。
父母は、わが子のためならば、出てもいりても子を思い、寝ても覚めても、子わ思う。
おのれ生あるそのうちは、子の身にかわらんことを思い、
おのれ死に行くそののちは、子の身を守らんことを願う。
よる年波の重なりて、いつか頭の霜しろく、
おとろえませる父母を、あおげばおつる涙かな。
あゝありがたき、父の恩、あゝありがたき、母の恩。
子は、いかにして、むくゆべき。

六道の辻にましますす地蔵尊、みちびき給え、弥陀の浄土へ。

南無阿弥陀佛、南無阿弥陀佛、南無阿弥陀佛

〈同称十念〉

平成十四年十一月十三日

月向山光明寺住職

# 引導（いんどう）

四生無常のかたち、生あるものは、死に帰す。哀れなるかな、電光の命、草露の朝を、待つがごとし。

悲しいかな風葉の身、槿花の朝にして、夕にいたらざるに、あい似たり。幽魂は独り往き、かわれば、
質は山沢に残り、骨は野外にさらす。人中天上の快楽は、夢の中にして、幻のごとし。

諸行は、まさしく無常なり。

ここに、新蓮台、俗名「山崎おちよ」行年八十二才。

あなたは、大正十年十月二十一日に、この世に生を受け、
平成十四年十一月十一日午後七時四十五分、往生せり。

五重相伝で、
導空妙千禅定尼、いたゞけり。

みな人よ、十方衆生の願なれば、南無阿弥陀佛の、丸の内なり。

六道の辻にましますす、地蔵尊、みちびき給え、弥陀の浄土へ。汝、今や、大慈悲、阿弥陀如来の、本願に出会うなり。すなわり、かつて、阿弥陀如来は、われらのために、超世の悲願を立てられたり。

我ら、十方の衆生が、佛の國に生まれんことを、願って、南無阿弥陀佛、と、佛のおん名を称うれば、必ず、来たりて、救いたもう。仰ぎおもんみれば、大慈悲、阿弥陀如来は、かのほうより、来れ、と、呼び賜い、このほうよりは、本師、釈尊が、とく往け、と、勧めたもう。

南無阿弥陀佛

新蓮台、俗名「山崎おちよ」行年八十二才

導空妙千禅定尼

一到弥陀安養國（いっとうみだあんにょうこく）、元来是我法王家（がんらいぜがほうおうけ）

信空浄弘禅定門

平成十八年十月五日

丸橋　弘巳　　五十四才

## お別れのことば

つゝしんで、故、丸橋弘巳（ひろみ）様、五十四才の霊前に、お別れのことばを、おくります。

当年もって五十四才は、あまりにも、早すぎました。人生は、諸行無常（しょぎょうむじょう）、愛別離苦（あいべつりく）、ですが、そのことわりを聞きながらも、惜しみて余りある、あなたの永眠でした。ここに、深く、おくやみを申し上げます。あなたは、このところ、しばらく入院中だったそうですが、残されたお母さんのなげきと名残（なご）りつきないお気持ちをお察しして、同情にたえません。あなたが、白梅幼稚園時代に、可愛らしい美少年だったことは、評判だったんです。ことしは、ながい夏で、あつい夏でした。ようやく、秋風も吹きそめて、おまつり気分のふるさとをあとに、あの世への旅路になったあなたに、近所の皆さんはもとより、区民一同の涙を誘って、おくやみとおなぐさめのことばと、つゝしんで、合掌です。無常流転の、あす知れぬ世、とは、まさに、このことです。人のこの世は、永くして、変わらぬ春と思いしに、はかなき夢となりにけり、熱き涙のま心を、み魂の前に、さゝげつゝ、面影しのぶ、かなしさよ、です。西山浄土宗勤行式の発願文に、願わくば、弟子等(でしとう)、命終(みょうじゅう)の時に臨(のど)んで、心、顛倒(てんどう)せず、心錯乱(しゃくらん)せず、心、失念せず、身心に諸(もろもろ)の苦痛なく、身心、快楽(けらく)にして、禅定(ぜんじょう)に入るが如(ごと)く、聖衆(しょうじゅ)、現前(げんぜん)したまえ、と、あり、本願力は、名を聞いて、往生せんと欲せば、皆ことごとく、彼の国に到り、自ら、不退転に、至らしむ、と、あります通り、大慈悲、阿弥陀如来の、本願力に、おすがり下さい。

こゝに、無常安心章を呈しまして、

仰いで大空に動く雲の姿を見、ふして逝(ゆ)く河の水の流れを観よ。
雲も水も、しばしもとゞまらず、
ありと思えばたちまちなし。消えたりと思えばまたあらわる。
まことに、人の世のすがたもまたかくのごとし。
こゝに、死したる人あれば、かしこに、生まるゝ者もあり。
たとえ、死をいとい、ながく、この世に生きんことを望むとも、
人の命のはかなきこと、霜露のごとく、無常なること、光りよりも、速やかなり。
若きが先だち、老いたる人のおくるゝなげき、まことに、生まれし者は、必ず、死し、
会う者は、必ず、はなるるならい、あゝ、誰か、百年の齢を、たもたんや。
六道の辻にまします地蔵尊、みちびき給え、弥陀の浄土へ

〈同称十念〉

平成十八年十月十日

月向山光明寺住職

# 引導

四生無常のかたち、生あるものは、死にきす。哀れなるかな、電光の命、草露の朝を、待つがごとし。悲しいかな風葉の身、槿花の朝にして、夕にいたらざるに、あい似たり。幽魂は独り往き、かわれば、質は山沢に残り、骨は野外にさらす。人中天上の快楽は、夢の中にして、幻のごとし。

諸行は、まさしく、無常なり。

ここに、新蓮台、俗名「丸橋弘巳」ひろみ、こと、行年五十四才。昭和二十八年十一月十二日、この世に生を受け、平成十八年十月五日、午後二時四十五分、往生せり。諸行無常、愛別離苦、のことば通り、あの世へ旅立つキミ、

**信空浄弘禅定門**を、さしあげるものなり。みな人よ、十方衆生の願なれば、南無阿弥陀佛の、丸の内なり。六道の辻にまします地蔵尊、みちびき給え、弥陀の浄土へ。汝、今や、大慈悲、阿弥陀如来の、本願に、出会うなり。すなわち、かつて、阿弥陀如来は、われらのために、超世の悲願を立てられたり。

我ら、十方の衆生が、佛の國に生まれんことを、願って、南無阿弥陀佛、と、佛のおん名を称うれば、必ず、来たりて、救いたもう。仰ぎおもんみれば、大慈悲、阿弥陀如来は、かのほうより、来たれ、と、呼び給い、このほうよりは、本師、釈尊が、とく往け、と、進めたもう。

新蓮台、「丸橋弘巳」ひろみ、こと、行年五十四才

**信空浄弘禅定門**　　南無阿弥陀佛

一到弥陀安養國、元来是我法王家

いんどう

平成十八年十二月十九日

# 信空妙久禅定門

畑山　ひさゑ　　九十四才

## お別れのことば

つ、しんで、畑山ひさゑ様、当年九十四才のご霊前に、お別れのことばをおくります。

寺では、畑山さんの入院を知りまして、東本庄の林旭彦さんにくわしいことを、お尋ねしてから、お見舞いに上がりたいと、思っていたんです。

失礼しました。すみませんでした。

ことしは、気候も不順だったし、高齢のあなたにコタエたのでしょうか。

あなたは、温厚で、つつしみ深い婦人でした。

つい先年、長女で、林さんのご家内に、さき立たれて、母としての、なげき、かなしみの姿は、同情にたえませんでしたけれども、東本庄の林さんが、まことにゆきとゞいてごしんせつをして下さるんで、私らの二人ぐらしも、安心です、オカゲです、と、心一杯に感謝して、以前に、光明寺で、あなたが話して下さった日のお姿を、いま、この目の前へ、思いうかべているんです。

会うは別れのはじめ、で、誰の上にも、あの世へ旅立つ日は、くるんですね。

こゝに、つゝしんで、ふかく、ふかく、おくやみを、申し上げます。

時代は、変わりました。

家族生活のあり方も、思想も変わりましたけど、こゝ、おしねは、人情もあたゝかいし、今、九十四才という婦人方は、第二次世界戦争を子育ての最中に、しんぼうして、ごくろうされたこと、人は、この生まれあわせた時代の波は、必ずうけねばナラナイコト、これが運命と言うことでしょうか。

しかし、あなたのヨウニ、次女の頼子さんと二人でクラシ、息子さんの畑山梅泉くんもスグ近くにいて、そして、東本庄の林さんも近い、まったくもって、晩年は、安心な状態でした。

昭和四十三年に亡くなったご主人、畑山隆平さんが、生前に寄附して下さった、マキが、寺の玄関で、いまもよく、茂っています。

また、ご主人の命日が、昭和四十三年の十一月十九日です。そして、あなたの命日が、平成十八年の十二月十九日です。同じ「十九日」とは、やはり、阿弥陀さまのハカライを、感ぜずにはおれません。

人のこの世は、永くして、変わらぬ春と思いしに、はかなき夢となりにけり、熱き涙のま心を、み魂の前に、さゝげつゝ、面影しのぶ、かなしさよ、です。

西山浄土宗勤行式の発願文に、願わくば、弟子等(でしとう)、命終(みょうじゅう)の時に臨(のぞ)んで、心、顛倒(てんどう)せず、心錯乱せず、心、失念(しゃくらん)せず、身心に諸(もろもろ)の苦痛なく、身心、快楽(けらく)にして、禅定(ぜんじょう)に入るが如(ごと)く、聖衆(しょうじゅ)、現前(げんぜん)したまえ、と、あり、本願力は、名を聞いて、往生せんと欲せば、皆ことごとく、彼の国に到り、自ら、不退転に、至らしむ、と、あります通り、大慈悲、阿弥陀如来の、本願力に、おすがり下さい。

父母恩重経を、さ、げます。

あわれはらから心せよ、山より高き父の恩、海より深き母の恩、

知るこそ道の始めなり。まことに父母の恵みこそ、天のきわまりなきがこと。

父母はわが子のためならば、出ても入りても子を思い、ねてもさめても、

子を思う。おのれ生（しょう）あるそのうちは、子の身にかわらんことを思い、

おのれ死に逝くそののちは、子の身を守らんことを願う。

よる年波の重なりて、いつかコウベの霜しろく、おとろえまさる父母（ちちはは）を、

あおげばおつる涙かな。ああ有り難き、父の恩、ああ有り難き、母の恩。

子は、いかにして、むくゆべき。

今夜は、大勢の皆さんにお詣りいたゞき、この席をかりて、御礼申し上げます。そして、

常楽の皆さんのご詠歌におくられて、弥陀の浄土へ旅立って下さい。

六道の辻にましします地蔵尊、みちびき給え、弥陀の浄土へ

南無阿弥陀佛、南無阿弥陀佛、南無阿弥陀佛

〈同称十念〉

平成十八年十二月二十一日

月向山光明寺住職

# 引導

四生無常のかたち、生あるものは、死にきす。哀れなるかな、電光の命、草露の朝を、待つがごとし。悲しいかな風葉の身、槿花の朝にして、夕にいたらざるに、あい似たり。幽魂は独り往き、かわれば、質は山沢に残り、骨は野外にさらす。人中天上の快楽は、夢の中にして、幻のごとし。諸行は、まさしく、無常なり。

ここに、新蓮台、俗名「畑山ひさゑ」こと、行年九十四才。大正二年十一月十五日、この世に、生を受け、平成十八年十二月十九日、午前十一時四十三分、往生せり。夫の畑山隆平、そして、子ども四人に恵まれ、悠々自適の老境を、過ごせり。

あなたの十九日の命日は、夫、畑山隆平と同じであり、阿弥陀如来のはからいなり。

## 信空妙久禅定尼

みな人よ、十方衆生の願なれば、南無阿弥陀佛の、丸の内なり。六道の辻にまします地蔵尊、みちびき給え、弥陀の浄土へ。汝、今や、大慈悲、阿弥陀如来の、本願に、出会うなり。すなわち、かつて、阿弥陀如来は、われらのために、超世の悲願を立てられたり。我ら、十方の衆生が、佛の国に生まれんことを、願って、南無阿弥陀佛、と、佛のおん名を称うれば、必ず、来たりて、救いたもう。仰ぎおもんみれば、大慈悲、阿弥陀如来は、かのほうより、来たれ、と、呼び給い、このほうよりは、本師、釈尊が、とく往け、と、進めたもう。

南無阿弥陀佛

新蓮台、「畑山ひさゑ」こと、行年九十四才

## 信空妙久禅定尼

一到弥陀安養國、元来是我法王家

いんどう

平成十八年十二月四日

# 正空妙観禅定尼

尾田　フミ　　八十八才

## お別れのことば

つゝしんで、尾田フミ様、当年八十八才の霊前に、お別れのことばを贈ります。

ことしは、大変きびしい夏でしたから、この冬、峠を越えられないカタも、おられます。

あんたもその一人となったワケですが、その最期は、辻村先生の、「しかし、この年寄りで、自分の布団で、それも、大往生とは、みんな、ソレを願い、そうアリタイと、望んでいる、それ、が、そうありたい、通りに、できた、そのコトを、たっとぶコトです」とのおハナシですが、まことに、大往生でした。あなたは、大正八年八月六日、この大谷、吉本保治様で生まれ、平成十八年の、十二月四日、午前三時に、八十八才の生涯でした。

ここに、つゝしんで、ふかく、おくやみを、申し上げます。ご主人の尾田清数さんは、若い頃、大阪で寿司職人であられた由、平成二年一月二十八日に、七十四才で、亡くなりました。

長男の健一さんは篤農家の尾田清数さんの志(こころざし)をついで、梅づくりに専念されていて、弟の尾田明さんも、永らく龍神タクシーに奉職し、今は、梅づくりに専念されており、かたわら、晩稲(おしね)区の副会長として、来年は、区長として、約三百軒の頭首です。

人のこの世は、永くして、変わらぬ春と思いしに、はかなき夢となりにける、熱き涙のま心を、み魂の前に、さゝげつゝ、面影しのぶ、かなしさよ、です。

西山浄土勤行式の発願文に、願わくば、弟子等(でしとう)、命終(みょうじゅう)の時に臨(のぞ)んで、心、顛倒(てんとう)せず、心錯乱(さくらん)せず、心、失念せず、身心に諸の苦痛なく、身心、快楽(けらく)にして、禅定(ぜんじょう)に入るが如く、聖衆(しょうじゅ)、現前(げんぜん)したまえ、と、あり、本願力は、名を聞いて、往生せんと欲せば、皆ことごとく、彼の国に到り、大慈悲、阿弥陀如来の本願力に、おすがり下さい。

父母恩重経を、さゝげます。

あわれはらから心せよ、山より高き父の恩、海より深き母の恩、
知るこそ道の始めなり。まことに父母の恵みこそ、天のきわまりなきがこと。
父母はわが子のためならば、出ても入りても子を思い、ねてもさめても、
子を思う。おのれ生あるそのうちは、子の身にかわらんことを思い、
おのれ死に逝くそののちは、子の身を守らんことを願う。
よる年波の重なりて、いつかコウベの霜しろく、おとろえませる父母(ちちはは)を、
あおげばおつる涙かな。ああ有り難き、父の恩、ああ有り難き、母の恩。
子は、いかにして、むくゆべき。

六道の辻にまします地蔵尊、みちびき給え、弥陀の浄土へ。

お教本のなかの発願文に、

願わくば、弟子等、命終の時に臨んで、

心、顛倒せず、心、錯乱せず、心、失念せず、とありますが、あなたの『大往生』を、思います。

こゝに、無常安心章を呈しまして、

仰いで、大空に動く雲の姿を見、ふして逝く河の流れを観よ。

雲も水も、しばしもとゞまらず、ありと思えばたちまちなし。

消えたりと思えばまたあらわる。

まことに、人の世のすがたもまたかくのごとし。

こゝに、死したる人あれば、かしこに生まるゝ者もあり。

たとえ、死をいとい、ながくこの世に生きんことを望むとも、

人の命のはかなきこと、霜露のごとく、無常なること、光よりも、速やかなり。

若き先だし、老いたる人のおくるゝなげき、

まことに、生まれし者は、必ず、死し、

会う者は、必ず、はなるゝならい、

あゝ、誰か、百年の齢を、たもたんや。

〈同称十念〉

南無阿弥陀佛、南無阿弥陀佛、南無阿弥陀佛

平成十八年十二月五日

月向山光明寺住職

# 引導

いんどう

四生無常のかたち、生あるものは、死にきす。哀れなるかな、電光の命、草露の朝を、待つがごとし。

悲しいかな風葉の身、槿花の朝にして、夕にいたらざるに、あい似たり。

幽魂は独り往き、かわれば、質は山沢に残り、骨は野外にさらす。

人中天上の快楽は、夢の中にして、幻のごとし。

諸行は、まさしく、無常なり。

ここに、新蓮台、俗名「尾田フミ」こと、行年八十八才。

大正八年八月六日、大谷、吉本保治様で、生を受け、平成十八年十二月四日、午前三時、往生せり。

昭和十年「五重相伝」で、正空妙観禅定尼、いただけり。

健一、明のこどもに恵まれ、悠々自適の老境を過ごせり。

## 正空妙観禅定尼

みな人よ、十方衆生の願なれば、南無阿弥陀佛の、丸の内なり。六道の辻にまします地蔵尊、みちびき給え、弥陀の浄土へ。汝、今や、大慈悲、阿弥陀如来の、本願に、出会うなり。すなわち、かつて、阿弥陀如来は、われらのために、超世の悲願を立てられたり。我ら、十方の衆生が、佛の国に生まれんことを、願って、南無阿弥陀佛、と、佛のおん名を称うれば、必ず、来たりて、救いたもう。仰ぎおもんみれば、大慈悲、阿弥陀如来は、かのほうより、来たれ、と、呼び給い、このほうよりは、本師、釈尊が、とく往け、と、進めたもう。

南無阿弥陀佛

新蓮台、「尾田フミ」　正空妙観禅定尼
一到弥陀安養國、元来是我法王家

平成十九年一月十六日

# 信空妙寿禅定尼

森下　キクヱ　　百四才

## お別れのことば

つゝしんで、森下キクヱ様、当年百四才の、ご霊前に、お別れのことばを、さゝげます。

人、皆が望んでいる生命(いのち)の宝をながらえて、あなたの百四才のご長命をたゝえます。

最近は、印南町の養護ホームでお世話をいたゞきましたそうで、その間、晩稲の森下家はもとよりながら、大阪、和歌山、田辺に三男一女の方もおられて、あなたの晩年は、安心だったそうですが、さすがに、寒に入って、風の冷たさに、高齢のお方はしのぎにくゝ、ここ数日、肺炎の症状で、とうとう永眠なされたこと、深く、おくやみ申し上げます。

あなたは、同じ常楽、岡崎家の出身でしたから、その一代を、ふる里で、常楽の皆さんと親しみ、持って生まれた、なさけあつい陽気なお方でしたから、皆さんに好かれて人気のある婦人でした。一例をあげますと、以前のことに、ある日、先代住職、私の父を訪ねて見えて、「方丈ハンにオタノミは、嫁の朝子は、割合に身体が弱いので、私が先立ったあと、どうぞ、よろしくオタノミシマス」だったですね。

ナミダグマシイオハナシでした。わざわざそのオタノミだけに、寺まで見えてくれた、母心です。

現在、八十才以上の方々は、大戦争による苦労はなみなみならずでした。

あなたも、森下武治君を英霊にさゝげて、光明寺の英霊文集へ、

「武治は、十六才で学校卒業後、知人にさそわれて台湾へ行き、次に海南島へ渡り、日本電気通信株式会社へつとめているところへ、兵隊検査のために帰郷した。当時もう戦争ははげしくなっていたから、敵の魚雷にヤラレナイよう巡視船三隻に守られて一ヵ月かゝったらしく、甲種合格までの一ヵ月は、日本電気大阪支店に勤務後、岡山へ入隊して、終戦の少し前に戦死。お国のためながら、二十二才の若さで、苦労ばかりさせて戦死は、母として可哀想でなりません。」と、書き残してあります。

その通りです。ナミダで、手をあわしました。

このように、百年を余るあなたの人生行路は、なみなみならぬかなしみの幾山河だったことは、筆にもことばにも、つくしきれませんね。

では、あなたのご冥福を祈って、こゝに、つゝしんで、母のご恩に謝して、
報恩の歌、を、さゝげます。

あわれ地上に数知らぬ　衆生の中にたゞひとり　父とかしづき母と呼ぶ
貴きえにしふし拝み　起てよ人の子いざ起ちて　浮き世の風にたゝかれし
余命少なきふた親の　弱れるこゝろ慰めよ　さりとも見えぬ父母の
夜半の寝顔をあおぐとき　みまごう程の衰えに　驚き泣かぬものぞなき

樹しづまらんと欲すれど　風のやまぬをいかにせん　子養わんとねがえども
親いまさぬぞあわれなる　逝(ゆ)きにし慈父(ちち)の墓石を　涙ながらに拭いつゝ
父よ父よと叫べども　答えまさぬぞはかなけれ　あゝ母上よ子を遺(お)きて
いづこに一人逝きますと　胸かきむしり嘆けども　帰りまさぬぞ悲しけれ
父、死に給うその臨終に　泣きて念ずる声あらば　生きませる時なぐさめの
言葉かわして微笑(ほほえ)めよ　母、息絶ゆるその臨終(きわ)に　泣きて合掌(おろが)む手のあらば
生きませる時、肩にあて　誠心(まごころ)こめてもみまつれ　実(げ)に古くして新しき
道は報恩のおしえなり　考は百行(ひゃくこう)の根本(もと)にして　信への道の正門ぞ
世の若人(わこうど)よとく往(ゆ)きて　父母の御前(みまえ)に跪拝(ひざま)づけ
世の乙女子(おとめこ)よいざ超(た)ちて　父母の慈光(じこう)を仰げかし

老いて後　思い知るこそ　悲しけれ
　この世にあらぬ　親の恵みに

あなたのあの世の旅は、佛さまに守られて、きっと、安らかな旅と、お察しします。
六道の辻にまします地蔵尊、みちびき給え、弥陀の浄土へ。

〈同称十念〉

南無阿弥陀佛、南無阿弥陀佛、南無阿弥陀佛

平成十九年一月十七日

月向山光明寺住職

# 引導

四生無常のかたち、生あるものは、死にきす。哀れなるかな、電光の命、草露の朝を、待つがごとし。
悲しいかな風葉の身、槿花の朝にして、夕にいたらざるに、あい似たり。幽魂は独り往き、かわれば、
質は山沢に残り、骨は野外にさらす。人中天上の快楽は、夢の中にして、幻のごとし。
諸行は、まさしく、無常なり。

ここに、新蓮台、俗名「森下キクヱ」こと、行年百四才。
明治三十七年二月二十五日、この世に、生を受け、
平成十九年一月十六日、午前七時五十分、往生せり。
英霊の母として、まさに百四年の生涯を立派にくらせり。

## 信空妙寿禅定尼

みな人よ、十方衆生の願なれば、南無阿弥陀佛の、丸の内なり。六道の辻にまします地蔵尊、みちびき給え、弥陀の浄土へ。汝、今や、大慈悲、阿弥陀如来の、本願に、出会うなり。すなわち、かつて、阿弥陀如来は、われらのために、超世の悲願を立てられたり。我ら、十方の衆生が、佛の国に生まれんことを、願って、南無阿弥陀佛、と、佛のおん名を称うれば、必ず、来たりて、救いたもう。仰ぎおもんみれば、大慈悲、阿弥陀如来は、かのほうより、来たれ、と、呼び給い、このほうよりは、本師、釈尊が、とく往け、と、進めたもう。

新蓮台、「森下キクヱ」こと、行年百四才

## 信空妙寿禅定尼

一到弥陀安養國、元来是我法王家

南無阿弥陀佛

平成十九年二月七日

# 義空法江禅定尼

大西　引江　　四十五才

## お別れのことば

つゝしんで、大西引江(ひきえ)様のご霊前に、お別れのごあいさつ、を、おくります。

このたび、突然に、あなたの訃報に接しまして、言葉も出ませんでした。

二人の愛児(おこさん)のかなしみはもとよりのこと、大西清高さんのなげき、

「人の世の、無常の風に、誘われて」とは、まさに、このことです。

つゝしんで、深く、深く、おくやみを、申し上げます。

母こそ家の光り、です。

あなたは、早くから、看護のみちにはいられて、甲斐甲斐しく仕事にはげみ、しあわせな家庭を築いておられたそうですのに、昨年、夏に、少し、健康を害されて以来、ことしにあけて、四十五才の若さでなくなられたとは、余りにも、かなしみが深すぎまして、おくやみの言葉には、つくしきれませんため、

こゝに、無常安心章を呈します。

仰いで、大空に動く雲の姿を見、ふして逝（ゆ）く河の流れを観よ。

雲も水も、しばしもとゞまらず、

ありと思えばたちまちなし。消えたりと思えばまたあらわる。

まことに、人の世のすがたもまたかくのごとし。

こゝに、死したる人あれば、かしこに生まるゝ者もあり。

たとえ、死をいとい、ながく、この世に生きんことを望むとも、

人の命のはかなきこと、霜露のごとく、無常なること、光よりも、速やかなり。

若き先だし、老いたる人のおくるゝなげき、

まことに、生まれし者は、必ず、死し、会う者は、必ず、はなるゝならい、あゝ、

誰か、百年の齢（よわい）を、たもたんや。

六道の辻にまします地蔵尊、みちびき給え、弥陀の浄土へ

南無阿弥陀佛、南無阿弥陀佛、南無阿弥陀佛

〈同称十念〉

平成十九年一月十七日

月向山光明寺住職

# 引導

四生無常のかたち、生あるものは、死にきす。哀れなるかな、電光の命、草露（そうろ）の朝（あした）を、待つがごとし。

悲しいかな風葉の身、槿花（きんか）の朝（あした）にして、夕（ゆうべ）にいたらざるに、あい似たり。

幽魂（ゆうこん）は独り往き、かわれば、質（かたち）は山沢（さんたく）に残り、骨は野外にさらす。

人中天上（にんちゅうてんじょう）の快楽（けらく）は、夢の中にして、幻のごとし。諸行（しょぎょう）は、まさしく、無常（むじょう）なり。

ここに、新蓮台、俗名「大西引江（ひきえ）」こと、行年四十五才。

昭和三十八年三月五日、この世に、生を受け、平成十九年二月七日、午後二時二十一分、往生せり。

大西清高さんとの間に、裕哉、奈穂、のこどもにも恵まれ、安定した大西清高家の将来を描きたかったのであるが、人の世の、無常の風に、誘われて、佛になったのである。

## 義空法江禅定尼

みな人よ、十方衆生の願なれば、南無阿弥陀佛の、丸の内なり。六道の辻にまします地蔵尊、みちびき給え、弥陀の浄土へ。汝、今や、大慈悲、阿弥陀如来の、本願に、出会うなり。すなわち、かつて、阿弥陀如来は、われらのために、超世の悲願を立てられたり。我ら、十方の衆生が、佛の國に生まれんことを、願って、南無阿弥陀佛、と、佛のおん名を称うれば、必ず、来たりて、救いたもう。仰ぎおもんみれば、大慈悲、阿弥陀如来は、かのほうより、来たれ、と、呼び給い、このほうよりは、本師、釈尊が、とく往け、と、進めたもう。

新蓮台、「大西引江」こと、行年四十五才

南無阿弥陀佛

## 義空法江（ほうえ）禅定尼

一到弥陀安養國（いっとうみだあんにょうこく）、元来是我法王家（がんらいぜがほうおうけ）

平成十九年二月十五日

# 信空浄伸禅定門

佐古　浩伸　　　七十二才

## お別れのことば

つ、しんで、佐古浩伸(ひろのぶ)様のご霊前に、お別れのごあいさつ、を、いたします。

よわい七十二才は、余りにも、早すぎました。

しばらく入院中とのうわさでしたけれども、医学の進歩している現代のことゆえ、そのうちに、全快されること、信じていて、同級生一同も名残(なごり)を惜しんでいます。

長男、一郎さん、そして、久代さん、真奈美さんのお気持ちも同情に耐えませんが、高齢九十才をあまるお母さんです。

母に先立つあなたの胸中、息子さんに先立たれる老いの先みじかいお母さんの切なさを、お察ししますと、おくやみのことばが、出ません。

つ、しんで、深く、おくやみを、申し上げます。

こゝに、無常安心章を呈しまして、

仰いで、大空に動く雲の姿を見、ふして逝く河の流れを観よ。
雲も水も、しばしもとゞまらず、
ありと思えばたちまちなし。消えたりと思えばまたあらわる。
まことに、人の世のすがたもまたかくのごとし。
こゝに、死したる人あれば、かしこに生まるゝ者もあり。
たとえ、死をいとい、ながく、この世に生きんことを望むとも、
人の命のはかなきこと、霜露のごとく、無常なること、光よりも、速やかなり。
若き先だし、老いたる人のおくるゝなげき、
まことに、生まれし者は、必ず、死し、会う者は、必ず、はなるゝならい、あゝ、
誰か、百年の齢(よわい)を、たもたんや。
六道の辻にましますう地蔵尊、みちびき給え、弥陀の浄土へ

〈同称十念〉

南無阿弥陀佛、南無阿弥陀佛、南無阿弥陀佛

平成十九年一月十七日

月向山光明寺住職

# 引導

四生無常のかたち、生あるものは、死にきす。哀れなるかな、電光の命、草露の朝を、待つがごとし。

悲しいかな風葉の身、槿花の朝にして、夕にいたらざるに、あい似たり。

幽魂は独り往き、かわれば、質は山沢に残り、骨は野外にさらす。

人中天上の快楽は、夢の中にして、幻のごとし。

諸行は、まさしく、無常なり。

ここに、新蓮台、俗名「佐古浩伸」こと、行年七十二才。
昭和十一年三月二十六日、この世に、生を受け、平成十九年十二月十五日、午前〇時三十九分、往生せり。お母さんの佐古ノブヱさんの切なさが同情に耐えないが、
発願文に、心顛倒せず、心錯乱せず、心、失念せず、佛の本願に出会う、と、あります。

信空浄伸禅定門

みな人よ、十方衆生の願なれば、南無阿弥陀佛の、丸の内なり。六道の辻にまします地蔵尊、みちびき給え、弥陀の浄土へ。汝、今や、大慈悲、阿弥陀如来の、本願に、出会うなり。すなわち、かつて、阿弥陀如来は、われらのために、超世の悲願を立てられたり。我ら、十方の衆生が、佛の國に生まれんことを、願って、南無阿弥陀佛、と、佛のおん名を称うれば、必ず、来たりて、救いたもう。仰ぎおもんみれば、大慈悲、阿弥陀如来は、かのほうより、来たれ、と、呼び給い、このほうよりは、本師、釈尊が、とく往け、と、進めたもう。

信空浄伸禅定門　　南無阿弥陀佛

新蓮台、「佐古浩伸」

一到弥陀安養國、元来是我法王家

いんどう

平成十九年三月十八日

# 信空浄照信士

岩崎　照彦　　六十五才

## お別れのことば

つゝしんで、岩崎照彦様、六十五才のご霊前に、お別れのことばを、いたします。

三月十八日、春のお彼岸のいりに、お亡くなりになった岩崎さんは、昭和十八年四月一日の誕生日でした。岩崎三千伸様の、叔父さんですね。

昨年のこと。平成十八年一月十日は、兄さんに当たる岩崎俊蔵様が、永眠されたんです。菩提寺、光明寺と格別にご縁の深い岩崎家ですが、ご親族一同様に対しましても、深く、おくやみ申し上げます。

寒暖さだまりない今年の春の異常気象ですが、老人（おとしより）や体調のワルイお方にはコタエましたし、カゼも流行していいます。

平家物語の一節に、

祇園精舎(ぎおんしょうじゃ)の鐘の声、諸行無常(しょぎょうむじょう)の響(ひび)きあり、驕(おご)れる人も久しからず、唯(ただ)、春の夜の夢のごとし、偏(ひとえ)に、風の前の塵(ちり)に同じ、と、あります通り、人生は、諸行無常です。

ここに、つゝしんで、深く、哀悼の意を、表します。

人のこの世は、永くして、変わらぬ春と思いしに、はかなき夢となりにける、熱き涙のま心を、み魂の前に、さゝげつゝ、面影しのぶ、かなしさよ、です。

西山浄土勤行式の発願文に、願わくば、弟子等(でしとう)、命終(みょうじゅう)の時に臨(のぞ)んで、心、顛倒(でんどう)せず、心錯乱(しゃくらん)せず、心、失念せず、身心に諸(もろもろ)の苦痛なく、身心、快楽(けらく)にして、禅定(ぜんじょう)に入るが如(ごと)く、聖衆(しょうじゅ)、現前(げんぜん)したまえ、と、あります通り、本願力は、名を聞いて、往生せんと欲せば、皆ことごとく、彼の国に到り、自ら、不退転に、至らしむ、と、あります通り、大慈悲、阿弥陀如来の本願力に、出会ったのです。

こゝに、無常安心章を呈しまして、仰いで、大空に動く雲の姿を見、
ふして逝(ゆ)く河の流れを観よ。雲も水も、しばしもとゞまらず、ありと思えばたちまちなし。
消えたりと思えばまたあらわる。まことに、人の世のすがたもまたかくのごとし。
こゝに、死したる人あれば、かしこに生まるゝ者もあり。
たとえ、死をいとい、ながく、この世に生きんことを望むとも、人の命のはかなきこと、
霜露のごとく、無常なること、光よりも、速やかなり。
若き先だし、老いたる人のおくるゝなげき、まことに、生まれし者は、必ず、死し、
会う者は、必ず、はなるゝならい、あゝ、誰か、百年の齢(よわい)を、たもたんや。
あなたのあの世の旅は、佛さまに守られて、きっと、安らかな旅と、お察ししますが、
六道の辻にましまします地蔵尊、みちびき給え、弥陀の浄土へ

父母恩重経を、さゝげます。
　あわれはらから心せよ、
山より高き父の恩、海より深き母の恩、
知るこそ道の始めなり。
まことに父母の恵みこそ、天のきわまりなきがこと。
父母はわが子のためならば、
出ても入りても子を思い、ねてもさめても、子を思う。
おのれ生（しょう）あるそのうちは、子の身にかわらんことを思い、
おのれ死に逝くそののちは、子の身を守らんことを願う。
よる年波の重なりて、いつかコウベの霜しろく、おとろえまさる父母（ちちはは）を、
あおげばおつる涙かな。
ああ有り難き、父の恩、ああ有り難き、母の恩。
子は、いかにして、むくゆべき。

南無阿弥陀佛、南無阿弥陀佛、南無阿弥陀佛

〈同称十念〉

平成十九年三月十九日

月向山光明寺住職

# 引導

四生無常のかたち、生あるものは、死にきす。哀れなるかな、電光の命、草露の朝を、待つがごとし。

悲しいかな風葉の身、槿花の朝にして、夕にいたらざるに、あい似たり。

幽魂は独り往き、かわれば、質は山沢に残り、骨は野外にさらす。

人中天上の快楽は、夢の中にして、幻のごとし。

諸行は、まさしく、無常なり。

ここに、新蓮台、俗名「岩崎照彦」こと、行年六十五才。

昭和十八年四月一日、この世に、生を受け、平成十九年三月十八日、午前二時二十分、往生せり。

発願文に、心顛倒せず、心錯乱せず、心、失念せず、佛の本願に出会う、と、あります。

## 信空浄照信士

みな人よ、十方衆生の願なれば、南無阿弥陀佛の、丸の内なり。六道の辻にまします地蔵尊、みちびき給え、弥陀の浄土へ。汝、今や、大慈悲、阿弥陀如来の、本願に、出会うなり。すなわち、かつて、阿弥陀如来は、われらのために、超世の悲願を立てられたり。我ら、十方の衆生が、佛の國に生まれんことを、願って、南無阿弥陀佛、と、佛のおん名を称うれば、必ず、来たりて、救いたもう。仰ぎおもんみれば、大慈悲、阿弥陀如来は、かのほうより、来たれ、と、呼び給い、このほうよりは、本師、釈尊が、とく往け、と、進めたもう。

南無阿弥陀佛

新蓮台、「岩崎照彦」

## 信空浄照信士

一到弥陀安養國、元来是我法王家

平成十九年三月二十六日

# 観空浄勇禅定門

山崎　正直　　八十才

## お別れのことば

つゝしんで、山﨑正直様、当年八十才のご霊前に、お別れのごあいさつを、申し上げます。

風のたよりに、あなたが検査入院されたことを、つい数日前にお彼岸中にきゝ、まして案じておりましたところへ、一昨日、三月二十六日、午後三時四十五分に永眠なされたそうで、おどろきいりました。つい先日のことに、訪問看護に山﨑家へ見えたお方に対して、平日と別段、変わった様子もなかったが、あなたが一言（ひとこと）「シンドイ」ともらしたひと言、シンドイの、そのひと言、で、急ぎ入院されたところ、何と「無熱性肺炎」の診断だったそうで、まことに肺炎と言うことは、重病ですね。つゝしんで、深く、おくやみを、申し上げます。あなたは、体格も人なみすぐれていて、信仰心あつい両親のいつくしみで育ち、壮年期は、公職につき、晩稲区にも、貢献されましたが、ある日、ふとしたことで、八丁の道路わきで、お孫さんを保護するために、あなたが大切な脊髄（せきずい）をイタメタことが原因して、以後は、病床の身でした。しかし、将来あるお孫さんを、完全に守り通した美談と、その上に、愛子夫人の貞節とあつい情けは、実に、見上げたことでした。もともと、徳蔵の前田家出身のユキお母さんは、かしこいお方だったから、山﨑家は、戸主夫妻も、皆さんが善良で、新谷光蔵様は、「江子の家は、エライモンヤ、孫ハンらも上出来や」と、ほめてくれていました。山﨑正直さん、あなたは、家族のなさけに守られて、病床でも、感謝一杯だったこと、想像いたします。

人生の山坂、うえ見れば、ほどなし、下、見れば、ほどなし、です。が、ともかく、人は、なさけの、袖の下、です。では、あなたのご冥福を祈って、こゝに、つゝしんで、報恩の歌、を、さゝげます。

あわれ地上に数知らぬ　衆生の中にたゞひとり　父とかしづき母と呼ぶ貴きえにしふし拝み　起てよ人の子いざ起ちて　浮き世の風にたゝかれし　余命少なきふた親の　弱れるこゝろ慰めよ　さりとも見えぬ父母の夜半の寝顔をあおぐとき　みまごう程の衰えに　驚き泣かぬものぞなき　樹しづまらんと欲すれど　風のやまぬをいかにせん　子養わんとねがえども　親いまさぬぞあわれなる　逝きにし慈父の墓石を　涙ながらに拭いつゝ　父よ父よと叫べども　答えまさぬぞはかなけれ　父、死に給うその臨終に　泣きて念ずる声あらば　生きませる時なぐさめの　言葉かわして微笑めよ　生きませる時、肩にあて　誠心こめてもみまつれ　実に古くして新しき道は報恩のおしえなり　考は百行の根本にして　信への道の正門ぞ　世の若人よとく往きて　父母の御前に跪拝づけ　世の乙女子よいざ超ちて　父母の慈光を仰げかし　老いて後思い知るこそ　悲しけれ　この世にあらぬ　親の恵みに

六道の辻にましますす地蔵尊、みちびき給え、弥陀の浄土へ

〈同称十念〉

平成十九年三月二十八日

月向山光明寺住職

# 引導

四生無常のかたち、生あるものは、死にきす。哀れなるかな、電光の命、草露の朝を、待つがごとし。

悲しいかな風葉の身、槿花の朝にして、夕にいたらざるに、あい似たり。

幽魂は独り往き、かわれば、質は山沢に残り、骨は野外にさらす。

人中天上の快楽は、夢の中にして、幻のごとし。

諸行は、まさしく、無常なり。


ここに、新蓮台、俗名「山崎正直」こと、行年八十才。

昭和三年九月十四日、この世に、生を受け、平成十九年三月二十六日、午後三時四十五分、往生せり。

発願文に、心顛倒せず、心錯乱せず、心、失念せず、佛の本願に出会う、と、あります。

## 観空浄勇禅定門

みな人よ、十方衆生の願なれば、南無阿弥陀佛の、丸の内なり。六道の辻にまします地蔵尊、みちびき給え、弥陀の浄土へ。汝、今や、大慈悲、阿弥陀如来の、本願に、出会うなり。すなわち、かつて、阿弥陀如来は、われらのために、超世の悲願を立てられたり。我ら、十方の衆生が、佛の國に生まれんことを、願って、南無阿弥陀佛、と、佛のおん名を称うれば、必ず、来たりて、救いたもう。仰ぎおもんみれば、大慈悲、阿弥陀如来は、かのほうより、来たれ、と、呼び給い、このほうよりは、本師、釈尊が、とく往け、と、進めたもう。

新蓮台、「山崎正直」

## 観空浄勇禅定門

一到弥陀安養國、元来是我法王家

南無阿弥陀佛

いんどう

平成十九年四月七日

# 信空浄愛禅定門

木下 信一　八十五才

## お別れのことば

つ、しんで、木下信一(のぶいち)さまの霊前に、お別れのごあいさつを、ささげます。

ことしは、四月にはいりましても、春(はる)、いまだ浅く、
吹く風も、肌寒くて、病床のあなたには、コタエたんでしょうか。

一昨日、四月七日、朝のこと、かなしいおしらせに、おどろき入りました。

まさに、諸行無常(しょぎょうむじょう)、あすしれぬ人生です。

昨年の四月には、二男、真一さんを見送り、父親(てておや)として千万無量のおもいに耐えられた木下信一さまが、
八十五才のご一代をとじられたこと、深く、おくやみを、申し上げます。

あなたは、よいお父さんだったはずです。

古歌にも、老いてのち、思い知るこそ、悲しけれ、この世にあらぬ親の恵みに、と、あります。

私の少年期に印象ぶかく残っている木下信一（しんいち）さんの思い出は、あなたが美男子で、特に、演劇にすぐれた才能を持ち、大字、晩稲（おしね）の青年団の皆さんへ敬老会の練習を、熱心に指導してくださったこと。特に、あなたが、一度、出演された姿は、忘れられん魅力があって大好評でした。今も、連綿と、晩稲敬老会が、つゞいているのも、木下信一さんのオカゲと思います。またそれからモウヒトツ。木下信一さんは、南紀梅干株式会社に勤務して、よく、細川進社長様を補佐されて、立派でした。

あなたは、人情（なさけ）あつい晩稲（おしね）が、ふる里で、長じて、木下家の戸主として、よい畑地も持ち、晩年は、畑にも親しんで、おしあわせでした。つまり、まわりの多く皆さんに、愛された生涯でした。奥さんの愛子さんと、息子さんの健治さん、そして、お孫さんがたの気持ちは、やるせない淋しさで、お察しします。

こゝに、無常安心章を呈し、ご冥福を、念じます。

仰いで、大空に動く雲の姿を見、伏して逝く河の流れを観よ。
雲も水も、しばしもとゞまらず、ありと思えばたちまちなし。消えたりと思えばまたあらわる。まことに、人の世のすがたもまたかくのごとし。
こゝに、死したる人あれば、かしこに生まるゝ者もあり。
たとえ、死をいとい、ながく、この世に生きんことを望むとも、
人の命のはかなきこと、霜露のごとく、無常なること、光よりも、速やかなり。
若き先だし、老いたる人のおくるゝなげき、
まことに、生まれし者は、必ず、死し、会う者は、必ず、はなるゝならい、あゝ、
誰か、百年の齢（よわい）を、たもたんや。

今夜は、みなさんの熱いおなさけに送られて、弥陀の浄土へ、安らかに、旅立って下さい。

六道の辻にまします地蔵尊、みちびき給え、弥陀の浄土へ

父母恩重経を、さゝげます。

あわれはらから心せよ、

山より高き父の恩、海より深き母の恩、
知るこそ道の始めなり。
まことに父母の恵みこそ、天のきわまりなきがこと。
父母はわが子のためならば、
出ても入りても子を思い、ねてもさめても、子を思う。
おのれ生（しょう）あるそのうちは、子の身にかわらんことを思い、
おのれ死に逝くそののちは、子の身を守らんことを願う。
よる年波の重なりて、いつかコウべの霜しろく、おとろえまさる父母（ちちはは）を、
あおげばおつる涙かな。
ああ有り難き、父の恩、ああ有り難き、母の恩。
子は、いかにして、むくゆべき。

〈同称十念〉

南無阿弥陀佛　南無阿弥陀佛　南無阿弥陀佛

平成十九年四月九日

月向山光明寺住職

# 引導

四生無常のかたち、生あるものは、死にきす。哀れなるかな、電光の命、草露の朝を、待つがごとし。

悲しいかな風葉の身、槿花の朝にして、夕にいたらざるに、あい似たり。

幽魂は独り往き、かわれば、質は山沢に残り、骨は野外にさらす。

人中天上の快楽は、夢の中にして、幻のごとし。

諸行は、まさしく、無常なり。


ここに、新蓮台、俗名「木下信一」こと、行年八十五才。

大正十二年二月十七日、この世に、生を受け、平成十九年四月七日、午前八時二十八分、往生せり。

発願文に、心顛倒せず、心錯乱せず、心、失念せず、佛の本願に出会う、と、あります。

## 信空浄愛禅定門

みな人よ、十方衆生の願なれば、南無阿弥陀佛の、丸の内なり。六道の辻にまします地蔵尊、みちびき給え、弥陀の浄土へ。汝、今や、大慈悲、阿弥陀如来の、本願に、出会うなり。すなわち、かつて、阿弥陀如来は、われらのために、超世の悲願を立てられたり。我ら、十方の衆生が、佛の國に生まれんことを、願って、南無阿弥陀佛、と、佛のおん名を称うれば、必ず、来たりて、救いたもう。仰ぎおもんみれば、大慈悲、阿弥陀如来は、かのほうより、来たれ、と、呼び給い、このほうよりは、本師、釈尊が、とく往け、と、進めたもう。

新蓮台、「木下信一」

## 信空浄愛禅定門

一到弥陀安養國、元来是我法王家

南無阿弥陀佛

いんどう

平成二十年三月十七日

# 晃空妙良禅定尼

竹田　ヨシエ　九十一才

## お別れのことば

つゝしんで、竹田ヨシエ様の霊前に、ふかく、おくやみを申しあげます。

人のこの世はながくして、変わらぬ春とおもいしにですが、ことしの冬の寒さは、いつもの年(とし)とちがったきびしさでした。

春のおひがん入り、初日の十七日、あの世へ旅立たれた竹田ヨシエさん、九十一才、あなたは、人なみすぐれてお達者だったから、アメリカや外国旅行も平気だった、百才までも保証出来そうな婦人でしたけど、高齢の方にハイエンは矢張りキケンだったんですね。

あなたは、ごきょうだいがアメリカ在住だったから、竹田萬蔵家をうけついで、人情あつい平和なふる里で、大変めぐまれたおくらしでした。加えて現当主秀(しげる)様は、人品よき紳士です。竹田家の伝統のご先祖をあがめ、敬神崇祖(けいしんすうそ)のお方に、敬服しています。

なお、あなたのご主人、英雄様は、ハヤの出身で、立派な軍人さんでした。

特に、礼儀正しくて、まわりの方々と親しみ、なさけあついお方でしたから、長女、山本博子さんをはじめ、皆さんが気だてもよくて、品位もありますあなたのお父さんの萬蔵翁は、信仰心篤く慈悲心さらにふかいお方で有名でした。

おもいでが沢山ある中で、ある日に光明寺の庫裡表障子をガラッとあけて「方丈ハン、私にふるいさいふ、くれるかい、明神講でとられたんかおとしたかサイフない。方丈ハンのふるいさいふ、ほしい」もらっていたゞいたけれどアトデ「気のキカンコト少しお金も入れるべきだった」と、父の語り草だった。

一時が万事で、さすが有名な竹田家の当主で、尊敬するなさけあり、の、お方でした。

こうしたあなたの人生行路をふり返りますと、あなたはよほど幸運に生まれあわした婦人でした。あなたはこゝ十日らいのご様子を博ちゃんやヤクルトの梶本スガエさんから聞いていた母親が、もう目も老いてカクコトも不自由「デンワショオかヤメトコカ」とマヨイナガラわたしは思いついた時に、丁度こゝのお地蔵さんがさとしてくれたように感じることあるんです。矢張り、あんたが出てくれてほっとした。特別においしいと言うこのメロンとナラの東大寺大佛殿のお水とりの十三日に、年に一度だけ作るお菓子らしい。私の姪が東大寺で主人はつい先日まで管長だった。堺の常福寺の弟が「姉ヤン、これ、お上がりよ」と持ってきたものですが「モッタイナイナー」「竹田のおばあちゃんに上がってもらいたい」とおもいついたんです。メロンの水分だけでも口許へとゞけてあげて下さい。冷蔵庫はソノヘヤにあるんですか。あす朝九時に待っている。ほかにも博ちゃんにもらってほしいものあるけど、今夜はこれだけにしときます。病人さん、特に高齢のお母さんのソバはハナレンようにタノミマスよ。十六日の夜のことでした。それが十七日午前三時二十五分、あなたは、天寿を、全うされたのです。

西山浄土宗勤行式の発願文に、
願わくば、弟子（でし）等、命終（みょうじゅう）の時に臨（のぞ）んで、臨終の時に臨んで、心、顛倒（てんどう）せず、心、錯乱（しゃくらん）せず、心、失念せず、
身心に、諸（もろもろ）の苦痛なく、身心、快楽（けらく）にして、禅定（でんじょう）に入るが如（ごと）く、聖衆（しょうじゅ）、現前（げんぜん）したまえ、と、あり、
本願力は、名を聞いて、往生せんと欲せば、皆ことごとく、彼の国に到り、自ら、不退転に、至らしむ、と、
あります通り、大慈悲、阿弥陀如来の、本願力に、おすがり下さい。
父母恩重経で、追善の誠を、さゝげます。
あわれはらから心せよ、山より高き父の恩、海より深き母の恩、知るこそ道の始めなり。まことに父母
の恵みこそ、天のきわまりなきがこと。父母はわが子のためならば、出ても入りても子を思い、ねても
さめても、子を思う。おのれ生あるそのうちは、子の身にかわらんことを思い、おのれ死に逝くそのの
ちは、子の身を守らんことを願う。
よる年波の重なりて、いつかコウベの霜しろく、おとろえまさる父母（ちちはは）を、あおげばおつる涙かな。ああ
有り難き、父の恩、ああ有り難き、母の恩。子は、いかにして、むくゆべき。
六道の辻にまします地蔵尊、みちびき給え、弥陀の浄土へ。

〈同称十念〉

南無阿弥陀佛　南無阿弥陀佛　南無阿弥陀佛

平成二十年三月十八日

月向山光明寺住職

# 引導

四生無常のかたち、生あるものは、死にきす。哀れなるかな、電光の命、草露の朝を、待つがごとし。悲しいかな風葉の身、槿花の朝にして、夕にいたらざるに、あい似たり。

幽魂は独り往き、かわれば、質は山沢に残り、骨は野外にさらす。

人中天上の快楽は、夢の中にして、幻のごとし。諸行は、まさしく、無常なり。

ここに、新蓮台、俗名「竹田ヨシエ」こと、行年九十一七才。

大正七年二月二十五日、この世に、生を受け、
平成二十年三月十七日、午前三時二十五分、往生せり。お母さんの往生に、五人のこどもあり。

発願文に、心顛倒せず、心錯乱せず、失念せず、佛の本願に出会う、と、あります。

## 晃空妙良禅定尼

みな人よ、十方衆生の願なれば、南無阿弥陀佛の、丸の内なり。

六道の辻にまします地蔵尊、みちびき給え、弥陀の浄土へ。汝、今や、大慈悲、阿弥陀如来の、本願に、出会うなり。すなわち、かつて、阿弥陀如来は、われらのために、超世の悲願を立てられたり。我ら、十方の衆生が、佛の国に生まれんことを、願って、南無阿弥陀佛、と、佛のおん名を称うれば、必ず、来たりて、救いたもう。仰ぎおもんみれば、大慈悲、阿弥陀如来は、かのほうより、来たれ、と、呼び給い、このほうよりは、本師、釈尊が、とく往け、と、進めたもう。

南無阿弥陀佛

新蓮台、「竹田ヨシエ」

## 晃空妙良禅定尼

一到弥陀安養國、元来是我法王家

## あとがきに代えて

父は、平成十五年六月六日に、亡くなりました。和田教眞（きょうしん）、英空教眞上人隆道老和尚、九十四才、です。
この日が、「梅の日」として盛大にもちハヤされるのは、平成十八年からであります。
この父が、光明寺住職を、退山する「ごあいさつ」は、昭和五十二年五月一日、の、モノです。

ごあいさつ

過般来、病気静養中は、格別のご厚情をいたゞき、皆さまのご親切、身にしみて感謝いたしております。ありがとうございました。

それにつけても、ものみながうつり変わる世にあって、肉体の限界を悟り、この機会に責任ある座をはなれ、なお余命をいたゞければ、自由な立場で、佛祖に仕えることに決意をいたしました。

かえりみますと、昭和十六年春、先住、導空教順の跡を継承して三十六ヶ年、そのかんにお寄せ下さった檀徒みなさまの限りないご愛護に対し、無量の万感をこめて、こゝにつゝしんで、厚く、御礼を申し上げます。

私が晋山（しんざん）当時は、すでに第二次世界大戦のさなかでありました。戦雲は日増しに急をつげて、サイパンの悲報の頃、私も召集令状をうけて、出征したことでした。多くの幼友達が異国の地で戦死なされ、銃後の母や戦争未亡人の悲しみを残して日本の歴史は、音をたてゝくずれ去ったのであります。こうした体験の中で、紙一重で生き残っている私であることを自覚すれば、その後の私の人生に幾多の起伏があったとしても、黙々と二河白道の精神で生きることができました。

すべてこれ広大無辺の阿弥陀如来のご加護にほかなりません。

また、年齢とともに両親への追慕は深まり、生来巧言もなく朴訥の人であった父が、朝夕に、「光明寺の隆昌と檀中各家の繁栄を祈念しているのだ」と人知れぬ修業を重ねていたことを私も見習い、また、生涯をひそやかに献身した母を思う時、その母が植えたという境内のいちょうの大木までがなつかしいのであります。

今般、徒弟教完に法灯を譲るに際しても、この祖父を見習い、師資相承の信仰と精進を固く求めたことでありました。

つきましては、各位におかれましても、ますます信仰を増進せられ、将来かけて、菩提寺の護持と、後任住職にも、倍旧のご厚情をお寄せ下さいますよう、切にお願いして、ごあいさつといたします。

昭和五十二年五月一日　光明寺　和田　教眞

この「和田教完の別れのことば」の献本で、いまはモウ亡き人、総本山光明寺法主、松尾全弘師が、次の通り、手紙を、いただいた。

残暑厳しい日々が続きます。益々御清祥の御事と慶賀に存じ上げます。常々お心にかけていたゞき、厚く、御礼申し上げます。「お別れの言葉」は十年前から出版してきたが、本格的刊行が初めてです、と、お言葉にもあります通り、立派な「お別れの言葉」となりまして、ご恵贈いたゞき、深謝いたします。拝読いたしておりまして、御礼申し上げるのが遅くなり、申し訳ございません。お別れの言葉は、通夜での語りかけを文章に残され、翌日の表葬式の引導も、文章に残され、この記録は、施主にとりましては、家宝かと存じます。お別れの言葉を、文章として、残されいるトコロは、まれではないかと思います。
その、ご努力に、敬意を表する次第であります。

最後に、「あとがきに代えて」で、父、和田教眞上人の退山のごあいさつを拝読いたし、文脈の整った美文で、行き届いた挨拶文に、驚きました。教眞上人前とは、西山専門学校で、小生一年生、教眞上人前(ぜん)四年生で、在学いたしました。その時代、西山専門学校寮歌の作者として、その文才を、讃えられました。今は、弥陀浄土での日ぐらしを、存じ上げます。何卒ご住職としての本分遂行され、師表なられんことを、心より、念じ上げます。

先ずは、御礼を申し述べ、ご健祥を、念じ上げます。　合掌

平成十九年九月八日　松尾　全弘

この「みなべ町」には、父が、ちいさい頃から、よく知っている竹中チヱさんが、おられた。平成十八年七月三十日、九十四才で、亡くなりました。

印南町島田に、「弘龍庵」と呼ばれる「宗教法人」があります。

おつとめの形式は、浄土宗の勤行式を使っていますので、そして、「弘龍庵」の基本は、先祖を敬い、一家一族が、元気よく働くことですから、私どもの西山浄土宗と変わるものでは、なさそうです。「弘龍庵」を最初に説かれた「中村公子」さんの時代からの「竹中チヱ」さん、です。この「竹中チヱ」さんと、三十数年前から、おつきあいさせているのです。

たしか、最初の仕事は、田辺の高山寺の聖徳太子を、奈良の先生に、直していただくことでした。以来、善徳寺岩の三月二十九日のオマツリ、や、五月十日の鹿島神社のオマツリ、など、「竹中チヱ」さんのオコ

エがかかれば、よく、はせ参じる私、でした。この田辺の高山寺の聖徳太子さまの修理から、約半世紀。

平成十八年七月三十日　　九十四才
竹中チヱ
慈光院照空仁愛法尼

そして、不思議なことに、和田教眞の六月六日が、「梅の日」で、梅屋さんの慶祝行事になり、そしてこの、竹中チヱさんの七月三十日、が、「梅干の日」となって、梅屋さんの慶祝行事の日になったのです。その二人が亡くなった年齢が、九十四才。まことに、不可思議なコトであります。


続いて渡口卯之吉さん。

この方は、みなべ町前谷の、おかたです。

おとしは、八十六才、です。

私の祖父、和田教順師は、この前谷の近くの徳蔵の政井家で生まれ、和田教宮師に弟子入りした、その兄妹の行き先が、この渡口家である。

私にとっては、父の和田教眞に、また一人、もう一人の父親であります。

年に十回ほどおいでて、丸一日、長ちょうぼ、していくのです。

第二次世界大戦中は、近衛兵へ入隊されて、最高に光栄な勤務でありましたが、日常の責任の重さと緊張は、なみなみならんご苦労だったと思われます。

戦後は、故郷のために、菩提寺、超世寺の復興、上南部中学校の移転、新築、さらに、生産のために、みなべ農協の整備、統合など、あげれば、枚挙にいとまがないほどです。

平成十九年二月一日　　　　八十六才
渡口卯之吉
清照院隆空誠道法恩居士

さらに、次の二人は、現在も元気よく、和田教完を支えている、いわば、友だちです。

中嶋秀子さんと、野崎幸助さんです。

中嶋秀子さんは、白梅幼稚園の教諭で、採用し、後に、白梅保育所、つまり、南部川村の職員となり、昭和五十一年以降、園舎を移して、名前も南部川村々立上南部保育所となったため、公務職となり、定年まで勤務しました。その後、すでに二十年、ウチへ来てくれています。十年前にご主人に先立たれ、今では、朝、昼、そして、夕方と、三度、来てくれ、母の和田さわゐの介護人、です。

野崎幸助さんは、田辺の樫山幸助さん、で、私の一つ下、です。たしか、昭和五十年代からの交際で、現在に、いたっております。

平成二十年八月十六日

月向山松寿院　光明寺住職　和田教完

〈お詫び〉この度、第三刷印刷の中で、本文六頁最後の一行と、四一六頁最初の二行に誤りがありました。著者と関係者に深くお詫び申し上げます。〔編集部〕

## ■著者プロフィール

**和田教完**（わだ きょうかん）

昭和15年（1940）和歌山県、生まれ。父は、和田教眞、母は、和田さわゑで、昭和11年に兄、昭和13年には姉が亡くなり、私が、跡取りになった。妹が二人。光明寺は、400年の歴史を持つ、西山浄土宗の寺院です。私が第26世で、昭和52年に晋山しました。檀家は、300軒。「お別れのことば」は、10年前から出版してきたが、本格的な刊行は、今回が初めて、です。ハガキを入れますから、なんなりと、書いてください。

---

**和田教完の別れのことば**
—追悼の達人が彼岸へと導く—

二〇〇七年七月八日　初版第一刷発行
二〇〇八年八月十六日　初版第四刷発行

著者
和田教完

発行者
井戸清一

発行所
図書出版　浪速社
〒540-0037
大阪市中央区内平野町二―二―七
電　話（〇六）六九四二―五〇三二
FAX（〇六）六九四三―一三四六

印刷・製本
モリモト印刷（株）

落丁・乱丁その他不良品がございましたら、お手数ではございますが
お買い求めの書店もしくは小社へお申しつけください。お取り替えさせて頂きます。

2007©和田教完

Printed in Japan　ISBN978-4-88854-021-6